日本労働法学会誌108号

労働契約法
―― 立法化の意義・構造・原理
労働訴訟
プロスポーツと労働法

日本労働法学会編
2006
法律文化社

目　次

《特別講演》

労働法の50年……………………………………………花見　　忠　3
　　──通説・判例　何処が変？──

《シンポジウムⅠ》　労働契約法
　　　　　　　　　──意義・構造・原理──

シンポジウムの趣旨と総括……………………………野田　　進　27
労働契約の構造と立法化………………………………米津　孝司　31
労働契約の原理と立法化………………………………川口　美貴　47
　　──契約原理とその労働法的発展──
報告に対するコメント…………………………………盛　　誠吾　61

《シンポジウムⅡ》　労働訴訟

シンポジウムの趣旨と総括……………………………宮里　邦雄　67
労働裁判の手続の現状と改革の動向…………………徳住　堅治　71
　　──労働者側の視点──
労働裁判の手続の現状と改革の動向…………………中町　　誠　78
　　──使用者側の視点──
労働審判制度の運用状況とその問題点………………石嵜　信憲　87
労働審判制度……………………………………………古川　景一　97
　　──判定機能と調停機能の相克──

《シンポジウムⅢ》　プロスポーツと労働法

シンポジウムの趣旨と総括……………………………土田　道夫　109
プロスポーツと労働法をめぐる国際的動向…………川井　圭司　115

プロスポーツ選手と個別的労働法 …………………… 根本　到　127
プロスポーツ選手と集団的労働法 …………………… 中内　哲　139
　　──とくに団体交渉の可能性に着目して──

《個別報告》

労働契約関係における非合意的要素 ……………… 石田　信平　153
　　──Hybrid Contract の観点から──
フランス・EU 法における
　企業組織変動と労働契約の承継 ………………… 水野　圭子　169
　　──経済的一体とは何か──
イギリスにおける労働法の適用対象とその規制手法 …… 國武　英生　184
雇用における間接差別の概念と理論 ……………… 長谷川　聡　197

《回顧と展望》

災害調査復命書の文書提出義務 …………………… 菅　俊治　215
　　──国（金沢労基署長）災害調査復命書提出命令事件・
　　　最三小決平17・10・14労判903号5頁──
団体定期保険契約と被保険者の同意 ……………… 水島　郁子　224
　　──住友軽金属工業（団体定期保険第2）事件・
　　　最三小判平18・4・11裁時1409号14頁，労判915号51頁──
期限付任用公務員の任用更新拒否 ………………… 下井　康史　234
　　──国立情報学研究所事件・東京地判平18・3・24
　　　判時1929号109頁，判タ1207号76頁──

日本学術会議報告 ……………………………………… 浅倉むつ子　243
日本労働法学会第111回大会記事 ………………………………… 246
日本労働法学会第112回大会案内 ………………………………… 251
日本労働法学会規約 …………………………………………………… 252
SUMMARY ………………………………………………………… 255

《特別講演》

労働法の50年
―――通説・判例　何処が変?―――

花　見　　　忠

《特別講演》

労働法の50年
―― 通説・判例　何処が変？ ――

花　見　　忠
（上智大学名誉教授）

本日のテーマ

　日頃尊敬する山川先生から特別講演というのをやれと言われ，山川先生に言われたら断るわけにいかないので，あまり趣旨などを考えずにお引受けしましたが，これもあまり考えずに学会の資料のほうに入っている「労働法の50年――関心の赴くままに50年」というレジュメを作ってプログラムの中に掲載していただきました。

　私が大学を出たのが1953年でありまして，労働法を勉強しだしてから半世紀余ということで，学者として何をやってきたかを話そうと思っておりましたが，時間が45分ということで50年間やってきたことをお話しても中途半端で意を尽くせず，また過去のことをお話しても，皆さん退屈するだけだろうということで，「通説・判例　何処が変？」と題した一枚紙のものを本日会場で配っていただきました。

　これには，労働法学会で支配的な考え方，それから判例として確立しているような裁判所の一般的な考え方の相当部分に対して私が疑問をもっている主要な点が挙げてあります。通説，判例とも私の考え方からはどうもおかしいものがたくさんあるということです。大体年代順に書いてありますが，最初が同情スト，政治スト合法論です。これは現在の労働法学会では通説といえるかどうかよく解りませんが，私がこれはおかしいと思って「同情スト合法論に対する疑問」という原稿を書いたのが1957年で，その当時は合法論が圧倒的多数でした。

特別講演

　日本労働法学会で最初に学会報告というのをやったのが大学を出て2年目の1955年の大会で懲戒権について報告をし，それから10年たった1965年にアメリカの公務員の団結権について報告をしております。学会誌や学会の編集した講座ものなどにも何回か執筆し，10年くらいは理事もやりましたが，1970年代になると学会とのかかわりがだんだん薄れてきました。このことの言い訳をすれば，労働委員会その他で忙しくなったのと，外国に出かけることがだんだん多くなったこととも関係があろうかと思います。国際学界，特にIIRA（国際労使関係協会）での活動，欧米の研究者との共同研究プロジェクトがひっきりなしに入ってきて，英文原稿の執筆がやたらに増えていったわけです。

　理由はどうであれ，大変怠け者の学会員でありまして，そういう怠け者の会員である私が50年間にわたって労働法，労働問題について書いてきた時代の昔話をしても，今の新しい会員の方々にはあまりピンとこず退屈なだけだろうと思い，むしろ労働法に関する判例・通説の批判をやろうかと思ってこのメモを書きました。ところが，これを配って頂くことにしてからまた，こんな話をしてもまた皆さんに嫌われるだけだろうと心配になりました。……。（笑い）

　そこで，今日こちらに来る列車の中で何を話すか考えようと思って乗ったら山口先生が隣の席にいまして，結局彼とおしゃべりして，何をしゃべるか考える時間が全くなくなってしまいました（笑い）。仕方がないのでやはりはじめの予定通り50年間何をしてきたかをレジメよりはごく簡略化した形で申し上げ，そのあとで現在の通説判例について疑問を感ずることを恐る恐る少しだけお話しすることにしようと思いますが，その前提としてそもそも私がなぜ労働法学者になったかという原点からお話をしようと思います。

　### 学会の異端児

　今日お配りしたレジュメの問題点すべてにおいて，私は多分圧倒的に少数説でして，学会の通説とか多数説，あるいは確立した判例とされているものに対しては多くの点で全く賛成できないという意味で，学会の異端児です。要するにへそ曲がりの学者で，他の人の言うことを聞かないというふうになってしまったわけですが，その原点は何かということを先ずお話したいと思います。

私のこれまで書いてきたものは殆どが非常に過激です。その意味で大体私は労働法学会で最左翼だろうというふうに思っておりますが、書いたものと違い表面上世間的にやってきたことはそんなに左翼ではない、極めて穏当なバランスの取れた活動をしてきたと思います。にもかかわらず、思ったとおりに原稿を書いたり本音を言ったりしますと、大体あとでいろいろな問題が起き、やっぱりやめておけばよかったと感じることが多かったわけです。

　そこで、もう76歳になってそう長くないだろうから、そろそろ戒名でも考えておいたほうがいいのではないかと思いまして戒名を二つ考えました。一つは一般的な生き方に即して「問題発言院無責任失言居士」、もう一つは、これはとくに仕事のほうについて「問題提起院無解決忘却居士」、この二つの戒名でどちらを付けるか、坊さんと相談をして決めておかなければいけないと思っております。

　この点が私の学者としての原点に関係があるのですが、法学部の学生としてゼミに二つ出ておりまして、石井・石川先生の労働法のゼミと、政治学の丸山先生のゼミです。その丸山先生が当時書かれたもので、学者には体系創造型と問題提起型という二つのタイプがあるといっておられますが、私は問題提起型です。今日こちらに来る列車の中で、「書斎の窓」の最近号を見ておりましたが、小田滋先生の思い出をお弟子さんが聞く鼎談がこのところ毎号載っており今回はその第5回目ですが、毎号大変面白く拝見をしております。

　小田先生というのは大変偉い先生ですが、先生と私に共通点が二つあるのを発見しました。一つはただの一冊も教科書を書いていないということです。私は体系創造型ではないので、教科書を一つも書いていません。新書版、文庫版の類はいくつか書き、司法試験の考査委員をやっていた時に結構売れまして、大変よかったのですが、そういういいかげんなものしか書いていなくて、教科書は書いていません。私の恩師であります石川先生は大変寡作な方でしたが、教科書ではありませんが、ちゃんとした体系書を定年になってから書かれました。私は石川先生にも及びませんで、専門書は何冊も出しましたが教科書、体系書といえるようなものは1冊も書いておりません。その点で小田先生と共通しています。

特別講演

　それからもう一つは，小田先生は東北大学に25年ほどおられながら，その間10年はヘーグに行っておられて講義をしていないということですが，私はスケールが少し小さく，上智大学に30年以上いた間に外国で暮らしたのは10年たらずでした。その間もちろん講義もやっておりません。講義をやらない，教科書も書かない学者というのは，小田先生のような大学者は別として大体駄目だということだろうと思います。

　私の場合どうしてそういうことになったかというと，大体これは学者としての原点というより，むしろ人間としての原点，つまりDNAかと思いますが，要するに飽きっぽい，何かいい発想，いい問題を見つけるのですが，すぐ関心がほかに変わってしまって，全く持続しない。学者には一番向かないタイプだと思います。本音でものを書いたり，考えたりすると，なかなか世に受け入れてもらえない，嫌悪感をもたれるだけでだれも賛成しないということであります。それでも，根気よくその問題を持続的に追究し，まとまった業績を上げるということであれば学者として立派ですが，そこまでいかないうちに，すぐ新しい問題に関心が移ってしまう。ILO問題，労働裁判，労使紛争処理論，組合内部問題（組織強制，協約と私的自治），性差別・年齢差別などの雇用差別，企業の海外進出などの国際労働問題，労働時間制の弾力化（フレックス），などなどどれも，日本では殆どほかの方が注目するよりもかなり前から取り上げてきました。ただ，すぐ飽きて持続的に追求しないので，私の方が関心をなくして10年もたって初めて世の中が取り上げるようになったころは，こちらは大体もう他のことに関心が向いているということが多かったようです。

　大体小学校の時から劣等生でありまして，「落ち着きがない，挙動不審である」ということで，教室でもちゃんと座っていない。とにかく落ち着きがない，すぐにいたずらをするといった子供でした。これが第一の原点です。

終戦体験と学生運動

　しかし，学者としてものを考えるようになった原点，大げさに言うと思想的原点は太平洋戦争の終戦体験が，今日まで私が学者としてやってきたことのある意味で原点になっているのではないかと思います。終戦時に15歳の子供でし

て，中学3年で終戦を体験しました。そこで物心がついてからそれまで世の中で言われ続けてきたことが，一夜にして瓦解しました。世の中で一般に言われていること，当然とされていることは信用できないというのが私の思想的原点です。お渡ししたメモをご覧いただきますと，何か雑多なことをいろいろ研究してきたようですが，そのほとんどで学界の多くの方々が一般的に賛成している通説・判例に異を唱えてきたように思います。

　それからもう一つは，学会のプログラムの中に入っているレジュメをご覧いただきますと，労働者と権力の力学ということが書いてあります。この権力というのは，世の中を支配しているものということで，労働法の領域では三種類あります。先ず国家権力と労働者の関係，これは労働法学会の方はみんな基本的に重視しておられる点ですが，2番目に使用者，企業は権力である，これも当然です。それから3番目，多分私ほどは皆さん意識しておられないと思いますが，私は早くから労働組合と労働者の関係，これも労働組合が権力であるという発想に立っておりました。これは1964/5年のアメリカ留学時代，公民権法の成立とならんで，当時組合内部問題が労働問題の重要課題でした。ボブ・ケネディが Enemy Within という大変刺激的な書物でティームスターや港湾労組など組合の腐敗問題を取り上げていた時代でした。

　以後一貫してこの点の問題意識を抱いてきましたが，この三つの権力関係はより一般的に組織と個の対立，権力と私的自治ということです。大体私が学会に異を唱えた主要な問題は，全部こういう発想に絡んで権力との関係でものを考えてきたことと関係しています。

　このような発想のもとは何かといえば，昨年戦後60年ということで8月15日の前後，日本では終戦の意義ということが議論され，出版物が多数出ておりますが，そういうものを読んでみてあらためて考えたことですが，15歳の子供で終戦を迎えた時点で何が起きたかといえば，要するに滅私奉公という大前提が崩壊したわけで，今の言葉でいう価値体系の崩壊があった。15歳の子供ですから大した価値体系ではありませんが，今まで大人からこうやれ，ああやれと言われつづけてきたことの大前提が全面的にひっくり返ったことです。今の言葉で言えばエスタブリッシュメントは信用できない。エスタブリッシュメントに

特別講演

対する強烈な不信です。それが一つ。

　それから価値観の転換ということでは，皇国史観に対して当時対峙されたのは，言うまでもなく広い意味でのマルクス主義です。終戦直後中学を卒業せず4修（4年修了）で16歳の時旧制高校に入りましたが，終戦で軍隊から帰ってきた復員軍人で20歳を超えた連中が同級生の多数でした。この大人の中で私の旧制高校生活が始まったわけですが，そこでとたんに今までの偉い人のやってきたこと，教えてくれたことに対する不信から，極めて安易に学生運動に加わり，左翼のイデオロギーを皇国史観に対するアンチ・テーゼとして信奉することになります。

　ところが，これに加えて旧制高校から大学に行った途端に今度は，この対抗勢力である左翼運動のリーダーシップが極度の混乱に陥るという事態に遭遇するわけです。そうした中で遭遇したのが丸山先生の政治思想です。昨年の夏，これも終戦60周年ということで戦後日本の最大の思想家としての丸山眞男に対する再評価に関する数多くの出版物が出ました。こういうものを読んでみて先生に関し新しく気がついたことがいくつかありましたが，そのひとつに先生の若いときの体験があります。これは私の学生運動体験と共通する点がありますから余談ですがここでふれておきますが，先生が一高の三年生の時に東大キャンパスで行われた左翼の講演会にたまたま出ていて，その場で逮捕され本富士署の留置場に拘留された事件がありました。丸山先生は結果的にはすぐ釈放されるのですが，拘留中「これで俺の一生はめちゃくちゃだ」と思い不覚にも涙が流れたという話です。[1]

　丸山先生の御家庭は，お父様が新聞記者で長谷川如是閑などと親しかった当時としてはかなりリベラルな家庭でしたが，この事件の結果特高の刑事が先生の自宅に尋ねてきてお母様が大変心配されるというようなことがありました。

1）　この丸山先生の拘留体験は，現時点で一番最近刊行された丸山研究で「権力による弾圧という運命に屈し，不安に怯えてしまう自分が，ここにいる。これに対して，そとからどのような苦難にさらされようとも，誇りを保ち平然としていられる主体性を，どうすれば心の内に確立できるのか。これを意識し始めたのが，十九歳の青年丸山における，自我の目覚めと言ってよいだろう。」とされている（苅部直『丸山真男――リベラリストの肖像』岩波書店）ものである。

私の場合は戦後ですから状況はかなり違いますがやはり高校の三年のときに同じような体験をしました。清水全逓の争議というのがありまして，清水は静岡の隣の町ですが，当時の全逓の労働者の大半は電話交換手で若い女性です。われわれ血気盛んな旧制高校の左翼学生は，高下駄で警官を蹴散らして全逓のメッチェンを応援しようといって出かけたところあっという間に全員逮捕され，100人近いわれわれ静高生を中心としたデモ隊が警察署の地下の講堂に連れて行かれてしばらく監禁されて，いつ帰してもらえるか分からない。私はその時17歳ぐらいでしたが，まず考えたことは今夜帰れなかったらおふくろはどう思うかということでした。戦前と戦後で状況は違いますが，国家権力によって逮捕されるということの怖さというものは丸山先生の体験と基本的には同じではないかと思いますが，その時の気持ちは今でもはっきりと覚えております。

　そういう思いをしながら学生運動をやっていたわけですが，この学生運動のなかで一時的に心酔した左翼のリーダーたちがお互いに思想分裂を起こし，高等学校から東大に移ってまもなく，当時の共産党の東大細胞が日本共産党の所感派と国際派の分裂によって解散になるという事件がありました。その後有名になった左翼の指導者達が一，二年上級生にいて彼らの熱烈な大演説を本郷のキャンパスで聞いておりましたが，要するに結局これもどうも信用できない，左翼リーダーシップも駄目じゃないかなという認識で，反体制運動に対する失望と不信というものは私の学生時代の大きな経験ですが。これが虐げられたものの味方だと自ら信じ，またそう主張する団体を一応は疑ってかかるというその後のものの考え方を規定したように思います。

権力と主体的自我

　この東大生生活で，戦後最大の思想家であった丸山先生と大変親しくさせていただきました。先生は，学生相手にもとうとうとしゃべりまくり止まらない方で，こちらはただただ感心しながら拝聴するという接し方でしたが，時に先生の自宅に押しかけて何度かは本当に真夜中過ぎまでお話をうかがうというようなお付き合いをさせていただきました。丸山先生という方は極めて多面的な思想家だったわけですが，その当時私が先生から学んだ一番大きな点は，天皇

特別講演

制を頂点とした日本の超国家主義のイデオロギーをどう評価するかということと，これと対比して西欧的な主体性というものをどう確立するかということでした。当時の言葉でいう近代的な自我と主体性の確立ということを中心にものを考えるということです。丸山先生の考え方のなかで，例えばナチスの超国家主義と日本的超国家主義の理解については，東京裁判などの評価に関し今日から見ると不正確，あるいは少なくとも単純化された見方だったという指摘がなされるようになってきておりますが，近代的な自我とか主体性の確立ということが一つの重要な問題であると同時に，もう一つは日本対西欧の関係をどう思想的に理解するかという問題意識を丸山先生によって教えられたと思います。[2]

学生時代に生まれた私の思想的原点というものは，こういう意味での主体的自我とその対極にある権力というものの相互関係についての強烈な意識・関心にあったわけです。権力というものが個人の主体性，自由というものに如何にかかわっているか。その権力というのは国家権力とならんで，国家権力に対する対抗勢力としての反体制運動の組織の権力というものを意識し，この双方の権力と個人の自我の対決を意識するなかで，私の学者生活が始まったのだろうと思います。それと同時に西欧——西欧というのはつまりインターナショナル，あるいはユニバーサルなものですが——西欧的なユニバーサルなもの，ユニバーサルな価値と日本，あるいは日本的なものとの対比でものを考えるということです。

少数説の原点

先程申し上げたように教科書は書かなかった代わりに，専門書はけっこう何冊も出しておりますが，特に初期の専門書はこの意味ですべてこの三つの権力と労働者個人の関係を意識したものです。[3]そこで，そういう観点から私の書いてきたものの共通点を考えて見ますと，まず一つは，多数説，あるいは支配的

---

2) 先生の思想と私の学者としての歩みのかかわりについて，丸山先生が亡くなられて間もない頃書いたものに「時代の変遷と座標軸——丸山先生の思い出」（『中央労働時報』916号）がある。
3) 『労使間における懲戒権の研究』（勁草書房），『労働組合の政治的役割』（未来社），『ILOと日本の団結権』（ダイヤモンド社）など。

学説に対する疑問を提起しているものが多いということです。学会の多くの方が正しいと言っていることについて，ちょっとおかしいのではないかということです。私が大学を出て研究室に入った当時の労働法の圧倒的多数説は，政治スト，同情ストを合法としておりました。政治ストというものはまさに組合の組織的権力と労働者個人の自主的自我の対決の問題です。政治スト，同情スト合法論はいくらなんでも現在では学会の多数説ではないと思いますが，東大の研究室にいた間に政治スト合法論を批判したものを書いて，当時の学会ではつまはじきにあいました。

また，懲戒権に関する学会報告を大学を出て2年目，1955年の秋の労働法学会でやっていますが，やはり当時の学会では就業規則法規説が圧倒的多数説でした。その後，就業規則に関する学説のなかでは契約説がかなり有力になりましたが，その頃は就業規則契約説の立場で懲戒権についての報告をしたら大変評判が悪い。学会に入って2，3年のうちに学会報告で就業規則契約説にたった報告をしたり，政治スト違法論をジュリストに書いたりして，労働法学界では白い目で見られるようになりました。

当時学会の事務局が東大にあったため学会事務をやらされたので，当時の学界のそうそうたる大先生と個人的にもかなり親しくさせて頂いておりましたが，大体この二つの論文以降，学会では白い目で見られ，あいつはとんでもない，非常識なやつだというふうに見られるようになりました。[4]

4）「懲戒権の法的限界」（『学会誌　労働法』9号），「同情スト合法論に対する疑問」（『ジュリスト』142号）。こういった発言に対する当時の労働法学者の反応が，書かれたものに正面きって理論的な批判をすることはせずに無視しながら，低次元の邪推による推測にもとづいてかげで執筆の私的動機などをあげつらうといったものであったのが日本の学会という組織に対する私の気持ちを決定づけたように思うが，同時にこの頃学会で最高裁判決反対決議の動議などが出されたこともももうひとつの要因になった。その時点での私の率直な反応は，判例というものに対してはいやしくも学者というものにはそれぞれ個々人の意見がある筈で，これを判例批評などで自己の責任で表明すべきで，判例に対する賛否など多数決で決議して声明を出すという発想が到底理解できないということだった。この点でも，学会声明に対して反対することが最高裁判決に賛成していると受け止められたのにはこれまたびっくりした。これらの事情がその後長期にわたり一貫して，わが国の多数説に対する不信と海外の学者との付き合いへの傾斜という私の心情を形成してきたように思う。この点は，さすがにこの講演では遠慮してふれられなかった，やはり一度は述べておくべきものと考え，脚注という目立たない形でここに記しておきたい。

特別講演

就業規則変更法理

　以来就業規則については今でも学界の少数説かと思いますが，これは少し意味が変わってきております。現在では就業規則契約説は必ずしも学界の少数説ではなくなってきましたが，就業規則変更法理については，私は多分圧倒的少数説だと思いますが，強い疑問をもっています。今日の労働法の多数説は，秋北バス事件の最高裁判決以来，就業規則の変更に「合理性」があれば承諾しない労働者にも変更の効力が及ぶという就業規則変更の法理を支持していますが，私はこの判決が出た当初からこれに疑問をもち続けてきました。この判決は，学界出身の三裁判官の反対意見がついている上に，労働法学者の多くが疑問を提起しているにもかかわらず，不思議なことにいつの間にか今日では判例，通説になってしまっているわけです。

　この判例法理の機能はごく単純にいって組織の利害を個の利害に優先するということですから，私は今でもこれに疑問をもっております。書いたものとしては，判決の出た頃に書いた判例紹介程度のものですが，ごく最近になってこの点に比較的詳しくふれたものを書きました[5]。これは企業年金給付の減額・打ち切りに関するものですが，ついでに就業規則変更法の判例・学説はおかしいのではないかということを非常にソフトに書いてあります。ただこれをよく読んでいただくと解りますが，実際は大変攻撃的な論文です。ここでいっていることは，現在通説判例となっている就業規則変更法理は，今日お配りしたメモの中に書いてあるように，その役割は「企業優先　個の否定」ということですが，「もともと，就業規則変更の法理自体，就業規則を一種の契約と考える契約説の立場からは，たとえ変更に「合理性」があっても変更に同意しない労働

---

5)　「55歳停年制を新たに定めた就業規則改正の効力」（『ジュリスト』443号）。これは，掲載誌の編集意図に従った簡単な判例紹介に過ぎないが，就業規則変更という経営判断の「合理性」を裁判所が判断することは法律的判断をこととする裁判所の機能を超え，法的安定性を阻害することに疑問を提起し，また判例は一方で就業規則を法規範としながら，他方で就業規則の作成変更で労働者の既得権を奪い不利益な労働条件を一方的に課すことは許されないとしながら，さらに転じて労働条件の集合的処理，画一的決定の建前から合理的なものである限り労働者を拘束するとしている点で，契約説にたって一方的に変更された就業規則は同意しない労働者を拘束しないとした少数意見とくらべて，論旨一貫せず説得力に欠けるとしたものである。

者まで拘束することには相当の抵抗がありうるのであって，変更法理を支持する学説もこのわが国独自の法理を合理化するために，解雇権濫用の法理で解雇が厳しく制限されているわが国特有の長期（雇用）慣行の下で解雇に変わる労働条件変更手段を認める必要があるという相当に苦しいエクスキューズによってかろうじて説明されてきたものである[6]」ということです。

　この意味で，通説・判例の就業規則変更法理は，正規労働者の長期雇用慣行を主軸とした差別的雇用制度を含む日本的労使一体型の企業制度の存続を，個別労働者の主体的同意よりも優先する「苦心の作[7]」といえるでしょう。このように労使一体型の企業存続とその基底になっている日本的雇用差別制度を労働者個々人の権利よりも優先して考える考え方は，以下いくつかの領域でも支配的であり，私はこれらの領域ですべて多数説に異を唱えてきました。

協約法理　組合対個人

　主体的個人よりも組織を優先的に考える労働法の通説・判例の考え方は，労働協約法理の分野ではかなりはっきりみることができます。そのもっとも典型的な事例はショップ制の法理です。私は1950年代後半から1960年代前半にショップ制について結構たくさん書いてきましたが[8]，これは西欧諸国やILOで組合内における労働者個人の思想・信条の自由がどのような観点で問題とされてきたかという観点から研究したものです。諸外国ではショップ制は組合組織の拡大の手段として捉えられ，これと個人の自由の相克が主題になっているのですが，わが国ではショップ制は弱小組合の組織拡大の手段というよりは，企業内の既存の支配的多数派組合の既得権維持という機能を果たしてきました。組合法7条1号但し書きを根拠にして過半数組合のショップ制のみに法的効力を

6）「企業年金給付　減額・打切りの法理」（『ジュリスト』1309号）。
7）　今日労働法学界でもっとも標準的教科書とされる菅野和夫『労働法』は，最高裁の秋北バス事件判決を「法規範説と契約説の欠点を克服した苦心の作」としているが，筆者はこれを「苦心の作」よりは「苦肉の策」と考えている（前掲拙稿77頁）。
8）「消極的団結権の反省」（『月刊労働問題』13号），「組合保障措置の国際的動向」（『世界の労働』1959年7月号），「スイスの組合保障制度」（『月刊労働問題』19号），「ドイツにおける組織強制」（『労働協会雑誌』12号），「カナダにおける組合保障」（『ジュリスト』251号），『ILOと日本の団結権』（前掲）。

特別講演

認めるという判例・通説はここでも労使一体型の日本的企業の利害を，少数組合や組合内少数派の主体的自主性に優先する図式に見事にフィットしています。少数組合の組織拡大という機能は全く省みられないことになります。私はこの観点から判例通説には一貫して反対してきました。[9]

それから協約の有利原則についても，私は圧倒的少数説でしょうが，通説・判例はやはり組織優先，個の否定の考え方で，すべて企業と企業別組合，支配的な組合が都合のいいような理論になっているのではないかということで，依然として私は判例・通説は変だと思っております。本来労働条件の維持改善を図るべき組合が，団結意思で個人の主体的意思を無視して労働条件を低下することを認めるという変なことになっています。これも比較的早い時期に書いたもの以来一貫して少数説です。[10]

差別法理の矮小化

それからもっと力を入れて繰り返し書いてきたテーマとして採用の自由の問題があります。これはいうまでもなく三菱樹脂の最高裁判決以来，わが国では採用の自由が判例法上確固たる原則として今日まで維持されてきたわけですが，私は早くから強くこれを批判してきました。この判決が出たのは1973年の年末ですが，74，5年には労働者の思想信条の自由に関し5本も論文を書いており，一番力を入れて書いたのが石井先生の追悼論集に書いたものです。[11]ここでは三菱樹脂判決の理論的背景にある採用の自由を聖域化するような日本法学界の一般的な傾向に対し，アメリカの公民権法を中心とした西欧の（当時としては）新しい法思想の立場から強い疑問を提起したものです。

先程ふれたように最初のアメリカ留学中に組合内部問題とともに，当時成立したばかりの公民権法に対して強い関心を抱き，その後雇用差別の問題が今日に至るまで一貫して私の主要関心事のひとつになってきましたが，70年代の後

9）「ショップ制」（『労働法大系』1）など。比較的最近この問題についてふれたものに「ユニオン・ショップ協定の履行としての解雇の効力——中央港運事件——」（『ジュリスト』1137号）がある。
10）「労働協約と私的自治」（『学会誌　労働法』21号）。
11）「採用の自由と基本権」（『労働法の諸問題——石井照久先生追悼論集』勁草書房）。

半からわが国でもこの問題が学界でも政策課題としても大きく浮上することになりますが，この論文以降数え切れないくらい多数の論文を書いてきまして，均等法の立法段階から今日まで倦むところなく立法当局の雇用平等についての無知，誤解，混迷と怠慢を指摘し続けてきました[12]。私が一貫して指摘してきた均等法の3ないし4大欠陥のうち，差別禁止範囲の限定や片面性については，法成立後20年余を経た今日極めて不十分な改正ながらやっと条文上は克服されたわけですが，この20年余の長期にわたり，女性労働者の大多数の雇用上の地位は改善するどころかむしろ悪化の一途をたどってきました。

学界では雇用機会均等法は欠陥があるけれども，日本の雇用平等にプラス・マイナスどっちだということになるとプラスだったという評価が圧倒的多数でありますが，均等法はもともと採用とともに配置・昇進における差別を禁止せず，どうしても女性保護の発想から抜けきれずに女性の男性に対する差別のみを規制の対象としてきたため，この20年間労働市場と職場の性によるセグレゲーションを固定化し，女性の大多数を劣悪な労働条件で雇用不安定な非正規雇用に押しとどめてきたというのが私の見解です。このことを "Lost 20 years of equal employment opportunity in Japan" という立派な題をつけた paper にして，昨年国際労働法・社会保障法学会のアジア地域会議に提出しましたが，学会で配布されたテキストではなんとこれが "Last 20 years. ……" と誤植され折角のブリリアントな論文が変哲もない題名で配られてしまいました（笑い）。私はあくまで last 20 years ではなく lost 20 years であると声を大にして叫んでおります。

最近の改正にもかかわらずちっとも変わらない均等法の誤りは，そもそも85

---

[12] 初期のものは著書『現代の雇用平等』（三省堂）に収録したが，その後も内外の出版物に公刊したものはあまりに多数なので，以下主要なもののみを掲げておく。「5年目の均等法」（『月刊社会保険労務士』1990年10月号），「均等待遇」（ジュリスト増刊『労働法の争点』新版），「雇用平等の国際的展開」（『日本労働研究雑誌』385号，"Discrimination in the U.S. and Japan ― from a legal viewpoint"（*The Journal of American & Canadian Studies*, No8），「均等法を否定して差別禁止法の制定を」（『月刊社会保険労務士』1992年10月号），「雇用平等法制」（『ジュリスト』1071号），『アメリカ日系企業と雇用平等』（日本労働研究機構），「均等法10年の再検討」（『季刊労働法』178号），"Equal Employment Revisited"（*Japan Labor Bulletin*, Vol. 39, No. 1）。

特別講演

年の立法以来一貫してもっぱら女性の利益を守るという狭隘な視野から脱却できず，保護と平等の理念的対決を回避し続けている点にあります。これは，ちょうど明治以来の自由民権運動が物取り主義に，戦後のマイノリティ解放運動が利権擁護運動に堕したのと全く同様に，普遍的理念としての平等原理の尊重ではなく，もっぱら女性の権利伸長だけを視野に入れた女性解放運動が男女共同参画という，膨大な国家予算を浪費して一部のエリート女性の利権推進，既得権擁護の運動になりさがっているという問題とつながっております。私が「男女共同参画の虚妄」と呼ぶところの実態は，男女共同参画局という役所がその施策の優先課題のトップに審議会などへの女性参加率の増大を掲げ，ここではこの20年間に目覚しい成果をあげる一方で，一般民間企業の管理職の女性参加率の増加は桁違いの低迷が続くのを放置しているばかりでなく，さらに一般女子労働者はパート，派遣など非正規雇用に押し込められ続け，これらの非正規雇用と正規雇用の格差はこの20年間で拡大の一途をたどってきたところに現れており，私はその最大の理由は共同参画の発想が，「末は博士か大臣か」といった立身出世，権力追求をこととする明治以来の日本的男性社会の価値観に対して人間の尊厳を基礎とした女性独自の価値観を打ち出すことなく，そっくりそのまま肯定しながらこの出世競争レースへの女性の「参画」，つまり分け前＝おこぼれ頂戴を志向している点にあると繰り返し指摘してきました。[13]

労働者保護と新しいワークスタイル

　学会の多数の方々と意見が違うという意味で比較的大きな問題として，もう

---

[13] 「価値観の転換―男社会からの脱却」(『月刊社会保険労務士』2005年1月号)，「日本を駄目にするのは？」(同，2006年7月号)，"Women's Involvement in Men's Society in Japan" in A. Höland et al. (ed.), *Employee Involvement in a Globalising World — Liber Amicorum Manfred Weiss*. など。男女共同参画の名の下に役所が女性の参加率20パーセントを達成，さらにを30パーセントに高めることを目指している「指導的地位」とは，なんと「国会議員，地方議員，企業・公務員の管理職，自治体首長，裁判官，検察官，弁護士など」である。まさに日本的立身出世主義，権力志向の男性的価値観に完全にフィットしたターゲットに他ならない。これらの「指導的地位」への参画と比べ一般企業の女性管理職の20年間の増加率は，係長クラスで1パーセント，課長・部長クラスで0.1～0.2パーセントという情けない数字である。

ひとつ労働時間法制のあり方という問題があります。わが国では70年代から80年代にかけては，大部分の学者が長時間労働の原因は基準法の48時間法制と時間外労働規制の不備にあるという立場から，時間短縮を法改正でやるという発想でした。これに対し私は，所得志向より余暇志向を尊重する労働者の意識とこれに立脚した組合運動が法改正ではなく協約闘争で時短を推進してきたヨーロッパの経験から，わが国一般の考え方に対して一貫して違和感を抱いておりました。それと同時に比較的早い時期から今の言葉でいうと情報化ですが，当時の言葉ではホワイトカラー化の進行の中で，個性ある自主性をもった新しいタイプの労働者の働き方に注目し，おそらく日本で最初にヨーロッパ諸国のフレックス・タイムなど弾力的労働時間制度に注目して調査研究をして1975年に山口君と共著で書物を出版しています。[14] こうして70年代の早い時期から弾力化こそが新しい労働時間制度のあり方だということをいってきました。日本でフレックス制や裁量労働制が労基法で認められたのは87年の改正ですが，その基礎作業は80年代の初めから私が座長をした労働基準法研究会の労働時間部会で行われました。その後，裁量労働制，みなし労働制，変形時間制の適用範囲の拡大などで弾力化が少しずつ進んできましたが，そもそも工場労働の発想での画一的時間規制はもはや時代遅れで，個性が発揮されるべき自主的労働の拡大，ワークスタイル，職場環境のIT化，指揮命令のヴァーチャル化に対応した時間制度を推進すべきだと考える立場から見ると，まだまだ不十分だと考えています。

　いずれにせよ，その後わが国では労働省が労働組合と協力して法改正による時短推進を強力に進めることになり，80年代に入ると皮肉にも私はこの一連の法改正の責任を負うことになってしまい，あまり正面きって時短のための法改正に異を立てるわけにいかなくなりましたが，時短は法改正より組合が自主的に協約闘争でやるべきで，特に週40時間台に達した段階では，法制度としては弾力化に力点をおくべきだという発言を機会あるごとにしてきました。ところが，組合の方々は協約闘争で時間短縮をする方には全く熱意がなく，国の力で

---

14) 花見・山口共著『フレックス・タイム──勤務時間の再検討』（日本経済新聞社）。

特別講演

　法改正をしてもらって時短をやるという発想の上に，あくまで一日ごとの労働時間の規制にこだわった硬直的な発想を抜けきれず，弾力的な労働時間制度によって年間又は生涯でトータルな労働時間を短縮するというアイディアにはあまり関心を示さなかったので，仕方なく弾力化は時間短縮の手段の一つだという屁理屈をつけて少しずつ拡大をこころみていったのですが，労働側の抵抗が強く今日でもまだまだ弾力化が徹底していないのが実情です[15]。

　この10数年の制度改正の歴史を顧みると，余暇志向よりも所得志向が強いわが国の労働者を組織し，その利害を守ることを考えてきた日本の労働組合とこれに同調した役所の政策担当者は，法改正で法定労働時間を短縮し，同時に時間外割増率を上げれば実際の労働時間が短縮されるという単純で誤った議論で時短運動を推し進めて来ましたが，その後今日まで（パートなど短時間労働の増加によって）統計上所定労働時間だけは短縮されましたが，サービス残業，闇残業が増加・定着し，実際の労働時間はさっぱり短縮されないという結果になりました（89年以降10年間中基審で基準法改正に関与するなかで，労働組合が硬直的な時間制度と解雇・契約制度を死守しようとする姿勢に強い不信感を抱くようになって，中基審をやめる時に率直にこの点を指摘しておきましたが[16]，この結果労働組合の中に私は労働者の敵だと考えている人がさらに増えたようですが本当は逆だと思います）。

解雇規制，定年延長は既得権擁護

　同時に保護法の領域でもう一つ重要なのは解雇規制です。わが国では裁判所はもちろんほとんどの学者が解雇権濫用法理を立派なものと考えておりますが，

---

[15] このような考え方は，80年代の後半から90年代の終わりまでのさまざまの機会での発言にあらわれている。たとえば，「座談会　労働基準法研究会報告について」（『労働時報』39巻3号），「座談会　労働基準法制を考える――労働基準法の改正について――」（『労働時報』40巻5号）などにおける発言，「新しいワーキング・スタイルに対応する労働法制―労基法改正は出発点」（『労働時報』52巻3号）など。

[16] 「労働基準の規制　労使の「能動的参加」で―労働基準法見直し　中基審の審議を終えて」（『週刊労働ニュース』1749号），「労働制度，弾力的・創造的に」（『日本経済新聞』1998年2月24日），「労基法改正の焦点―「中基審建議」の内容とこれからの労働法制」（『労働法学研究会報』2126号），『規制緩和と労働法制――労働基準法改正を契機に新しい労働者像を求めて――』（第9回LINC講演会）。

これはいわゆる終身雇用制のもとで非正規労働者の犠牲の上に成り立っている正規雇用者の特権的地位を守り、非正規雇用の雇用機会を阻害することになる点でそれほど立派なものとは考えられません。

解雇権濫用法理の法制化が議論され始めた比較的早い時期から、認められる解雇理由を法律で定めるのではなく、差別的解雇を禁止するため禁止理由を列挙した立法が必要だと主張してきましたが、これは解雇規制を強化すれば正規労働者の既得権を保護することになり男子成年労働者の雇用にはプラスに働くが、非正規労働者の雇用機会を阻害することになり、結果的に女性と若年労働者の雇用にはマイナスに働くということから、解雇規制の緩和を検討しつつあったヨーロッパでの（とくにOECDの1999年のEmployment Outlookの指摘などにあらわれたように）常識に従ったものです。解雇権濫用法理を尊重し、これを条文化するといった政策、定年年齢の引き上げ政策には労働法学会の大多数の皆さんも賛成のようですが、私はこれは最も保護を必要としている非正規労働の人々の利益を阻害するものとして既に検討の段階から反対を表明してきました。[17]

解雇理由について法規制をするなら、認められる解雇理由を法律で列挙するよりは法律上禁止される解雇理由として差別的解雇理由を列挙する法制を主張し、この意味で雇用平等、差別の禁止を法制化するべきだということを中基審でも指摘したことがありましたが、中基審では会長をやっていたものですから、会長が議論するとまとまらないのです。それでも、解雇権濫用法理の法制化よりは差別禁止、性差別だけではなくて、人種差別、マイノリティなどに対する差別を含め各種の雇用差別を採用の段階から解雇にいたるまで禁止することが

---

17) "Deregulation and International Regulation: An Asian Perspective", in R. Blanpain & M. Weiss (ed.), *Changing Industrial Relations and Modernisation of Labour Law — Liber Amicorum in Honour of Prof. Marco Biagi*, "Changing Labor Market, Industrial Relations and Labor Policy", *Japan Labor Review*, Vol. 1, No. 1,「解雇規制とルール化」上・下（『週間労働ニュース』1887号, 1888号）など。解雇規制の否定的側面を強調する筆者のような見解は法学者の間では圧倒的に不人気であるが、経済学者の間ではそう珍しくない（八代尚宏『雇用改革の時代』、福井秀夫「厳しい解雇規制を見直せ」(『日本経済新聞』2006年4月28日)）。なおごく最近目にした八代尚宏「解雇規制の強化は誤り」(『日本経済新聞』2006年7月26日)は解雇法制のみならず時間規制についても筆者とほぼ同様の見解を述べておられる。

特別講演

一番重要だということをいっておりました。こういった考え方は日本以外では普通の考え方だと思いますが，日本ではそんなことを言ってもだれも相手にしてくれず，役所にも組合にも嫌われたということで，あまり効果なく今日に至っております。これは性差別に特化した均等法がすべての誤りのもとで，この結果日本は先進国の中で雇用差別の規制が最も遅れた国，そのため格差が最も著しい国になっています。

三者構成原理の空洞化

通説・判例の問題点として掲げた最後の項目は「三者構成の無批判的肯定」です。これは私が一般の常識に異を立てた数多くの論点の中で一番新しいのではないかと思いますが，1990年以降機会あるごとに何回か書いたりしゃべったりしてきました。特にILOとの関係で繰り返し指摘してきましたが，簡単に言えばILOの労働側代表というものは，加盟国の相当数で労働者の大多数を代表するものではなくなっているわけです。[18] 先進国でもアメリカ，フランスなどでは組織率が10パーセントを切るようになり，多くの途上国では組織労働は圧倒的にマイノリテイーで，ILOの労働代表は加盟国の労働者を代表しているなどとは到底いえません。ILOにおける三者構成の形骸化は，各国における労働組合を中心とした労使関係制度一般の機能不全という危機的状況を象徴するものです。

このような国際的潮流の中で，（「労働組合が雇用の安定している労働者や大企業で働く男性社員の利益のみを代弁し……労使協調路線にどっぷりつかって」「女性や若者などのために役割を果たしているとは思えない」，「組織自体が不祥事を起こしている

---

18) 筆者のこの点の指摘は1990年代半ばに遡るが（"Industrial relations and the future of the ILO" in ILO, *Vision of the Future of Social Justice — Essays on the Occasion of the ILO's 75th Anniversary*, 邦訳「労使関係とILOの将来――問題とアクターの変化」日本ILO協会『社会正義の将来展望』，ちなみにILO75周年を記念して出版されたこのアンソロジーで各加盟国から寄稿を求められた75人のうち筆者とドイツのManfred Weiss，マレーシャのMahathir bin Mohamad，インドのEla R. Bhattの3人が，ILOの基本原理であるuniversalismと三者構成原理の形骸化にふれている），邦語でより詳しく述べたものとして「グローバル時代におけるILOの役割と今後の課題」（『世界の労働』51巻10号）がある。

など，組合自身に倫理観が欠如している」と連合自体が任命した連合評価委員会が指摘している通り）わが国でも連合を中心とした支配的組合が大企業の正規労働者の利害のみを代表する既得権擁護の組織と化しているが，特にこれらの組合が形骸化した三者構成の原理に依拠して国の労働政策決定に強力な発言権をもち，労働行政における支配的地位を維持し労使関係制度のキーアクターとしての役割を演じていることが最大の問題です。この結果，フリーターやニートを含む短期雇用，非正規雇用を否定的に評価し，日本的雇用差別構造と労使一体の企業優先の価値観を基本とする正規雇用を中心においた発想に基づいた労働政策の形成と施行が，三者構成原理に基づく政策決定メカニズムによって実現されてきたことを，この数年にわたり繰り返し指摘してきました。[19]

ここまで話してきたところでちょうど時間になったので，最後の最後のつけたしとして，言うかいうまいか迷いに迷いながら論点には入れていないことで一番差し障りのありそうなことを申し上げます（笑い）。実は現在私が一番憂慮しているのは，ここにおられる菅野先生，あるいは山川先生などなど，私の尊敬する友人が一生懸命お作りになった労働審判制度についてです。これは三者構成に対する私の疑問と関係する点ですが，労働審判制度を含めてこの数年わが国で進められてきた労使紛争処理制度再検討の動きの最大の根源には，非正規労働者の増大と組織率の低下の結果として労働委員会制度，団体交渉制度，労使協議制度など既存の労働組合を中心にした紛争処理制度が機能しなくなってきたことにあるわけですが，これは端的に言って労働組合が非正規労働者を排除し，正規労働者の利益を擁護する組織になってしまったということです。それにもかかわらず，この事態に対処する筈の労働審判制度がこれまた三者構成の制度になり，その労働代表の審判員は事実上既存の労働組合組織の指名に

---

19) 「伝統的な三者構成にとらわれない多様化されたソーシャル・ネットワークの中で労使関係制度の再検討が求められる」（『経営者』659号），「労組法に公正代表義務を」（『週刊労働ニュース』2003年7月28日，"Nothing Fails like Failure — Trade Unionism in Japan" in *Liber Amicorum Reinhold Fahlbeck*.（この論稿で筆者は，日本の労働運動と正規労働者より非正規労働者の組織化に力を入れているスウェーデンの労働運動を対比し，それぞれの運動の成功と失敗があるべくして起きたことを分析しておいた。この論稿のタイトルはFahlbeckのスウェーデン労働運動に関する著書のタイトル *Nothing succeeds like success* をalliterateしたもので，外国の読者には評判がよかった）。

特別講演

よって決定されることになりました。この4月から新たな希望を託されて労働審判制度が発足しましたが、果たしてこの制度が一番保護を必要としている未組織の非正規労働者のニーズに応えられるかという点について私は大きな疑問を抱いております。

　昨年の秋、労働委員会制度創設60周年を記念する全国労働委員会総会で記念講演をさせられましたが、中労委前会長としては若干問題かと思いますがこのような観点から労働委員会制度についても苦言を呈しましたが、その最後のところで労働審判制度にふれ「果たして三者構成の労働側の代表が、流動化し、個別化した労働者たちの利害を本当に代表できるようになるのかどうか」、「一つの重要な点は、やはり労働側の審判員の人材と倫理という問題ではなかろうかと思います。これは労働運動が本当に困っている労働者たちに献身的にその利害を守るという形の、とくにスウェーデンのように、むしろ非正規労働者のほうがよく組織されているような労働運動と対比すると、日本の労働運動は非常に大きな今後の問題を抱えているのではないか」[20]と述べておきました。

これからの課題

　これは現時点でのILOの機能不全に対する憂慮と共通のことで、労使関係制度の転換という意味で日本に限らず世界的に大きな問題ですが、とくに日本の現状は甚だ憂慮すべきものがあるというのが私の現在の認識です。しかしそういいながらもこの50年を振り返ってみますと、やはり私はせっかくいい着眼点を持って問題提起をしながら移り気で、結末を付けないでどんどん関心の移るままに気ままに送ってきた気楽な学者生活だったというふうに思っております。学者になった最大の幸福はやりたくないことはやらず、頭を下げたくない

---

20)　「労働委員会制度と日本の労使関係」（『中央労働時報』1054号）。労働審判員のポストが、労働委員会の労使委員のそれと同様利権視されているといわれる一方で、労働審判に携わる関係者の意識は「個別紛争の解決を通じて、雇用・労使関係の制度、慣行とその変化への関心を払いつつ、労働者側には、組織の規律から逸脱した欲求や行動をたしなめ、同調させるメカニズムが、使用者側には、法や社会規範の規律から逸脱した行動をたしなめ、同調させるメカニズムがそれぞれ機能するように働きかけ、そのことを通じて働き方のルールが社会的に浸透していくことを期待したい」（逢見直人「労働紛争解決に果たす労働組合の機能」『労働研究雑誌』548号、78頁—傍点　引用者）といったものである。

人間には下げない,それでも飯が食えたということであります。

　70歳で大学生活を終わってから弁護士登録をしました。弁護士としては労使どちらでも依頼があれば相談にのっていますが,今のところ企業を代理する場合は正常な労使関係の形成をめざし,労働者側の代理ではおかしな企業の犠牲になった個別労働者を弁護することが多いので,役所の審議会などよりはるかにやりがいがあり楽しい毎日を過ごしております。

　以上,ご静聴ありがとうございました。(拍手)

〔後記〕　この種の講演速記を活字にするに当たっては,できるだけ当日話したそのままのものを読者にも提供するのがルールと思えるが,速記に目を通したところ速記が取れていないところがかなりある上,もともと荒っぽいメモによって出たとこ勝負で話をする何時もの流儀のため舌足らずで誤解を招きそうな点,うろ覚えで話してしまったための間違いや不十分な点などがあり若干の加筆・修正を行ったほか,特に終わりの方で時間の関係でふれられなかった点や意を尽くせなかったところを補充したり,またある程度本当のことだということを解ってもらえるための脚注を,それぞれの時点で公刊したものの出典(執筆者を明示せず引用した文献はすべて筆者のもの)などを含めて付け加えた。

(はなみ　ただし)

《シンポジウムⅠ》

労働契約法
──意義・構造・原理──

シンポジウムの趣旨と総括　　　　　　　　　　　　　野田　　進
労働契約の構造と立法化　　　　　　　　　　　　　　米津　孝司
労働契約の原理と立法化
　　──契約原理とその労働法的発展──　　　　　　川口　美貴
報告に対するコメント　　　　　　　　　　　　　　　盛　　誠吾

《シンポジウム I》

シンポジウムの趣旨と総括

野 田 　 進
(九州大学)

I　シンポジウムの目的と内容

　労働契約をめぐっては，前回大会（110回，2005年10月）に，「労働契約の基本構造」を総合テーマとして，鎌田，川田，三井，および野川会員の報告によるシンポジウムが開催され，各報告は学会誌107号に掲載済みである。ところが，その前回大会の直前から，労働契約法の制定を見据えたかたちで，その法制のあり方についての議論や立法提言が相次いでなされており，議論はさらに現実味を帯びて活発になっている。
　しかし，そうした議論が本格化すればするほど，わが国の労働契約の理論が，その原理的考察の部面において不十分な成果しか上げていないことが，ますます露見されているように思われる。
　わが国の労働契約法理は，多様な問題領域について，いちおうの体系性をもって形成されてきた。しかし，その一般的な形成過程においては，まず個別事件についての裁判例が先導し，それがいくつもの裁判例の蓄積で精緻化され，より体系的な理論として完成するといったプロセスを見ることができる。その

---

1)　周知のように，厚生労働省の研究会は，まず労働契約法に関して，①2005年4月「今後の労働契約法制のあり方に関する研究会中間とりまとめ」を，②同年9月「今後の労働契約制法のあり方に関する研究会報告書」を発表，ついで，労働契約とも深く関連する内容を持つ，③2006年1月「今後の労働時間制度に関する研究会報告書」を発表した。これらを受けて，④同省は2006年5月に「労働契約法制及び労働時間法制に係る検討の視点」なる文書を，さらに，⑤本年6月13日に，第58回労働政策審議会労働条件分科会において，「労働契約法制及び労働時間法制の在り方について（案）」を発表した。改革の方向は，次第に旗幟鮮明になりつつある。

シンポジウムⅠ（報告①）

ような理論形成においては，労働契約の法理は，ともすれば，既成の法理の枠内で，具体的な問題解決を図るというレベルでの，後追い的な議論に限定されがちである。その結果，学説による労働契約の原理的考察は，わが国においては確固たる法理上の地位を占めることができず，理論の貢献や蓄積も乏しいといわざるをえない。自戒を込めて極論するならば，その議論は，かつて末弘厳太郎教授が，労働契約の本質を「労働者の地位の設定」を目的とする一種の身分契約と説明したとき（1936年）から，大きく進展していないとさえいえよう。[2]

しかし，わが国の労働立法は，本格始動から半世紀以上を経て，世紀の変わり目を経過した。こんにち，企業活動のグローバル化，少子高齢化の進展といった「外的要因」，非典型雇用の増大，労働組合の規制力低下といった「内的要因」により，労働世界の環境変化はめざましい。そうした変化にもかかわらず，労働契約法の議論において，十分な原理的考察がなされず，対症療法的な議論に終始するならば，そこに形成される労働契約法は将来に禍根を残すことになろう。現在の労働契約法の構想は，おそらく半世紀的な範囲で労働法の基本法を構築するものであるだけに，その危惧感はいっそう大きい。

そこで，このミニ・シンポの機会に，われわれは，労働契約法の立法化をめぐる原理的考察をテーマとして，報告と討議の機会を持つこととした。報告の柱として，米津報告は，労働契約における「契約構造」に着目して，労働契約の外部規定要因である「企業」や合意の階層性等の問題を，川口報告は「契約原理」に着目して，労働者の同意，信義則等をめぐる問題を取り上げ，さらに盛報告は，コメンテーターの立場から，両報告における合意論の特色と疑問点を提示し，自ら理論状況を再整理する議論を展開した。

Ⅱ　シンポジウム討議の概要

シンポジウムにおける討議では，最初に，盛会員のコメントおよび質問事項（本号の盛論文を参照）について報告者が見解を述べた後，フロアからの質疑が

2）末弘厳太郎「労働契約」『法律学辞典』（1936年，岩波書店）2777頁。

なされた。

　まず，川口報告に対しては，同報告における，「すべての労働条件について，労働者の事前の具体的な同意に基づき設定された，使用者の労働条件変更権の行使による変更の可能性を認め，労働条件変更権の発生要件と行使要件を明確化することにより，労働条件変更の効力を限定する理論構成を立法化すべき」であるとの主張に，批判が集中した。

　まず，毛塚会員（中央大学）からは，このように法律で使用者の一方的な変更権を認めて，それを信義則等の要件で絞り込むという手法は，ほんらいの労働契約法の出発点からかけ離れたパターナリスティックな発想であること，それは労働契約法にあるべき「労働者の顔の見える」制度構築とはいえないこと等の批判がなされた。

　同様に，渡辺章会員（専修大学）からは，労働条件変更権は変更権として形成権の性質を持つ以上，意思表示の相手方の同意は必要ないはずであり，その行使において労働者の同意が要件となると構成するのは，法理上理解できない構成であること等の重要な疑問が呈された。

　以上に対して，報告者は，使用者の変更権が，労使間の同意に基づくものであるとの観点から，自説をより詳しく説明した。

　次に，米津報告に対しても，より原理的な論議が交わされた。

　まず，倉田会員（北海道大学）からは，米津報告が前提にする労使関係における信頼関係が何にかかっての信頼関係であるか，また，いわば外側の社会的信頼関係が崩されている今日の現状の中で，信頼関係を基盤とする契約原理を再構築できるのか，との質疑がなされた。

　さらに，米津報告に対する疑義の多くは，その契約法理が，労使の個別的関係しか描ききれていないことに寄せられた。すなわち，まず渡辺章会員は，同報告の構想が労働契約の個別当事者の深層の評価に降りていく一方で，団体意思が組み込まれていないことに疑問を呈した。同様に，石田会員（早稲田大学）は，同報告では労働契約の集団性，特に企業組織を前提とした，契約の個別性に還元できない組織性が看過されており，労働条件の決定もそれとの関連が重要であるとした。さらに，菊池会員（西南学院大学）も，古典的な契約論が組

織的に変容してきた議論の経過が軽視されていることを説いた。

　以上の議論に対して，報告者は，個別労働契約の問題と，制度としての就業規則論とを峻別し，ここでは前者のみを論じたが，後者においては集団的意思の作用を認めているとの説明を行った。ただ，上記の質問者たちはまさしくその個別労働契約の本質において，集団性・組織性を問題にしているのであり，この点についてなお突っ込んだ議論が望まれた。

　最後に，野川会員（東京学芸大）から，労働契約法において論じるべき就業規則は，労基法上の就業規則と同一である必要はなく，もっと自由な構想の下に論議が可能であるのに，両報告は区別なく就業規則を論じているとの指摘がなされた。

III　結びに代えて

　労働契約法は，労働関係における個別の当事者意思という基点から，法的規整を形成するものである。それは，今後長らく労使の行動規準となるものであるが，どのようなコンセプトで当事者意思を反映すべきかという根本において，基本合意には程遠い状況である。こうした理論状況からすれば，本ミニシンポは，労働契約の原理論に立ち戻って労働契約法のあり方を問題提起することができた点で，一応の生産的な役割を果たしたと思われる。

　しかし，総じていえば，シンポジウムにおいて，両報告者に対する質問と，これに対する報告者の応答は，十分かみ合ったものとはならず，議論としては消化不良の結果に終わったことを認めざるを得ない。限られた時間の中で，各論者に「言い尽くせない」フラストレーションが生じたこともまた事実である。とはいえ，報告者と議論参加者が，これだけ熱い論議の応酬をするフォーラムは，ミニシンポならではの得難い場であるといえよう。報告者の皆さんと議論に参加してくださった会員各位には，深く敬意を表する次第である。

（のだ　すすむ）

労働契約の構造と立法化

米 津 孝 司
(東京都立大学)

I　はじめに

　日本の労働法は，長期雇用，年功制，企業内労働組合などによって特徴付けられる日本型経営のあり方と相互に深く影響しあいつつ展開してきた。近年では，企業組織や企業統治は労働法学上の重要テーマとして認識されるに至っている[1]。2005年9月に公表された「今後の労働契約法制の在り方に関する研究会」の報告書（以下「報告書」）においても，日本の企業を取り巻く環境の変化から立法の必要性を説き起こし，グローバル化にともなう企業間競争の激化や労働世界における個別化・多様化の傾向とならんで，コーポレート・ガバナンスの変化に言及している。本稿は，わが学会における企業理論の到達を踏まえつつ，本ミニシンポにおいて私に与えられた課題，「労働契約の構造と立法化」の問題を論じようとするものである。

II　立法の背景と日本企業のガバナンス

　日本の企業組織とそのガバナンスは，目下，少なくとも半世紀単位の大きな変革期にある。企業統治をめぐる日本の議論は，90年代後半以降における株主

---

1)　「シンポジウム・21世紀の労働法②企業組織と労働法」日本労働法学会誌97号（2001年），特集「コーポレート・ガバナンス改革と雇用・労働関係」『日本労働研究雑誌』507号，荒木尚志「コーポレート・ガバナンス改革と労働法」稲上毅・森淳二朗編『コーポレート・ガバナンスと従業員』（東洋経済新報社，2004年）129頁以下，安西愈「企業と従業員参加」『講座21世紀の労働法1巻　21世紀労働法の展望』（有斐閣，2000年），特集「変容する企業社会と労働法」季刊・企業と法創造2巻2・3号（2006年）など。

シンポジウム I (報告②)

主権論を経て，現在，洗練された株主価値論を部分的に取り入れつつ，ステーク・ホルダーのバランスに基づく多元主義的な日本型ガバナンスを模索する方向へと向かっているように思われる。少子高齢化とポスト工業化の成熟社会における日本企業の価値創造という観点からは，企業が社会的存在であることの認識を基礎として，企業価値創造の中核的な源泉である人的資源をコアとする多元主義的企業統治を指向とすることは正しい。「報告書」も基本的には同様の認識に立つものと思われるが，問題となるのは，それが労働契約の構造・原理に関するいかなる理解を前提に個別の立法提案へと具体化されるのかである。

就業規則法理，解雇の金銭的解決，労働時間規制の適用除外など，今次の労働契約法制論議の争点，さらに配転・出向，解雇における権利濫用審査という労働契約法上の中心テーマにかかわって，「報告書」が，そのいずれにも中心的な役割を付与しているのが，労使委員会制度・従業員代表制度である。一言でその特徴を述べれば，契約原理・私的自治に対する集団法理・共同体法理の優位である。

ここには，研究会メンバーでもある内田貴教授の関係的契約理論の影響をみることができる[2]。それは，労働契約などの継続的な契約関係においては，意思原理に基づく古典的な契約法理は妥当せず，継続性原理や柔軟性原理が支配する「関係的契約法理」が妥当する，との主張である。この関係的契約理論と，いわゆる「社会法による市民法の修正」テーゼや集団優位の思考の慣性とが共振し，関係的契約法理が支配するとされる労働契約法において，従業員代表による集団的規律の私的自治・意思自律に対する優位を正当化することになったように思われる。

近年，経営学においては，多元主義として特徴づけられる日本企業のガバナンスが，経営者による内省的な自己規律に支えられており，そこに従業員集団が重要な役割を果たしていたとの見方が有力に主張されている[3]。この従業員集

---

2) 内田貴『契約の時代』（岩波書店，2000年）。関係的契約法理の普遍妥当性の主張に対する批判として，棚瀬孝雄「関係的契約論と法秩序観」同編『契約法理と契約慣行』（弘文堂，1999年）1頁以下。
3) 田中一弘「企業統治」工藤章ほか編『現代日本企業1　企業体制上』（有斐閣，2005年）207頁以下。

団の代表としての性格をもった経営者による自己規律のメカニズムは，株主価値の重視に方向付けられたガバナンスの制度変更の圧力にさらされ，かつカンパニー・ユニオンの力量低下という現実に直面して，そのままでは機能しなくなりつつある。「報告書」が従業員代表を労働契約法制の中核に据えようとするのも，こうした日本企業のガバナンスメカニズムについての認識を背景にしている可能性がある。しかしこうした点を踏まえたうえで，なお，今回の従業員代表を軸とする労働契約法制の構想については，勇み足との印象をぬぐえない。

従業員の存在が，日本企業の自己規律的なガバナンスのコアに位置づくという前提のもとで，かつポスト工業化の成熟社会における企業環境および労働世界の変化への対応という日本企業の課題性に鑑みたとき，未成熟の労働者代表制度にではなく，まずは個々の従業員・労働者と企業の信頼関係，そしてそれをベースとする労働契約関係に，内省的自己規律の再生の可能性を求めるべき，というのが本稿の立場である。

III 労働契約の構造と立法化の基本方向

問題の核心は，契約原理の中核にある意思自律・意思原理と契約関係に内在する組織原理の最適均衡調整のメカニズムをどのように構築するのか，という点にある。意思原理と組織原理を，労働契約，とくにその合意についての構造的な把握と連動させ，これを関係的（文脈的）・経時（時間）的な解釈の場に開きつつ合意の深度との相関関係のなかで両原理の最適均衡プロセスを制御することが必要である。[4]

---

4) 近年，一般の契約法学においては，契約を法的なコミュニケーション・プロセスとして捉え，あるいは合意（法律行為的意思）の深度や成熟度を問題とする理解の深まりがみられる。河上正二『民法学入門』（日本評論社，2004年）93頁以下，大村敦志『基本民法 I 総則・物権総論』（有斐閣，2001年）32頁，加藤雅信『新民法体系 I 民法総則第 2 版』（有斐閣，2005年）275頁以下，山本顕治「契約規範の獲得とその正当化」『谷口知平追悼論集 第 2 巻』（信山社，1993年）69頁以下など。また，棚瀬・前掲論文 1 頁以下は，本稿における信頼関係的合意とも近似する基層的な合意としての「了解としての合意」を論ずる。

シンポジウム I（報告②）

　「報告書」は，就業規則の内容とその不利益変更の合理性を，労働契約内容への取込み及びその変更へと連結するにあたり，当事者の意思の推定操作を媒介することで，辛うじて意思原理からの完全離脱を回避しているが，こうした意思の推定操作は，「報告書」も指摘するように，すでに秋北バス事件最高裁判決が，就業規則の法的な拘束力を承認するにあたり，民法92条の「慣習によるとの意思」を正当化の根拠としていることを踏まえたものであり，基本的には判例法理のパラダイムに収まる論理である。就業規則の内容や変更が合理的であれば，これが労働契約の内容になる，あるいはその変更をあらかじめ同意するというのは，表示された意思や，さらには明確な内心的効果意思ともなっていない場合が通常であろう。そこで関係的契約理論は，早々に意思原理を放棄してしまうのであるが，しかし，さらにそのもう一段深い，いわばより深層の，相互の信頼関係を前提とした意思ともいうべきレベルを法律行為論の射程内におき，そこに規範的な評価に基づくスクリーニングをかけてゆくならば，それが単なる擬制的な意思の操作に脱することなく，ある程度，労働者の真意に接近する可能性が出てくる。

　過半数組合の合意や労使委員会の決議により就業規則の不利益変更における合理性とこれを前提とする労働条件変更についての労働者の合意を推定する，という提案にみられるように，「報告書」は，集団的な合意を媒介に，いわば契約法理外在的に組織原理を持ち込むかたちで契約関係の柔軟性を確保するという枠組みを採用した。[5]この枠組みが，就業規則法理のみならず，解雇法理や配転・出向法理，さらに労働時間法制にも導入されることで，個別的労働関係法の中核にこの集団法理が位置づけられることになった。しかし，契約法理に外在的なこの集団法理の導入によって，基本権上の保護（憲法13条）を享受する意思原理のコアの部分に抵触する事態を招来させることになった疑いがある。ここに今回の「報告書」の理論的核心がある。[6]

　「報告書」も指摘するIT革命やグローバライゼションに伴う企業を取り巻く環境の変化は，60年代から70年代，さらに80年代にかけての，囲い込み型の

---

5)　学説としては，菅野和夫「就業規則変更と労使交渉」労判718号6頁，荒木尚志『雇用システムと労働条件変更法理』（有斐閣，2001年）240頁以下など。

組織原理(内向的集団主義)をベースとする日本的経営の成功体験を急速に陳腐化させており、コア・ステークホルダーである従業員の信頼とコミットメントを核とする日本型ガバナンスは、その基調を維持しつつも、より複層的なステーク・ホールダー間の利益調整をはかりながら、そのあり方を進化させつつある。産業構造と企業組織のネットワーク化、経済社会のポスト工業化が一層その度合いを深めつつあるなかで、一人ひとりの従業員・労働者の職業的能力やニーズをふまえ、そのコミットメントや知的創発を促す人的なマネジメントに成功するかどうかは、企業にとって死活的な問題である。企業組織およびそのガバナンスと、個々の従業員・労働者の自律的なコミットメントを繋ぐ制度が労働契約であり、その法的な規制のあり方は、したがって日本企業の進化の成否に直結する。労働契約の実務とその法理は、個々の従業員・労働者の多様な能力やニーズを踏まえ、これを有機的に企業組織のネットワークへとリンクさせながら、常にこの関係を更新・進化させてゆくという要請に応えるものでなければならない。おそらくこの課題に対しては、アトミスティックな・原子論的な個人とその強固で明確な意思主体を想定した法律行為論を墨守することでは対応不可能である。就業規則法理をはじめとする判例法理やこれを支持する労働法学説が想定する意思自治は、まさにそのようなものであったがゆえに、これと別次元の集団的法理に依拠したロジックを展開せざるを得なかったのではなかろうか。しかし今日、日本の契約法理は、契約法理に内在したかたちで関係性や時間性、組織性を問題としうる水準に到達しつつあり、これを踏まえるならば、就業規則法理を契約法理として純化させることは十分に可能であり、

---

6) 2006年4月の労働政策審議会第54回労働条件分科会において、厚生労働省は「労働契約法制及び労働時間法制に係る検討の視点」を示し、「合理性の推定」における労働組合の役割を若干高める提案を行ったが、基本的な問題状況に変化はない。今次の労働契約法制における労働者代表制度の提案は、団結権保障を軸とする戦後日本の労使自治の基本枠組みを変容させる内容をもつ(浜村彰「労働契約法制と労働者代表制度」労働法律旬報1615号46頁)。その変容の圧力は、芽生えつつある新たな質をもった組合運動の胎動に対して抑制的に働き、また企業横断的な労使自治の発展を阻害する方向に向かう可能性を孕んでいる。中長期的にみるならば、そのことは日本型経営の新たな展開にとってもプラスとはならないように思われる。従業員代表法制については、労働契約法制からはいったん切り離し、それ自体の慎重な検討を待つべきである。

シンポジウムI（報告②）

かつ必要なことであるように思われる。

　過去20年間に日本で行われた労働法の諸政策は，当初の予想を超えるかたちの過剰な流動性を日本の労働世界にもたらした可能性がある。労働法の規制緩和措置は，働き方の弾力化や柔軟化という立法政策上の建前の一方で，デフレ不況の深刻化とともに，非典型雇用の急増を軸に，現実には人件費削減と雇用調整を促進する機能を果たした。それら総じていえば労働力を価値創造の源泉としてよりもむしろコストとして捉え，短期的な効率性を追求する企業経営を通じて，労使の信頼関係の浸食が深く進行した。90年代以降の労働政策は，マクロ経済的な環境変化と企業内従業員構成の変化に伴う構造的な調整政策としての側面があり，それら総体を経済的に不合理な政策選択であったということはできない。しかし，これによりもたらされた労働市場の過剰な流動化は，従来型の日本的雇用システムを支えていた従業員との信頼関係の空洞化を促したことも確かであり，これを放置したまま日本型経営のイノベーションをはかることは不可能である。日本企業が直面するポスト工業化社会への対応の課題性，すなわち，個別性と多様性が高まる従業員・ワーカーにおける経営とのミッションの共有・パートナーシップ関係の構築をはかっていくことの必要性にかんがみれば，ことは深刻である。今求められていることは，この約20年間に現出した，労働世界の過剰流動性に歯止めをかけ，侵食された信頼関係の土壌を再生することを通じて，日本企業のガバナンスと労働世界に安定性と本当の意味での柔軟性を獲得することであり，これを制度的に保障する，動的な安定性をもった法システムを構築することである。そして，まさにそのことこそが，21世紀の近未来を展望する労働契約立法の主要目的となるのでなければならない。

　一回的な取引を理念型とする売買契約などの契約類型とは異なる労働契約の独自の性格，すなわち継続性，従属性，集団性などの特徴を，組織性として総括したときに，内外の労働法学は，おもに団体法理・集団法理をもってこれに対応してきた。契約法理に内在する論理としてではなく，それからは外在的な集団法理により労働関係の組織的性格に対応するという思考は，古典的契約法思想が脆弱な日本においては，契約原理・意思原理との抵触にかんする認識の希薄化をもたらす。最高裁判例における就業規則の不利益変更論はそれを象徴

するものといえよう。しかし，それら集団優位の「法理」を現実に機能させてきた社会的な背景に大きな変化が生じている，というのが本稿の基本認識である。それは，末弘厳太郎が労働契約を身分設定契約として特徴づけ，あるいは就業規則の法規範性を法例 2 条により根拠付けることに高度の現実性があった時代以来の，少なくとも半世紀単位の変化である。労働契約立法は，基本的には末弘が描いた労働契約法パラダイムを総括し，個別性や多様性として特徴付けられるこの新たな時代の課題への対応として構想されるものでなければならない。そしてそのことは，労働契約の組織性への対応を，集団法理から契約法内在的な論理へとシフトさせることを意味するはずである。

　組織性への労働契約法理としての対応ということでは，付随義務論や権利濫用法理として一定の展開がすでに見られる。しかし，付随義務論は当事者の合意から切り離された客観的義務論として論じられることに伴う硬直性や恣意性からかならずしも自由ではなく，また権利濫用論も，権利義務関係の存在を前提とする法理としての限界がある。伝統的法律行為論とそれを前提とする契約理論における，表示行為と内心的効果意思，そしてそれらの合致という基本構造を前提にしつつ，さらにそのもう一段深い層において契約当事者の意思を想定し，その合致として契約を把握し，かつ時間的な経緯とともにその範囲が変化しうるとするという本稿における「合意の階層性（深さと拡がりをもつ評価的な解釈に開かれた合意）」のモデルは，労働契約における組織的性格への新たな次元における契約法理内在的な対応を意味する。

　一般私法学における，契約実務の高度化・複雑化に対応した法律行為論・契約理論の展開や，個別化・多様化に典型される労働世界の大きな変容のなかで，労働契約の構造と原理をどのように想定するかは，労働契約立法のあり方をその根本において方向付けるものである。前のめりの立法による既成事実化をはかるのではなく，まずは学問の責任において，労働契約の構造と原理に関する議論の土俵を構築し，実務家との協働作業のなかで労働契約法の原理とルールについてのコンセンサスを形成することを先行させるべきだ，労働契約法の立

7）　末弘厳太郎「労働契約」『法律学辞典』第四巻（岩波書店，1936年）2777頁。

法化は時期尚早であるというのが本稿の立場である。

Ⅳ　合意の階層性と就業規則・労働契約

1　就業規則と労働契約

「報告書」における就業規則論のベースとなっているのが秋北バス事件の大法廷判決である[8]。大法廷は、事実たる慣習（民法92条）を根拠に、就業規則が法律行為を通じて法的な規範力を獲得することを肯定した[9]。民法92条は、日本民法典における任意法規の優位を主張する議論と、伝来の慣習を重視する立場との対立のなかで、両者の妥協の産物として成立した条文といわれている[10]。この法律行為の解釈準則における慣習の取込によって、日本の法律行為論は、その内に信頼関係的な合意の要素を包含する実定法上の手掛かりを得たのであった。大法廷判決は、「労働条件を定型的に定めた就業規則は、……それが合理的な労働条件を定めているものである限り、経営主体と労働者との間の労働条

8）　最大判昭43・12・25民集22巻13号3459頁。
9）　民法92条に依拠した法的性質論の先駆としては、石井照久「就業規則論」私法8号117頁以下。大法廷判決の法的性質論については、その解釈をめぐり議論があったが（王能君『就業規則判例法理の研究』（信山社、2003年）65頁以下）、普通契約約款の法的性質に関する理論に依拠したものとの理解（下井隆史「就業規則」恒藤武二編『論争労働法』（世界思想社、1978年）286頁以下）が定着しつつある。普通契約約款の拘束力をめぐっても、就業規則と同様、法規説と契約説の対立があるが、今日では、顧客保護の観点から、同意の範囲を操作する可能性をもった契約的構成が有力であるとされる。情報の非対称性、構造的な交渉力格差、生存権保障との関連性、約款設定者たる使用者の作為可能性などにかんがみ、就業規則は、定型的な契約の雛形として、その法的な拘束力を承認するにあたっては、一般の約款以上の司法的コントロールが許容されてしかるべきである。一般の普通契約約款と就業規則の実態上の相違については、浜田冨士郎「就業規則と労働契約」『本多淳亮先生還暦記念・労働契約の研究』（法律文化社、1986年）408頁以下。北川善太郎「日本の契約と契約法——裁判規範と行為規範を統合する法解釈の枠組み——」『京都大学法学部創立百周年記念論文集第三巻民事法』（有斐閣、1999年）58頁は、近年、日本企業の契約実務において、自社の利益優先を前提にした事実選別と情報操作の傾向がみられると指摘する。かりにそうならば、約款条項に司法的コントロールを及ぼす必要性は一層高いということになろう。本稿とは異なる観点から大法廷判決における「事実たる慣習」論を再評価するものとして、野川忍「労働契約内容の特定と変更の法理」日本労働法学会誌107号71頁以下がある。
10）　星野英一「編纂過程からみた民法拾遺」『民法論集第1巻』（有斐閣、1970年）154頁以下。

件は，その就業規則によるとの事実たる慣習が成立している」と説示し，就業規則によるとの慣習を野放図に許容するのではなく，これに「労働条件の合理性」という縛りをかけている。就業規則によるとの慣習が当事者の意思として有効な法律行為の内容をなすにあたっては，その根底に，労働条件が合理的であることについての労働契約当事者の信頼関係に基づく合意があるということをこれは意味している。そしてこの労働条件の合理性が，労働関係の組織的性格を内包することで，この信頼関係的な合意は，その内に組織原理を包含することになるのであり，意思原理と組織原理の均衡は，事案ごとに多様な「合理性」の規範的評価を通じて実現されることになる。大法廷によって定式化された，この「合理性」を梃子とする意思原理と組織原理の最適均衡調整の枠組みは，しかしその後の判例や学説において，労働契約成立時における就業規則内容の労働契約への取込規整・内容コントロールの法理として展開され具体化されることはあまりなかった。[11]

大法廷判決は，契約の成立とその内容の確定においては優れた調整原理とし

---

11) そうしたなかで，西谷敏「就業規則」片岡昇ほか『新労働基準法論』（法律文化社，1992年）445頁以下は，合理性審査を労働契約の司法的コントロールとして把握すべきことを指摘し，さらに同『規制が支える自己決定』（法律文化社，2004年）380頁以下では，これをさらに展開している。また，土田道夫『労務指揮権の現代的展開』（信山社，1999年）は，ドイツにおける約款規制法理に依拠しつつ，取込規制，内容規制，行使規制の「多元的規制論」を提示するものとして興味深い。それは，同教授におけるそれまでの「合理的限定解釈論」における「仮定的自由意思」の主張に対する反対学説の批判を受入れ，自説を変更するかたちで示されたものである。もっとも，このドイツ約款規制法理における三層的規制構造は，もともと信頼関係的な合意の発想が（少なくとも法ドグマティークの水準においては）希薄なドイツの意思教説 Willensdogma を背景に，これとの相克の中から生み出されたものであり，思想的背景を異にする日本にそのまま持ち込むことには無理がある。上記三層の規制は，日本法上も理念型としては区別可能であり，また区別すべきであるが，それはドイツにおいてそうであるような厳格な段階的構造をもつものとしてではなく，各レベルの要件の充足の程度が，他の階梯の規制に相関するものとして，またこれが法律効果論にも柔軟に反映しうるものとして把握することが必要である。たしかに日本における契約の司法的コントロールは，こうした規制の階層性についての認識があまりに希薄であり，法解釈論としての明確性に欠ける恨みはあるが，暗黙知のレベルにおいてそれらの相関関係的な判断操作が行われている可能性があり，一概に否定できない側面をもつ。「仮定的自由意思」の想定にかえる必要はないが，やはり合意の規範的評価を避けることはできないのであって，実務的な有用性にも配慮した中庸を得た契約コントロールの法理が構築されるべきである。

シンポジウムⅠ（報告②）

て機能しうる「合理性」審査を，これと法律関係や利益状況をまったく異にする既存の労働契約条件の不利益変更における調整原理として無媒介に流用することで，組織原理と意思原理の均衡バランスを，前者に大きく傾かせる形で固定化させる。それは当時の契約法理の理論水準を前提とすればやむをえない側面もあったが，意思原理のコア部分を侵食する定式化であることは否定できない。この点についての大法廷少数意見，学説の批判は理論的には正当なものであったが，この理論的な筋を曲げてもなお貫徹すべき，労働条件の集合的処理，画一的・統一的決定の要請という企業社会における組織的・権力的な規範の存在を，これによって確保されるべき従業員の雇用の安定との互酬的な関係において，大法廷は追認的に承認することになったわけである。それは，経済成長を支える企業経営の効率化という国家政策と企業社会内部の共同体規範に支えられた日本型経営を法的に担保するものであり，第二次世界大戦後の「黄金の30年」とよばれる高度成長期を経て，70年代半ば以降，欧米各国が蓄積構造の調整期に入る中，日本の企業組織のフレキシビリティーを保障することにも寄与したのであった。

しかし，いまやポスト工業化社会がより明瞭なメガトレンドとして我々の前に立ち現れつつあるときに，この戦後日本の経済的な成功体験の記憶と連動する就業規則の不利益変更法理は，むしろ新時代における企業組織の進化にとって阻害的な要因へと転化する可能性がある。[13] 我々は，今改めてこの大法廷判決を総括し，大法廷判決当時の日本がおかれた社会経済的，歴史的な状況から現在にいたるその環境変化と，学理としての契約法理の進化をふまえ，意思原理と組織原理の今日的な最適均衡点へと至るための首尾一貫した労働契約法理を確立すべき時点にたっている。

就業規則についての民法92条論が切り開いた可能性を推し進め，信頼関係的

---

12) 最高裁判例の就業規則法理をベースとする「報告書」の意思推定論ついて，本久洋一「就業規則の法理」道幸哲也他編著『職場はどうなる―労働契約法制の課題』（明石書店，2006年）128頁では，憲法13条違反の疑いが強いとする。

13) これに関連して，渡辺章「労働契約法制の『考え方』を考える」季刊労働法212号12頁以下は，「報告書」における「労働者の創造的・専門的能力を発揮できる自律的な働き方への対応」の必要性の指摘と，その就業規則法制に関する提案内容との矛盾を指摘する。

合意の想定により，契約法理内在的に意思原理と組織原理の最適均衡を追及することは，就業規則の不利益変更論に関しても可能である。

　まず，約款類似の定型契約である就業規則は，いかにして個別の労働契約の内容となるのであろうか。大法廷判決とそれを継承する電電公社帯広局事件最高裁判決[14]は，事実たる慣習論，すなわち法律行為論を媒介に，「就業規則の定めが合理的なものである限り，就業規則の存在及び内容を現実に知っていると否とにかかわらず，またこれに対して個別的に同意を与えたかどうかを問わず，その適用を受ける」，あるいは「労働契約の内容になる」との立場をとっていた。しかしフジ興産事件[15]で，最高裁が周知手続きを重視する態度を鮮明にしたことは，右の命題のうち，すくなくとも「就業規則の存在及び内容を現実に知っていると否とにかかわらず」の部分については，これを維持する姿勢を最高裁はもはやとっていないものとも解釈でき，そしてそれは，約款法理に関する法律行為論的な理解にもそうものとして肯定的に評価できよう。「個別的に同意を与えたかどうかを問わず，労働契約の内容になる」とする部分については，厳格な意思自律に基づく法律行為論をとる限り説明は困難である。この点，大法廷判決は，補充的解釈についての明文規定である民法92条を手掛かりに，合理性の縛りをかけつつ，「就業規則によるとの慣習」の存在を認め，かつ一律に「その慣習による意思を有していると認められる」との立場を採用したのであった。これに対して本稿は，就業規則と労働契約との関係につき，信義則と慣習を基準とする最高裁判例の枠組みを踏まえつつ，他方，「就業規則によるとの慣習」の存在，および「その慣習による意思」を，大法廷判決のように，一律的・画一的に認定するのではなく，労働契約関係の成立の経緯やその具体的内容の検討を経て，そのような慣習の存否とそれによるとの意思の存否を，個別の労働契約関係と就業規則規定の内容にそくして確定するとの立場をとるとともに，補充的契約解釈を通じて労働契約内容とされるものについて，一律に意思原理による契約保護を享受するものとは考えず，意思自律の実現の程度と，信頼関係的合意の観点からの評価に応じて，その拘束力に強弱があること

---

14)　最一小昭61・3・13労判470号6頁。
15)　最二小平15・10・10労判861号5頁。

を承認する。

　民法92条の慣習をめぐっては様々な議論があるが，私見によれば，同条における「慣習」は，慣習法（法例2条）と明治以来の通説と判例がいうところの「事実たる慣習」，そしてさらに個別的な行為の反復・継続としての慣行をも含むものと理解できる。労働関係では，いわゆる労働慣行のみならず，たとえば一定の職種や勤務場所での就業の継続などの事実も，その内容や経緯次第では民法92条にいう慣習たりうると考えられる。したがって，以上に述べたような意味における労働の場における慣習とそれによることについての意思が認められるならば，それが追加的・補充的に労働契約の内容となり，就業規則に基づく使用者の指揮命令権を制約することになる。[16]

2　労働契約の司法的コントロール

　就業規則が約款類似の定型契約の雛形であるとする認識，また労働契約当事者における情報（知識）・経験・交渉力の格差を前提とすれば，約款法理や消費者保護法等で確立しつつある契約の法的な規制原理，解釈準則なども参照しつつ，労働関係にそくしたかたちで契約の適正化と契約意思の実質化をはかるべきである。[17]例えば，労働者にとって不利益をもたらす可能性のある条項については，その内容と事前の情報提供の程度，交渉の経緯などが，その契約条項

---

16)　一般には，民法92条の「慣習」といいうるためには，ある行為のパターンが一定範囲の人間集団において繰り返し行われているものでなければならないとされる（『新版注釈民法（3）総則』266頁［淡路剛久］）。しかし問題の核心は，ある行為パターンが複数人数によってなされるかどうかではなく，個別的な行為であっても，それが組織的・集団的な含意を持つかどうかである。たとえば労働者個人が長期間にわたって特定の職種に従事するような場合，その就労自体は個別的なものではあっても，そこに組織的・集団的な文脈と意味づけが見出されうるならば，「慣行」としての性格をもつ可能性が生じる。野田進「労働契約における「合意」」『講座21世紀の労働法3巻　労働契約』（有斐閣，2000年）25頁以下は，契約の時間的進行と労働条件の性質に応じて多様性をもつ合意の複合的構造性を指摘するが，本稿はこれを，黙示の合意のほかに，民法92条によっても根拠付けうるとする立場にたつ。

17)　これについては西谷敏「労働法の未来と労働契約法制のあり方」労旬1615号10頁以下。唐津博「労働契約法制の制定に向けて」ジュリスト1292号4頁は，労働条件の「自主的決定」と契約の「適正さ」を調和させるためには，（PartnershipやFairness等の）第3の調整コンセプトが必要であるとする。

としての拘束力と相関的な関係におかれ，内容の不当性と意思自律の充足水準に応じて，条項それ自体の無効や合理的な範囲への縮減，労働者に不利な形での援用の禁止など，様々な法律効果を帰結しうると考えられる。[18]いわゆる不意打ち条項の制限や，意味が不明瞭で多様に解釈されうる条項についてはその作成者に不利に解釈するといったルール（いわゆる contra 原則）は重要である。また労働契約の内容コントロールとしては，任意規定や行政的規定，あるいは努力義務規定や行政的な指針などの各種ソフトロー[19]から乖離する契約条項をはじめ，民法第1条2項や同2条（個人の尊厳と両性の本質的平等を旨とする解釈の要請）[20]に規定する基本原則に反して労働者の利益を害する可能性のある就業規則条項（定型労働契約条項）について，それを適用することに合理性が乏しく労働者の実質的な意思に基づかないと認められる場合は，その効力の全部ないし一部を否定する，あるいは権利行使が禁じられるといったコントロールが必要である[21]。これら労働契約の司法的コントロールは，私的自治への過剰介入とみるべきではなく，すでに最高裁判例法理が「合理性」要件の設定において意識していたはずの約款規制法理の労働契約法における具体化としての意味を持つ。

---

18) 就業規則の意見聴取義務，届出義務，周知義務の不履行と，就業規則の契約的拘束力とを連動させる判例・学説の理解も，これと類似の発想に基づくと思われる。なお，石井照久『要説　労働法第2版』74頁は，就業規則を「労働者のために」，労働者の利益を守る見地から解釈すべき，とする。
19) ソフトローについては，荒木尚志「労働立法における努力義務規定の機能」『中嶋士元也先生還暦記念論集・労働関係法の現代的展開』（信山社，2004年）19頁以下。
20) 労働契約における解釈準則としての同条の意義については，和田肇「憲法14条1項，民法1条の2，同90条，そして労働契約」『中嶋士元也先生還暦記念論集・労働関係法の現代的展開』（信山社，2004年）1頁以下。
21) 村中孝史「労働契約概念について」『京都大学法学部創立百周年記念論文集第三巻民事法』（有斐閣，1999年）515頁は，民法学における契約論を参照しつつ，合理的な理由がある場合にだけそれからの離脱が認められるという意味での半強行法的な性格をもった標準的な労働契約内容を検討すべきではないかとする。労働契約法は基本的には強行法であるべきだが，かりに任意規定化が行われるとするならば，それらの規定は右のような性格をもつことになろう。また，そのような性格をもつ場合にのみ任意法化が許容されるべきである。

シンポジウムI（報告②）

3 労働条件の変更

就業規則の不利益変更法理は，実務の現状に適合し，近代法の原則にも適い，かつ新たな事態に適切に対応しなければならない[22]。これを可能ならしめる契約理論が一定の複雑さをもち，その合意論が柔構造的な階層性をもつのは不可避である。ドイツ意思教説にその典型をみる西欧近代私法学における意思[23]が，明瞭な輪郭をもった強固な，しかし比較的単純な構造をもつのに対して，ポスト工業化社会を迎えつつある今日の契約法学が真向かうべきなのは，複雑で弾力的な等身大の意思であり，それは分厚い社会関係に埋め込まれた信頼関係に支えられている。この社会的な文脈において把握される信頼関係的な合意に定位することで，意思自律の充足度，その契約保護の水準に強弱が生じることを承認する本稿の立場からすれば，就業規則などの一般的労働条件や労働関係における慣行が労働契約内容になることによって享受する契約保護の水準にも当然に強弱が生じ，(a)意思自律による保護を享受する結果として個別合意によるほか変更が不可能なもの，(b)一般的な信頼保護を享受するのみで個別合意を必要とすることなくその変更が可能なもの，さらには，(c)そもそも契約条件とはなっておらず契約保護の埒外にありもっぱら秩序原則に従って変更が可能なもの，などが並存しうることになる。この場合，組織原理に軸足をおく判例法理の合理性審査は，信頼保護のみを享受する労働条件の変更にとっての司法審査の枠組みを提供するものとして有用性が認められ[24]，このレベルでは，従業員代表との交渉経緯や同意に重要な意味を付与することも可能かもしれない。しかし，意思自律に基づく契約保護を享受し，したがって個別合意によるほかない契約条件の変更については，判例法理は機能しない。個別合意による変更が必要な労働条件を，個別交渉を経た明示的な特約などに限定して承認する見解も存在するが[25]，本稿は，問題となる労働契約条件の性質・内容，その契約内容化にいたる当事者の交渉経緯など，当該事案の個別的事情に応じて評価的にそれは確

---

22) 諏訪康雄「就業規則法理の構造と機能」日本労働法学会誌71号20頁。
23) ドイツ意思教説と日本の労働法学における法思考との関係については，拙稿「日本にとってのドイツ法学とは—社会法・労働法から」民商法雑誌132巻4・5号65頁以下を参照願いたい。

定されるべきであると考え，個別の特約などに限定する立場には立たない。み
ちのく銀行事件の原告達がその不利益変更の適法性を争った労働条件は，個別
交渉を経た後の特約ではなかったが，労働関係の展開の中で形成された信頼関
係的な合意として意思自律に準じた契約保護が与えられ，その変更には個別の
合意を必要とする水準にそれは達していたのであり，これは制度としての就業
規則の合理性とは次元を異にする問題であったのである[27]。

　変更解約告知や変更権（あるいは変更請求権）などについては，契約法理内在
的な意思自律と組織原理がどのような形で均衡点を見出すのかということと相
関的な関係にあり，その立法論議は，立法化以前の労働契約法実務における実
践の総括をまつべきである。

V　ま　と　め

　本稿では，ポスト工業化時代における企業組織のガバナンスという観点から，
意思原理と組織原理の動的均衡の調整プロセスを保障する労働契約法のあり方
について，とりわけ合意の階層的な構造を検討した。労働契約上の合意は，そ

24）　契約的拘束力とは峻別される制度としての就業規則は，労働基準法所定の手続きを経さ
　　えすれば，使用者がこれを変更することを法的に妨げられることはないともいうる。し
　　かし，就業規則が，労働条件の集成明示とその最低労働基準としての機能をもつ（毛塚勝
　　利「就業規則理論再構成へのひとつの試み（一）」労働判例428号4頁以下）ことに鑑みれ
　　ば，労働契約上の効力からは区別される，制度としての就業規則の不利益変更の有効性に
　　ついても，信頼保護の見地から，判例法理の合理性審査類似の要件を設定することはあり
　　えよう。もっともこの場合，過半数代表の合意をもって合理性を推定するなど，かなり緩
　　やかな要件設定をすることで，その労働契約上の拘束力に関する比較的厳格な司法的コン
　　トロールとの均衡をはかることが必要であろう。就業規則それ自体の変更と労働契約内容
　　となった労働条件の変更とを区別し，前者について司法的な「合理性」審査とそこにおけ
　　る過半数代表の意見表明に重要な意義を認める見解として，西谷「就業規則」前掲502頁以
　　下。
25）　例えば荒木尚志『雇用システムと労働条件変更法理』（有斐閣，2001年）224頁以下。
26）　最一小平12・9・7民集54巻7号2075頁。
27）　第四銀行事件最高裁判決における河合伸一裁判官の少数意見で明確に示された就業規則
　　の拘束力における相対性（学説としては，菅野和夫・諏訪康雄『判例で学ぶ雇用関係の法
　　理』（総合労働研究所，1994年）79頁，青野覚「判例における合理性判断法理の到達点と課
　　題」日本労働法学会誌92号136頁）は，労働契約論としてみればごく自然な帰結である。

の〈深さ〉と〈拡がり〉が，時間的継続のなかで変化する。深度と時間に応じて可変的な合意の階層構造性を前提に，諸法原理の内的連関を踏まえつつ，その最適均衡の調整プロセス保障の制度として体系性をもった労働契約法を設計・構築するためには，本稿でとりあげた就業規則論の他，解雇法理や一般的な均等待遇原則，さらに労務指揮権他の使用者の裁量権行使の規整等，労働契約法の全領域の各論的テーマの検討を要する。今後の課題としたい。

　近年，しばしば「法のプロセス化（手続化）」がキーワードとして語られる。「報告書」における労働者代表制度の構想も，提案者における「法のプロセス化」についての一定の理解がその基礎にあると思われる。法をプロセスとして把握し，法主体間の交渉や自治を尊重することそれ自体は，ポスト工業化時代における社会の複雑性への対応として正しい方向性をもつ。しかしもともと西欧近代の創生以来の古典的市民法原理との思想的な格闘の中から浮かび上がってきたこの法思考を，着実な法的議論として成熟させるためには，その歴史社会的・思想的な背景についての考察をふまえた相対化の視点をもつことが必要である。ヨーロッパとは異なり，市民社会における実体的正義としての私的自治の観念が稀薄な日本においては，このことが特に留意される必要があろう。

（よねづ　たかし）

労働契約の原理と立法化
―― 契約原理とその労働法的発展 ――

川 口 美 貴
(関西大学法科大学院・弁護士)

　本稿は，労働契約法においていかなる契約原理とその労働法的発展が立法化されるべきかを検討課題とする。ただし，紙幅の都合上，検討対象を「労働条件の決定と変更」に限定する[1]。

I 契約原理の再確認：労働者の同意に基づく決定・変更

　労働契約法において再確認されなければならない契約原理は，「労働条件の決定・変更は，労働者の同意に基づき行われる」ということである。

1 労働者の同意に基づく労働条件の決定・変更と同意の内容
(1) 労働者の同意の必要性
　契約内容は契約当事者の合意により決定・変更されるのが契約法の原則である。労働契約もその内容は，労働条件対等決定の原則（労基法2条）に基づき，契約当事者である労働者と使用者の合意により決定・変更され，労働者の個別同意なくして労働条件は決定・変更されない。
　この点につき，第一に，配転，降職を行う権利は，使用者が労働契約の締結により当然に有する権利と解していると思われる見解も存在する[2]。

---
1) 本稿は労働条件の決定と変更に関する立法論を展開するものであるが，その基本的な内容は，民法1条2項（信義則）等を根拠として現行法の解釈論として展開することも可能である。詳細は，川口美貴・古川景一「労働条件変更法理の再構成」労働法学会誌102号（2003年）70-98頁，川口美貴「就業規則法理の再構成」『労働保護法の再生』信山社（2005年）33-55頁等。

しかし，労働条件は，賃金や労働時間のみならず，就労の場所や従事する職務内容も契約当事者の合意により決定されるものであり，使用者がどの範囲で労働条件を決定・変更できるのか，その権利の内容は個別労働契約毎に異なる。したがって，労働契約の締結により使用者は当然に配転命令権等を有するという見解は，労働契約の性質と原理の双方の観点から，解釈論上も立法論上も失当である。

第二に，従来の判例法理は，①就業規則の労働契約の内容となる効力について，就業規則の規定内容に「合理性」がある場合は「事実たる慣習」を根拠としてこれを認め，②就業規則の規定の新設・改廃により労働条件を変更する効力についても，その法的根拠は不明であるが，例外的に「合理性」のある場合は認めている。

しかし，この判例法理は，労働条件は労働者の同意に基づき決定・変更されるという契約原理を逸脱するものである。したがって，①就業規則の契約内容となる効力は，就業規則の規定を労働契約の内容とすることについての労働者の同意がある場合にのみ，労働者の同意を媒介として認められ，②就業規則の労働条件を変更する効力は，就業規則により労働条件を変更する権利を使用者が有することについての労働者の同意がある場合にのみ，労働者の同意を媒介として認められることが確認されるべきである。

(2) 必要とされる同意

それでは，第一に，労働条件の決定にあたり必要とされる労働者の同意は，どのような内容のものであろうか。労働契約においては，労働者という人間から切り離すことのできない労働力が商品であり，労働条件は労働者の経済的・人格的・生活上の利益に関わる重要なものである。したがって，「労働条件は就業規則による」というような，具体的労働条件が特定されていない，白紙委任的同意は，労働条件対等決定の原則に反し，認めるべきではない。配転命令権であれば，使用者が一定の要件・範囲内で配転命令権を有することについての同意，すなわち，「労働条件の具体的内容についての同意」を必要とすべき

---

2) 例えば，「今後の労働契約法制の在り方に関する研究会報告書」(2005年9月)(以下「在り方研報告」) 38，47頁。

である。

　第二に，労働条件の変更にあたり必要とされる労働者の同意は，労働条件変更時の同意であろうか，それとも労働条件変更に関する事前の同意も認めるべきであろうか。

　この点につき，全ての労働条件変更にその都度の同意を要求することも可能であるが，「労働条件変更」の内容は多様で，具体的な労務提供方法等の些細な変更もあり，事前の同意を全て否定する必要性・合理性はない。

　また，①変更にその都度の同意を必要とする労働条件と，②その都度の同意を必要としない労働条件を区別して，前者については事前の同意による変更権の留保を否定する見解も存在する。しかしながら，この見解は，変更にその都度の同意を必要とする労働条件か否かを，価値観及び生活環境の多様な全ての労働者の労働契約に共通のものとして性質決定することは困難であるという理論的問題をかかえる[3]。

　したがって，筆者は，全ての労働条件について，労働者の事前の具体的な同意に基づき設定された，使用者の労働条件変更権の行使による変更の可能性を認め，労働条件変更権の発生・行使要件を明確化することにより，労働条件変更の効力を限定する理論構成を立法化すべきであると考える[4]。

　第三に，労働者の同意については，それが「真意」に基づくものかどうかを合意の有効性の判断基準とする見解[5]も存在する。しかしながら，同見解において，何が「真意」かは定義されておらず，なぜ労働者の「真意」が反映されなければならないのか，その正当化根拠もない。したがって，合意内容の相当性

[3) 例えば，「労働契約法試案」連合総合生活開発研究所（2005年10月）（以下「試案」）の毛塚勝利執筆部分は，使用者は「契約内容の変更」を行う権限を留保できないが「賃金，労働時間その他当該契約の重要な要素に当たらない契約内容」については変更権を留保できるとする（40条1項）が，それぞれの明確な定義がない。また，配転・出向命令権は留保できる（44・45条）が，賃金，労働時間，就業規則その他の統一的労働条件の変更権を留保できない（32・40・42条）とする根拠は不明で，結論も妥当ではない。

4) ただし，転籍は同一契約当事者間の労働条件変更の範囲を超えるものであるから，転籍時の労働者の同意が必要となる。

5) 西谷敏『規制が支える自己決定』法律文化社（2004年）363，376・377，420・421頁等。同書に対する批判の詳細は，川口美貴「西谷敏著『規制が支える自己決定』」季刊労働法208号（2005年）179-181頁。

は，当該労働者の「真意」の反映の度合いではなく，労働条件の決定と変更における使用者の信義則上の義務を明確化することにより，実現すべきであると考える。

第四に，使用者の労働条件変更権は，それが行使されたときに労働者に様々な不利益を生じさせるものであるから，使用者が当該変更権を有することについての労働者の同意の存在とその内容は合理的・限定的に解釈すべきであり，その証明責任は使用者が負担することを明確化すべきである。

2 使用者の労働条件変更権を創設する必要性

それでは，労働契約法上，使用者の労働条件変更権を創設する必要性はあるであろうか。この点につき，(1)就業規則により労働条件を変更する権利（特約のある場合を除く），(2)労働契約を個別的に変更する権利，(3)使用者の変更解約告知に対し労働者が異議を留めて承諾した場合，裁判所が労働条件変更の「合理性」を判断し一定の場合労働条件変更を認める制度の創設が提言されている[6]。

しかしながら，これらの労働条件変更権の立法化提言には賛同できない。

第一に，(1)就業規則により労働条件を変更する権利については，労働条件変更の有効性要件は「労働条件変更の合理性」とされているが，①「一部の労働者のみに対して大きな不利益を与える変更」の場合を除き，②「労働者の意見の適正な集約」と，③「過半数組合の合意又は労使委員会の決議」によって「合理性を推定」する。これは，従来の判例法理において使用者が負担していた「合理性」の証明責任を軽減し，就業規則による労働条件変更の有効性要件を緩和するものである。

第二に，労働条件の個別的な変更については，(2)と(3)のいずれも，労働条件変更の有効性要件は，「変更が経営上の合理的な事情に基づき，かつ，変更の内容が合理的である」こととされているが，これは，少なくとも，労働条件変更の申込に対して承諾しない労働者の解雇の有効性要件よりも緩やかであり，「労働者が雇用を維持したまま労働条件変更を争える制度」というよりも，「本

---

6) 「在り方研報告」28頁（就業規則の労働条件を変更する効力の案②），36・37頁（雇用継続型契約変更制度の案①②）。

来労働条件変更も解雇もできない労働者の労働条件を変更できる制度」に他ならない。

したがって，労働条件変更権を創設するのであれば，「使用者が労働契約上労働条件変更権を有していない場合，解雇ではなく労働条件変更を行うことができ，かつ，労働者が，雇用を維持したまま，当該労働条件変更がそれを承諾しない労働者の解雇をも正当化しうる合理性を有するものとして効力を有するかどうかを争うことができる制度」を構想すべきである。

3 労働契約変更請求権を導入する必要性

それでは，労働契約法において，労働契約変更請求権を導入することは必要であろうか。この点につき，労働者及び使用者双方の労働契約変更請求権の創設が提言されている[7]。

しかし，変更請求権の立法化には，以下のような理由から賛同できない。

第一に，労働者による変更請求権であるが，労働者が従来の労働条件を維持することができない主な原因は，傷病又は育児・介護等の家族的責任である。したがって，これに対しては，判決確定まで時間がかかりそれまで従来の義務を履行せざるをえない「変更請求権」ではなく，傷病または家族的理由による休業等，要件と効果を明確にした具体的な労働者の「労働条件変更権」を法制度化することにより，対応すべきである。

第二に，使用者による変更請求権は，変更請求の対象，変更請求が認められる要件，変更請求の手続がほとんど検討されていないという問題点も指摘しうるが[8]，何よりも，変更請求を認める要件をどのように設定すべきかという理論的問題をかかえる。変更請求が認められる要件が，合意に基づく労働条件変更権の行使要件と同じであれば，労働者が使用者の労働条件変更権の留保に事前に同意しなかったことが無意味となり，使用者による労働条件変更を広く認め

---

7)「試案」41条（毛塚勝利執筆部分）。
8) 借地借家法では，裁判所の形成判決（決定）を認める当然の前提として，変更請求の対象を借地条件の変更等に限定し，変更請求が認められる要件を具体的に規定し，借地非訟事件手続規則に基づき鑑定委員会が鑑定を行うこととされている（17〜20条）。しかし，試案では，変更請求の対象・要件の限定，変更の相当性を判断する手続が検討されていない。

すぎることになる。他方，変更請求が認められる要件を，労働条件変更の申込に対して承諾しない労働者の解雇の有効性要件と同じレベルに設定するならば，使用者は解雇という選択肢も可能であるから，変更請求権の行使という判決が確定するまでは従来の労働条件を維持せざるを得ない方法は選択せず，制度の存在意義はなくなるであろう。

II 契約原理の労働法的発展：労働契約上の信義則

労働条件の決定・変更において，労働者の具体的な同意の存在は，その効力を肯定する必要条件であっても十分条件ではない。労働者は，使用者に対し経済的従属性があり，使用者と実質的に対等に労働条件を決定することは困難である。それゆえ，合意により決定された労働条件や，事前の合意に基づく労働条件変更権の行使による使用者の一方的労働条件変更の効力をそのまま肯定すれば，労働条件の決定・変更における合理性・相当性は担保されない。したがって，労働契約法においては，契約原理を労働法的に発展させた労働契約原理，すなわち，「労働条件の決定と変更に関する使用者の信義則上の義務」が明文化されるべきである。

1 労働条件決定に関する信義則上の義務

(1) 同意を得るにあたっての説明・協議

労働条件を決定するにあたり，労働者は使用者が提示する労働条件，権利義務の必要性・合理性を判断するために必要な情報を十分に有しているわけではない。したがって，労働者の同意を得るにあたり，使用者は，当該労働条件の具体的な内容を書面で明示し，その必要性・合理性を労働者に説明協議する信義則上の義務を負う。

(2) 信義誠実の原則に則した就業規則の作成

就業規則作成義務のある事業場においては，使用者は，労基法89条所定の必要記載事項を定めた就業規則を作成し，当該事業場の最低基準を設定することを義務づけられている。労働条件は労働者の経済的・生活上の利益等に大きな

影響を与えるものであるから，使用者は，就業規則を信義誠実の原則に則して作成し，就業規則の規定の内容を合理性・相当性があるものとする信義則上の義務を負う。就業規則の規定は，規定内容の合理性・相当性がなければ，信義則違反で労基法92条に基づき無効となり，あるいは，信義誠実の原則に則して合理的限定的に解釈される。

(3) まとめ

以上まとめると，①個別的に労働条件を決定する場合，労働条件は，説明協議により得られた労働者の具体的同意に基づき，信義則に則して合理的限定的に解釈された就業規則の規定に抵触しない範囲で決定される。また，②就業規則の規定内容を労働契約の内容とする場合，当該就業規則の規定は，説明協議により得られた労働者の具体的同意に基づき，信義則に則して合理的限定的に解釈されたものが，労働契約の内容となる。

2 労働条件変更権の創設と行使に関する使用者の信義則上の義務

(1) 同意を得るにあたっての説明・協議

労働条件変更の有無と範囲は，労働者が当該労働契約を締結するか否か，契約関係を継続するか否かの重要な判断要素である。また，労働者は使用者が提示する労働条件変更権の必要性・合理性を判断するために必要な情報を十分に有しているわけではない。したがって，使用者は，労働者の同意を得るにあたり，労働条件変更権の具体的な内容を書面で明示し，その必要性と合理性を労働者に説明協議する信義則上の義務を負う。

(2) 信義誠実の原則に則した就業規則の作成

就業規則作成義務のある事業場で，かつ当該労働条件変更権が就業規則の必要記載事項に該当する場合は，当該労働条件変更権に関する規定がなければ，使用者が当該変更権を有さないことが当該事業場の労働条件の最低基準となり，労基法93条により，個別労働者の同意があっても当該変更権は発生しない。現行の労働基準法89条においては，就業規則の必要記載事項に該当するのは，賃金・労働時間の変更，懲戒処分，就業規則の新設・改廃による労働条件変更等であるが，労働契約法制定に伴い，配転・出向も必要記載事項に追加すべきと

考える。したがって，これらの労働条件変更権を創設するためには，労働者の同意を得るだけでなく，就業規則に当該変更権に関する規定をおく必要がある。

ところで，労働条件変更権の創設は，それ自体が労働者に義務を課す不利益なものであり，労働者の不利益は，労働条件変更権の範囲が不明確で広いほど大きなものとなる。したがって，就業規則に労働条件変更権を規定し，労働者の同意に基づく労働条件変更権の創設を可能とするためには，使用者は，①必要のある場合に限り労働条件変更権を規定し，②労働者が将来ありうる労働条件変更を正確に認識しうるよう，労働条件の変更要件・範囲・手続を具体的に規定し，③労働条件変更権の創設に伴う労働者の不利益に配慮してその内容を合理性・相当性のあるものとし，④これを事業場の最低基準として明示する信義則上の義務を負う。労働条件変更権に関する就業規則の規定は，その必要性と合理性・相当性がなければ信義則違反で無効となり，あるいは，信義則に則して合理的限定的に解釈される。

(3) 信義誠実の原則に則した労働条件変更権の行使

使用者による一方的な労働条件変更は，労働者に様々な具体的不利益をもたらすものである。また，労働条件対等決定原則に照らせば，労働条件の変更は変更時の当事者の合意に基づき行われるのが原則であり，一方的労働条件変更は合理的な範囲に限定されなければならない。したがって，使用者は信義則に則して労働条件変更権を行使する義務を負う。

具体的には，使用者は，第一に，一方的労働条件変更に伴う労働者の不利益に配慮して，これを必要かつ合理的な範囲に限定し，第二に，当該労働条件変更が必要で従来の労働条件が維持できない場合であっても，経過措置，代償措置等により一方的労働条件変更に伴い労働者が被る不利益をできるだけ緩和し，第三に，労働条件変更を決定する前に対象労働者に対して説明・協議を行い，[9]

---

9) なぜなら，労働条件変更を必要かつ合理的な範囲に限定し，労働者にとって適切な不利益緩和措置をとるためには，労働条件変更を行う前に労働者に説明協議することが必要不可欠だからである。また使用者は，経営上の理由により労働条件変更を行う場合は，労働者全員が対象となりうるので，労働条件変更を決定する前に，①過半数代表に対しては，各労働者に対する信義則上の義務に基づき，②労働組合に対しては，集団的労使関係における信義則上の義務に基づき，説明・協議義務を負う。

第四に，労働条件変更を決定したときは，労働条件の変更内容と理由を対象労働者に書面で通知する義務を負う[10]。

(4) まとめ

以上まとめると，第一に，労働条件変更権は，①個別的に変更権を創設する場合，説明協議により得られた労働者の同意に基づき，信義則に則して合理的限定的に解釈された就業規則の規定に抵触しない範囲で発生し，②就業規則に規定された変更権は，説明協議により得られた労働者の同意に基づき，信義則に則して合理的限定的に解釈された就業規則の規定が労働契約の内容となる。第二に，労働条件変更権の行使は，使用者が，一方的労働条件を必要かつ合理的な範囲に限定し，不利益緩和措置をとり，説明協議を行い，変更内容と理由を書面で通知しなければ無効となる。

3 実効性の確保

労働条件決定と変更における使用者の信義則上の義務の履行を確保するためには，特に以下の点が立法化されるべきである。

第一に，信義則上の義務は合意によって排除できず，労働契約法は，労働権保障並びに使用者間及び労働者間の公正競争の基盤の保障を目的とする。したがって，労働契約法の規定は，労働者により有利な場合を除き，労働契約又は合意に対して強行的・直律的効力を有する強行法規である。

第二に，資力の乏しい労働者が簡易・迅速・少ない費用負担で救済されるために，労働条件の決定と変更に関する要件と効果を法律上明確にし，かつ，証拠の偏在と情報収集能力の相違等に鑑み，有効性要件の充足については使用者がその証明責任を負担する。

第三に，労働者が，司法・行政救済を求めるべきかどうか判断し，また，裁判等において防御するために，①使用者が労働条件変更の内容と理由を書面で

---

10) なぜなら，正当な理由のない労働条件変更の回避を実質的に担保するためには，労働者が当該労働条件変更の正当性と行政・司法機関の救済制度等の利用を検討することが可能でなければならず，そのためには，労働者が当該労働条件変更がなされた最終的理由を知ることが必要だからである。

通知することを当該労働条件変更の有効性要件の一つとし，②書面で通知されなかった理由は後に裁判等で主張できないこととする。

　第四に，使用者の労働条件変更権の行使に対して労働者が雇用を継続しつつその効力を争うことを可能にするために，使用者の労働条件変更権の行使に対して労働者が異議を留めて労働条件の変更に従い，一定期間内に労働条件変更の効力を争う訴訟等を提起したとき，異議留保したことを理由とする解雇は，必要性かつ合理性がある場合でなければ，無効とする。

　第五に，就業規則の作成・変更に関する労基法上の規定のうち，①法令・労働協約不抵触（92条），②意見聴取（90条），③行政官庁への届出（89条）は，就業規則の規定の内容を合理性・相当性のあるものとする使用者の信義則上の義務の最低基準を，④周知（106条）は，就業規則の規定を事業場の最低基準として労働者に明示する使用者の信義則上の義務の最低基準を，刑事制裁および行政取締をもって強制すべきものとして明文化したものであり，就業規則の作成・変更に伴う使用者の信義則上の義務の一部である。したがって，就業規則の規定は，労基法の規定全てを充足している限りにおいて合理性と相当性を有するものであり，労基法の規定全ての充足が，就業規則の契約内容となる効力，または，労働条件変更の効力の発生要件の一つである[11]。

Ⅲ　立法化されるべき条文

　労働条件の決定と変更における「労働者の同意」と「使用者の信義則上の義務」は，具体的に以下のように立法化されるべきである。

　第一に，労働条件の決定について最も論点となる就業規則が契約内容となる効力については[12]，(1)契約内容となる要件を，①就業規則の規定を労働契約の内容とする旨の労働者の同意の存在と，②労働条件決定に関する使用者の信義則

---

11)　これに対して，就業規則の最低基準効は，実質的な周知または行政官庁への届出があれば効力を有することが明記されるべきである。

12)　労働者が就業規則の規定に基づく権利義務関係を主張する場合はその最低基準効を根拠とすればよいので，就業規則の契約内容となる効力に基づき権利義務関係を主張するのは専ら使用者である。

上の義務の履行として明確化し，(2)要件の充足についての証明責任を使用者に負担させ，(3)要件のいずれか一つでも充足しないときは効力は生じないことを明記すべきである。具体的には「表：労働契約法案要綱私案（抜粋）1-7」のような条文とすべきである[13]。

　第二に，労働条件の個別的な変更及び就業規則による労働条件の変更[14]については，(1)労働条件変更の有効性要件を，①労働条件変更権の具体的内容についての労働者の同意の存在と，②労働条件変更に関する使用者の信義則上の義務の履行として明確化し，(2)要件の充足についての証明責任を使用者に負担させ，(3)要件のいずれか一つでも充足しないときは労働条件変更は無効であることを明記すべきである。具体的には「表：労働契約法案要綱私案（抜粋）4-1-1以下」のような条文とすべきである[15]。

（かわぐち　みき）

---

13) 「在り方研報告」は，「就業規則の内容が合理性を欠く場合を除き，労働者と使用者との間に，労働条件は就業規則の定めるところによるとの合意があったものと推定する」との案を提示（26頁）するが，これは，就業規則が契約内容となる効力の要件を，「労働条件は就業規則による」という白紙委任的な合意の存在のみとし，就業規則の規定の合理性を要件から排除するもの（合理性を欠く場合でも合意が認定されればよい）で，「就業規則の規定は合理的な内容であれば労働契約の内容となる」という従来の判例法理を後退させている。しかも，「合理性を欠く」ことを労働者が証明した場合を除き合意の存在が推定され，「合意の不存在」の証明責任を労働者に負担させるに等しい。
14) 労働者が変更後の就業規則の規定に基づく権利義務関係を主張する場合も就業規則の最低基準効を根拠とすればよいので，就業規則の労働条件を変更する効力に基づき権利義務関係を主張するのは専ら使用者である。
15) 在り方研報告は，労働条件の個別的な変更について，変更権の行使は権利濫用法理により制限するとしているが，権利濫用は判断基準が曖昧で，権利濫用の証明責任は労働者が負担するという問題がある。また，就業規則による労働条件の変更については，「就業規則による労働条件の変更が合理的なものであれば，労働条件は当該変更後の就業規則の定めたところによるとの合意が，労使当事者間にあったものと推定する」との案（27頁）を提示するが，これは，労働条件を変更する効力の要件を，「労働条件は変更後の就業規則の規定による」という労働者の同意の存在のみとし，労働条件変更の合理性を要件から排除するもので，「就業規則による労働条件の不利益変更は合理的なものである限り効力を有する」という従来の判例法理を後退させている。しかも，「合理性」により「合意の存在」を推定し，「合意の存在」に関する使用者の証明責任を大きく軽減している。

シンポジウム I （報告③）

〈表：労働契約法案要綱私案（抜粋)〉

1-7　労働条件の決定
1　労働条件は，労働者と使用者との合意に基づかずに定めることができない。但し，法令または労働協約で労働条件を定めるときはこの限りでない。
2　就業規則の定めのうち労働条件を定める規定は，次の各号のいずれか一つでも充足していないときは，労働契約の内容とならない。
　一　使用者が当該労働条件の内容について労働者に説明し協議したこと。
　二　当該就業規則の規定を労働契約の内容とする旨の労働者の同意があること。
　三　当該就業規則の規定に合理性があること。
　四　当該就業規則の規定の作成について労働基準法第八十九条，第九十条，第九十二条及び第百六条の規定が充足されていること。但し，就業規則作成義務のない事業場においては，行政官庁への届出を除く。

第四章　労働条件の変更

第一節　労働条件変更の原則

4-1-1　労働条件の変更
　労働条件の変更は，労働者と使用者の労働条件変更時の合意に基づかずに行うことができない。但し，次の各号のいずれかに該当する場合は，この限りではない。
　一　法令又は労働協約により労働条件の変更がなされるとき。
　二　法令，労働協約，就業規則又は労働契約の定めに基づき，労働者が労働条件変更権を有し，これを行使して労働条件を変更するとき。
　三　使用者が，労働契約の定めに基づき労働条件を変更する権利を有し，これを行使して労働条件を変更するとき。但し，4-1-2の定める権利発生要件及び4-1-5の定める権利行使要件のいずれか一つでも充足しないときは，当該労働条件変更は無効とする。
　四　使用者が，就業規則の定めに基づき労働条件を変更する権利を有し，これを行使して労働条件を変更するとき。但し，4-1-3の定める権利発生要件及び4-1-5の定める権利行使要件のいずれか一つでも充足しないときは，当該労働条件変更は無効とする。
　五　使用者が，就業規則の規定の新設又は改廃により労働条件の変更（労働条件変更権の新設・変更を含む）を行う権利を有し，これを行使して労働条件を変更するとき。但し，4-1-4の定める権利発生要件及び4-1-5の定める権利行使要件のいずれか一つでも充足しないときは，当該労働条件変更は無効とする。

4-1-2　労働契約の定めに基づいて労働条件を変更する権利の発生要件
　労働契約の定めに基づいて労働条件を変更する権利は，次の各号のいずれか一つでも充足しないときは，発生しない。
　一　当該労働条件を変更する権利を創設する必要性があること。
　二　就業規則作成義務のある事業場においては労働基準法第八十九条，第九十条，第九十二条及び第百六条の規定を充足する就業規則において，就業規則作成義務のない事業場においては書面により，労働条件を変更する要件，変更される範囲及び変更手続が具体的に規定され，かつ，その内容が合理的であること。

三 使用者が当該労働条件変更権について労働者に説明して協議した上で、使用者が当該労働条件変更権を有することについて労働者が予め同意していること。但し、転籍については、労働者の事前の同意がある場合であっても、使用者はこれを命じる権利を留保することはできない。

4-1-3 就業規則の定めに基づいて労働条件を変更する権利の発生要件
　就業規則の定めに基づいて労働条件を変更する権利は、次の各号のいずれか一つでも充足しないときは、発生しない。
　一 当該労働条件を変更する権利を創設する必要性があること。
　二 労働基準法第八十九条、第九十条、第九十二条及び第百六条の規定を充足する就業規則（就業規則作成義務のない事業場においては行政官庁への届出を除く）において、労働条件を変更する要件、変更される範囲及び変更手続が具体的に規定され、かつ、その内容が合理的であること。
　三 使用者が当該労働条件変更権について労働者に説明し協議した上で、使用者が当該労働条件変更権を有することについて労働者が予め同意していること。但し、転籍については、労働者の事前の同意がある場合であっても、使用者はこれを命じる権利を留保することはできない。

4-1-4 就業規則の規定の新設又は改廃により労働条件を変更する権利の発生要件
　就業規則の規定の新設又は改廃により使用者が労働条件変更（労働条件変更権の創設又は変更を含む）を行う権利は、次の各号のいずれか一つでも充足しないときは、発生しない。
　一 就業規則の規定の新設又は改廃により労働条件を変更する権利を創設する必要性があること。
　二 労働基準法第八十九条、第九十条、第九十二条及び第百六条の規定を充足する就業規則（就業規則作成義務のない事業場においては行政官庁への届出を除く）において、労働条件を変更する要件、変更される範囲及び変更手続が具体的に規定され、かつ、その内容が合理的であること。
　三 使用者が当該就業規則変更権について労働者に説明し協議した上で、使用者が当該就業規則変更権を有することについて労働者が予め同意していること。但し、転籍については、労働者の事前の同意がある場合であっても、使用者はこれを命じる権利を留保することはできない。

4-1-5 使用者の労働条件変更権の行使要件
　使用者が、労働契約の定めに基づいて労働条件を変更する権利、就業規則の定めに基づいて労働条件を変更する権利又は就業規則の規定を新設もしくは改廃して労働条件を変更する権利を行使して労働条件を変更する場合、次の各号のいずれか一つでも充足しないときは、当該労働条件の変更は効力を有しない。
　一 使用者が当該労働条件変更権を行使するのに先立って、変更される労働条件の内容、労働条件変更の必要性、人選の基準と選定理由及び不利益緩和措置を行う場合はその内容を、対象労働者並びに事業場内に存在するすべての労働組合及び過半数代表に書面で説明して協議をしたこと。但し、対象労働者の人的理由による労働条件の個別的な変更の場合

シンポジウムⅠ（報告③）

は，労働組合又は過半数代表から説明協議の求めがない場合には，使用者は当該説明協議をしないことができる。
　二　労働条件変更の内容と理由を書面で通知して労働条件変更権を行使したこと。
　三　従前の労働条件を変更する必要性，対象労働者の選定基準と選定の合理性及び変更後の労働条件の相当性があること。
　四　労働条件変更権の行使に伴う労働者の職業上又は生活上の不利益を緩和するために可能かつ相当な措置を講じること。但し，労働者の責めに帰すべき事由による労働条件の変更である場合はこの限りではない。
　五　就業規則の規定を新設又は改廃して労働条件を変更する場合は，当該就業規則の規定の新設又は改廃について労働基準法第八十九条，第九十条，第九十二条及び第百六条の規定が充足されていること。

4-1-6　労働条件変更理由に関する主張の限定
　使用者は，労働条件の変更の効力をめぐる紛争において，労働条件変更権を行使したときに書面で通知した労働条件変更の理由以外の理由を主張することはできない。

4-1-7　解雇の制限
　労働者が，使用者の労働条件変更権の行使に対して異議を留めて労働条件の変更に従い，三十日以内に労働条件変更の効力を争う訴訟を提起し又は労働審判の申立てをしたとき，異議留保したことを理由とする解雇は，異議留保した労働者を解雇することに必要性かつ合理性がある場合でなければ，無効とする。

報告に対するコメント

盛　誠　吾

(一橋大学)

I　両報告の内容と特徴

　米津報告の主旨は，第1に，現在の個別化や多様化によって特徴づけられる労働関係の動向と関連づけた，企業ガバナンスという視点に立った労働契約法の制度設計が必要であること，第2に，現代における労働契約法をめぐる基本的課題が意思原理と組織原理との間の新たな最適均衡の追求にあり，その場合の組織原理とは，意思原理に外在的な原理ではなく，合意の階層性を前提とした「契約関係に内在する」組織原理であるべきこと，第3に，最高裁判例による就業規則論の積極的評価を前提としつつも，意思の存否を個別的に認定する必要があり，その場合，合意の拘束力には意思自律の実現の程度と信頼関係的合意という観点からの評価に応じて強弱があることにある。労働契約法をめぐる現代的問題状況を前提として，意思の階層性と意思自律の程度に応じた意思の存否や拘束力の強弱についての認識が，労働契約法に反映されるべきことを主張するものである。

　次に川口報告では，第1に，「契約原理」の意味を「労働条件の決定・変更は労働者の同意に基づき行われる」こととして捉え，労働条件対等決定の原則を強調するが，同時に，すべての労働条件について労働者の「事前の具体的な同意」に基づく使用者の労働条件変更権を認めたうえ，労働契約法において，労働条件変更権の発生要件と行使要件を明確化することを主張する。第2に，契約原理の労働契約法的発展として「労働契約上の信義則」を提示し，労働条件決定（同意・就業規則作成)，労働条件変更権の創設と行使の全般について使用者の信義則上の義務を論じ，そのような義務とその実効性を確保するための

シンポジウムⅠ（報告④）

規定を労働契約法に定めるべきであることを提言する。労働条件の決定・変更は労使の合意によるべきことを基礎としながらも，同意に基づく広範な労働条件変更権を肯定したうえ，信義則を駆使することによって，労働条件の実質的な対等決定を確保することを意図するものと評することができる。

Ⅱ　両報告へのコメント

　米津報告のうち，意思原理と組織原理の問題は，かつてのドイツ・労働関係論やフランス・企業制度論を引き合いに出すまでもなく，古くて新しい問題である。報告では，外在的組織原理と労働契約内在的な組織原理を対比し，最高裁判例が外在的組織原理を問題とするものであるのに対し，労働契約内在的な組織原理を問題とすべきであるとするが，はたして外在的組織原理と労働契約に内在する組織原理とはどのように異なるのか，そもそも組織原理は労働契約に内在するものなのかという点については疑問が残る。また，合意の階層性に関しては，その深さとともに時系列的な多層性を問題とする点で共感するところがある。しかし，合意の階層性や意思自律の程度はいずれも解釈論レベルのものであるが，そのことからどのように具体的なルールが定立され，いかなるルールが立法内容に反映されることになるのか，そもそも合意の階層性・意思自律の程度に関して立法が果たすべき役割は何かという問題については，若干の例は示されたものの，その全体像が明らかにされているわけではない。その意味では，報告は未だ解釈論レベルのものにとどまり，立法論としての展開は不十分と言わざるを得ない。

　次に，川口報告については，まず「契約原理」の意味を「労働条件の決定・変更は労働者の同意に基づき行われる」こととして捉えているが，問題は，そのような古典的原理を無批判に措定することではなく，むしろ現代においてそのような原理がどこまで妥当するかを吟味することにあるのではないのか。しかもそのような原理を前提としながらも，労働者の合意があることを条件に，あらゆる労働条件について使用者の労働条件変更権が認められるとする点も問題である。そのような広範な変更権を認める反面で信義則に基づく制約を問題

とすることに川口報告の特徴があるとは言えるものの，そこでは「労働契約上の信義則」なるものを措定するだけで，そこからあたかも無媒介的に使用者のさまざまな義務が導出されるように見える。川口報告では，もともと対象事項に関する限り無限定的に労働条件変更権を認めるからこそ，それを制限するために全面的に信義則に依拠せざるを得ないことになるのであり，そこでは労働条件の決定・変更は労働者の同意に基づくべきであるという報告者自身が最初に据えた契約原理は全く生かされていない。就業規則作成・変更に関する主張についても同様である。使用者による広範な一方的労働条件変更権を前提としたうえで，それを制限するための実体的・手続的要件を列挙するのではなく，労働条件の決定・変更は労使の合意によるとの原則による限り，あくまで例外として位置づけられるべき一方的決定・変更についての実体的・手続的要件を規定することこそが，立法の役割というべきであろう。

　さらに，両報告に関連した今後の検討課題として，2点を指摘しておきたい。
　第1に，労働契約法立法化の趣旨・目的である。そもそも，誰が，どのような労働契約法を求め，必要としているのか。そのことをどのように捉え，そのことにいかに対応するのかによって，労働契約法の性格や内容は大きく異なったものとなる。米津報告が指摘した企業ガバナンスという視点はもとより重要なものではあるが，それがすべてではない。その対極には，労使関係が契約関係であることすら意識されず，労働条件決定・変更の基本的ルールすら明確ではない多くの中小企業の労使関係がある。そのような労使関係にとっては，川口報告で示されたような細かな解釈規定や手続規定よりも，まずは労働契約の最も基本的なルールを明定することこそがふさわしい。
　第2に，労働契約法と就業規則論との関係である。労働契約も契約の一種である以上，その内容である労働条件は労使間の合意に基づいて決定・変更されるべきことが大原則であるとするならば，判例によって認められてきた就業規則を通じた一方的な労働条件決定・変更は，そのことに対する重大な例外を意味する。米津報告によれば意思原理よりも組織原理を優先したとされる最高裁判例をどのように評価すべきか，そのうえで，それを立法によって維持ないしは固定化するのか，それとも労働契約法制研究会報告のようにさらに合意の推

定という方法によって強化するのか，逆に意思原理を再評価する方向でそれを修正するのかは，労働契約法の立法化にとって決定的な意味を持つことになる。

さらに，判例による就業規則法理の限界をどのように認識し，そのことについて立法によりどのように対処するのかという視点も必要である。具体的には，判例にはその形成を期待し得ない労働条件変更のための手続的要件にどのように対応するのかである。この点では，使用者による労働者に対する労働条件変更についての通知・説明・協議義務の立法化を主張する川口報告を支持したい。そのことは，ひいては労働条件の集団的決定・変更問題についての新たな地平を切り開くことにもつながるはずである。

（もり　せいご）

《シンポジウムⅡ》
労働訴訟

シンポジウムの趣旨と総括	宮里　邦雄
労働裁判の手続の現状と改革の動向──労働者側の視点──	徳住　堅治
労働裁判の手続の現状と改革の動向──使用者側の視点──	中町　　誠
労働審判制度の運用状況とその問題点	石嵜　信憲
労働審判制度／判定機能と調停機能の相克	古川　景一

《シンポジウムⅡ》

シンポジウムの趣旨と総括

宮 里 邦 雄
(弁護士・東京大学法科大学院)

Ⅰ　はじめに

　労使紛争とりわけ個別的労使紛争が増大する中で，紛争をいかに迅速かつ適正に解決するかということはわが国の労使紛争解決システムのありようをめぐる年来の重要な課題であった。学会では，2001年春のミニシンポにおいて，「司法制度改革と労働裁判」(学会誌98号掲載)，2004年春のミニシンポにおいて「労働関係紛争の新潮流―労働審判制度の創設・労働委員会制度改革」(学会誌104号掲載) をテーマとしてとりあげ，労働紛争解決システムのあり方について議論を重ねてきた。
　新たな紛争解決制度として，労働審判制度が本年4月1日から発足し，最高裁のまとめによると制度発足後1ヶ月で93件の申立があったとされている。
　最高裁は制度作りに当たり，年間の申立件数を1500件前後と推定しており，ほぼ想定どおりの申立件数であるといえる。
　個別紛争解決システムには，行政による紛争解決システム，労使の自主的紛争解決システム，司法による紛争解決システムと，多様な形態があるが，権利義務についての法的判断によってなされる司法による解決システムがその中心となることはいうまでもない。
　時間がかかりすぎるとの批判があった司法による紛争解決である労働訴訟についても，民事訴訟法の改正と裁判所の積極的な審理姿勢により，近年迅速化は顕著であり，手続面での改革も進んでいる。

シンポジウムⅡ（報告①）

Ⅱ　シンポジウムの趣旨

　本シンポは，このようななか，新たな紛争解決システムとして登場した労働審判制度について，その期待される役割や問題点と課題について，さらには労働訴訟における審理の現状とその問題点や課題，労働審判制度との関係等について検討しようというものである。

　シンポの前半では，「労働審判」を取りあげ，後半を「労働訴訟」にあてた。
　労働審判の報告は，労働側弁護士の古川景一（会員・日本労働弁護団），使用者側弁護士石嵜信憲（非会員・経営法曹会議）が行った。
　労働訴訟の報告は，中町誠弁護士（非会員・経営法曹会議），徳住堅治弁護士（会員・日本労働弁護団）が行った。
　コメンテーターは，司法制度改革推進本部労働検討会の座長を務め，労働審判制度の実現に尽力された菅野和夫会員（明治大学法科大学院）が務めた。

Ⅲ　報告および討論の概要

　労働審判制度は労働調停を組み込んだ審判手続であるとされる。しかし，調停機能と判定機能のいずれを重視するかは，労働審判の構造にかかわる基本的問題であり，その理解の仕方は，制度の運用にも影響する。
　古川報告は，労働審判制度誕生までの経緯や，労働審判法の規定内容から，判定機能である審判こそが制度の根幹をなすものであるとし，労働審判規則（最高裁規則）や制度の現在の運用状況は「調停中心」に傾斜しており，このことが，例えば，労働審判書の理由の記載は定型文言でいいとか，証拠調べのあり方などにも表れており，法の趣旨から離れるものとなっていると批判し，このままでは労働審判はその期待された機能を失うことになるとの危惧を表明した。
　一方，石嵜報告は，証拠調のあり方などで迅速性を重視するのは制度上当然であるとし，労働審判に期待されたはずの簡易性（本人申立など）が失われて

いるという問題点を指摘しつつも，制度は始まったばかりであり，「小さく生んで大きく育てる」というスタンスで制度の今後の運用を見守る必要があり，また，労働審判における調停は，民事調停とは異なる判定的調停なのであり，調停機能も重視すべきであると述べた。

　この点について，コメンテーターの菅野会員は，審判と調停の関係は，制度をどう理解し，運用するかにかかわる基本的な問題であるが，審判は権利義務関係を踏まえつつ事案の内容に即した解決を提示すべきものであり，他方，調停は権利義務関係の審理の結果に基づく判定的な内容となるので，両者は接近せざるを得ない宿命があると指摘し，労働審判書の書き方については，定型的文言に画一化すべきではなく，事案によっては理由の簡単な要旨を記載するなどの工夫をすべきである，などとの見解を述べた。

　労働訴訟については，中町報告，徳住報告のいずれも，東京地裁における訴訟手続の現状について報告し，個別解雇事案などにおいては，顕著な迅速化がみられ，これは基本的に評価したいと，現状認識と評価についてほぼ共通の見解を示した。

　そして，迅速化をもたらしたのは，争点整理による争点の明確化と，それに基づく集中的証拠調べであることが指摘された。

　また，両報告では，主張立証責任とこれとの関連における要件事実やその役割についてふれ，とくに「客観的合理性」「社会通念上の相当性」など「規範的要件」の主張立証責任をどう構成すべきかについてそれぞれの見解が示された。中町は，労働事件における要件事実について積極的に評価し，研究者からも法理論にもとづく要件事実について問題提起をして欲しいと要望した。一方，徳住は，要件事実の役割を基本的に評価しつつ，しかし，労働事件の特性からその限界性についても十分考える必要があると述べた。

　なお，両名とも東京地裁労働部裁判官が著した「労働事件審理ノート」（判例タイムズ社）をとりあげ，これが要件事実にもとづく裁判実務における手引書になっていることを指摘した。

　コメンテーターの菅野会員からは，労働訴訟が迅速化している現実からすると，迅速な解決を目指す労働審判との関係がどうなっていくのか，労働審判と

労働訴訟の相互作用を見守っていきたいとの意見が述べられ，さらに，要件事実については，労働法の分野でも要件事実論が発達し始めたということは，判例が整備され，学説も安定化したということで隔世の感があるが，労働法では規範的要件が多いので，法律要件分類説を技術的に応用したような要件事実論（それによる主張立証責任の配分）では，事案内容や当事者の主張との乖離が生じてしまうのではないか，裁判官には，判例に基づく要件事実論を組み立てる前に学説の内容や対立状況をもっと勉強して欲しい，との意見が述べられた。

会場からは，要件事実に関し，権利濫用における「総合判断」という考えと「評価根拠事実」「評価障害事実」という考えは対立するものではない（山川会員），「迅速化により適正な判決になっているか，という点の検討が必要であり，また最近の判決には裁判官は自分の頭で考えているのか疑問のある判決もある」（和田会員）などの意見が出された。また，ロースクールにおける労働法教育において要件事実をどう教えるのか，教えられるのか，という問題提起（林会員）がなされたことも記しておきたい。

Ⅳ　ま　と　め

労働審判制度が期待されるような迅速かつ適正な個別的労使紛争システムとして有効な機能を果たし，定着をみることになるか（とくに，審判手続段階での解決率がどの程度になるか）について，今後の運用実績を注視し，検証していく必要がある。

また，労働審判が従来の労働訴訟にどのようなインパクトを与えていくか，紛争解決における両者の棲み分けが適切に図られるかという点にも注目する必要がある。

何年か後に本シンポと同じテーマを取り上げれば，労働審判に対する評価や労働訴訟の変化等について実態分析にもとづいて議論を深めることができるであろう。

（みやざと　くにお）

労働裁判の手続の現状と改革の動向
―――労働者側の視点―――

徳 住 堅 治
(弁護士)

I 訴訟進行に関する「労働訴訟協議会の協議概要[1)]」の評価

1 労働訴訟協議会で纏められた協議概要の一つの成果は、個別労使紛争の典型である解雇事件について、適正・迅速化モデルを提起したことにある。

協議概要では、「原告は、訴え提起の段階で、訴状で要件事実の漏れのない主張を行い、所持する基本的書証は、主張立証責任に関係なく提出する。」「被告は、第2回目までに基本的主張や基本的な書証を提出する。特に、解雇事件については、遅くとも第2回目までに具体的な解雇理由を主張し、それを裏付ける書証を提出するように努める。」などが確認された。労働者側は、「解雇するにあたって、使用者は、解雇理由も、それを裏付ける証拠も解雇時点で既に認識し所持しているはずだから、第1回期日までに具体的な解雇理由の主張と基本的書証の提出を終えるべきである。」と主張したが、使用者側が「依頼者との打合せのために時間確保が必要性である。」と主張した。その結果「原則は第1回期日に提出するが、遅くとも第2回目まで」との表記となった経緯がある。

労働訴訟の平均審理期間について、平成3年は20.3ヶ月であったのが、平成16年には11.0ヶ月と大幅に短縮された[2)]。東京地裁での平均審理期間は、さらに

---

1) 判例タイムズ1143号4頁以下参照。東京地裁労働部の裁判官、書記官の有志、労使双方の代理人弁護士（中立を含む）有志が、労働訴訟協議会を開催し、主として個別労使紛争の通常事件の審理のあり方について協議して纏めたもの。
2) 最高裁判所事務総局行政局「平成16年度労働関係民事・行政事件の概況」（法曹時報第57巻第8号）123頁以下第4表。

短縮されて，平成16年度で通常事件が8.6ヶ月となっている[3]。解雇されて再就職もできないまま生活の糧を絶たれている労働者にとって，解雇をめぐる労働訴訟の迅速化は，重要な命題である。第1回期日までに労使双方が解雇に関する基本的主張と基本的書証の提出を終え，集中審理方式を行うことによって雇用保険の給付期間（3ないし11ヶ月）以内を目途に審理を終えることが，タイムターゲットである。

2　労働訴訟の適正・迅速化には，実体法の整備が不可欠である。特に，解雇理由の特定と解雇理由・間接事実に関する主張立証の限定には，実体法の整備が必要である。

山口観光事件・最一小判平8.9.26労判708号31頁が「懲戒当時使用者が認識していなかった非違行為は，特段の事情のない限り，……当該懲戒の有効性を根拠付けることはできない。」と判示したことにより，懲戒解雇事案については，訴訟の冒頭から争点が明確となり，迅速な審理を実現できている。しかし，「上記最高裁判決の射程範囲は普通解雇には及ばない」と一般的に解釈されているために，普通解雇事案では，解雇事由の追加主張が実務上認められている。また，成績不良・能力不足を解雇理由とする場合，入社以来の数年間，時には数十年間にわたる間接事実が追加的に順次主張立証されて，訴訟遅延の原因となっている。これらの事案では，上司・同僚・部下の多くの陳述書が提出されて，労働者に関する"ケチ"論が執拗に主張立証されている。このような訴訟活動は，適正に制限されるべきである。従って，普通解雇についても，解雇の意思表示の際に認識していなかった解雇事由により有効性を根拠付けることはできないと解釈すべきである。成績不良・能力不足に関する間接事実についても，入社以来の全ての期間が対象となるのでなく，例えば問題となっている考課対象期間の範囲に限るなど，合理的な期間制約を設けるべきである。

解雇事案において，解雇通知書または退職証明書（労基法22条1項）により，訴訟の冒頭から解雇理由は一定明らかになった。しかし，退職証明書の解雇理

---

[3]　難波孝一「東京地方裁判所労働部の実情と課題」NBL 824号22頁。

由の記載について，通達では具体的記載を求めているが，現状ではその特定性が不十分であり再検討を要する。退職証明書に記載する解雇理由のより具体的特定性を求めた上で，訴訟での争点をその記載内容に限定し，追加的主張を認めない扱いとすべきである。

II 主張立証責任

1 『労働事件審理ノート』の評価

(1) 現在の労働訴訟の実務を検討する上で，東京地裁労働部の現職裁判官らが記した『労働事件審理ノート』[5]の評価を抜きに語れない。最も注目される点は，要件事実に関する部分である。ただし，ノートの記述は，要件事実の主張立証責任の分配について，裁判官としての確定的意見を述べたものでなく，学説などの当て嵌め的な説明に留まっている。

労働訴訟における要件事実を論じるにあたって，その限界を正確に認識した上で議論をする必要があり，要件事実論に過度に期待することは，実務における現実の攻撃防御とかけ離れた空理に陥る危険性がある。①労働訴訟において最も争いとなる労働契約に関する実体法の定めが少なく，法解釈が確立していない事項も多く，判例法理が大きな役割を果たしており，現時点では厳密な要件事実を確定することが困難であること，②「新様式の判決書」の影響で，判決は争点中心の記述になっており，厳密な要件事実を踏まえた判決書の表記になっていないこと，③労働訴訟では規範的要件が多く，各要件の判断要素と評価根拠事実・評価障害事実との関連が未整備であること，などに留意しておく必要がある[6]。

(2) ノートの第1章で，「地位確認等請求事件（解雇一般）」が論じられている。普通解雇について，「解雇権濫用の評価根拠事実」を再抗弁，「解雇権濫用

---

4) 「就業規則の当該条項の内容及び当該条項に該当するに至った事実関係を証明書に記入しなければならない」（平11.1.29基発45号）。
5) 山口幸雄・三代川三千代・難波孝一『労働事件審理ノート』（判例タイムズ社，2005年）。
6) 山川隆一「労働法における要件事実」筑波大学大学院企業法学専攻十周年記念論集『現代企業法学の研究』所収（信山社，2001年）618頁参照。

の評価障害事実」を再々抗弁とした上で，再抗弁たる評価根拠事実について，「実務上は，労働者側から何ら落ち度なく勤務してきたこと等の概括的な主張」があれば一応解雇権濫用の評価根拠事実の主張があったものとして，使用者側に解雇権濫用の評価障害事実を主張させるのが一般的であると説明している。しかし，労働側が，「何ら落ち度なく勤務してきたこと等の概括的な主張立証」することは一般的に行われておらず，虚構に過ぎない主張立証責任を組み込むことになる。

　また，解雇権濫用の根拠条文を民法1条3項としていたときと異なり，法定された労基法18条の2を基軸に，解雇権濫用に関する要件事実を再検討する必要がある。労基法18条の2の解雇権濫用の要件事実は，「客観的に合理的理由を欠くこと」または「社会通念上相当であると認められない場合」であり，解雇権濫用が要件事実ということはあり得ない。解雇訴訟における実務上の現実の主張立証の実相は，使用者側が解雇理由についての「客観的に合理的理由があること」および「社会通念上相当であると認められること」の評価根拠事実を，労働者側がその評価障害事実を主張立証して，その立証の有無で判断されている。この実務の実相は，解雇における正当事由必要説に近いものである。日本食塩事件・最二小判昭50.4.25民集29巻4号456頁の最高裁重要判例解説[7]では，「説明としては解雇権の濫用という形をとっているが，解雇には正当な事由が必要であるという説を裏返したようなものであり，実際の適用上は正当事由必要説と大差がないとみられる。」と説明されている。また，民事訴訟における要件事実のバイブル的扱いを受けている『増補民事訴訟における要件事実』[8]では，「この意味での実体法規の解釈に当たっては，各実体法規の文言，形式を基礎として考えると同時に，立証責任の負担の面での公平・妥当性の確保を常に考慮すべきである。」と述べている。同書では，借家法1条の2の主張立証責任に関して大胆な読み替えを行って，主張立証責任の転換を行ってい

---

7) 越山安久「除名が無効な場合におけるユニオン・ショップ協定に基づく解雇の効力」『民事編昭和50年度最高裁重要判例解説』175頁。
8) 司法研修所民事裁判教官室編集『増補民事訴訟における要件事実』第1巻（法曹会，1985年）10頁。

る。解雇訴訟における主張立証責任に関する実務の実相を見た場合、民法627条を経由せず、労基法18条の2を正当事由必要説と大差がないと解釈した上で、使用者側に、「客観的に合理的理由があること」および「社会通念上相当と認められること」の評価根拠事実を抗弁として、労働者側にその評価障害事実を再抗弁として分配するのが妥当だと考える。

　(3)　ノートの第2章では、「地位確認請求事件（整理解雇）」が論じられている。ノートでは、再抗弁として「解雇権濫用の評価根拠事実（①平素の勤務状況が労働者としての通常のものであったこと、②手続の相当性の欠如等）」、再々抗弁として「解雇権濫用の評価根拠事実（①人員削減の必要性、②解雇回避努力、③人選の合理性等）」とする考え方を中心に検討されている。

　しかし、この考え方は、解明しなければならないいくつかの問題点を含んでいる。まず、「平素の勤務状況が労働者としての通常のものであったこと」などの再抗弁を、労働者側が一般には主張立証していないことは前記の通りである。労基法18条の2の要件事実は、解雇権濫用ではなく、前述の通り「客観的に合理的理由」または「社会通念上の相当性」であって、これらの要件事実と整理解雇の4要件（要素）との関連が解明されていないことである。より本質的な問題としては、整理解雇4要件（要素）が解雇権濫用の法理の範疇に包摂されるのか、それとは独立した法理なのかが問題となる。さらに、整理解雇の第4要件は再抗弁の評価根拠事実、第1要件ないし第3要件を再々抗弁の評価障害事実と分配するように、整理解雇の4要件を分解して分配することの可否である。4要件それぞれについて、労使が評価根拠事実と評価障害事実を主張立証することが求められていると考える。例えば、第1要件たる「人員削減の必要性」に関して、使用者側が「数年間の決算上の赤字」を評価根拠事実として主張立証し、労働者側が「新規労働者の採用」などを評価障害事実として主張立証するのが適切な分配だと考える。

　ノートでは大変野心的な主張立証責任を提起した部分がある。「整理解雇は判例上認められた解雇類型であり、民法627条の解雇とは別系列（別類型）の解

---

9)　司法研修所民事裁判教官室編集・前掲注8)書35頁。

雇であるとの考えかたをとり，整理解雇の主張があるときには民法627条の解雇の主張はされていないと理解する立場からは，抗弁として整理解雇の3要件（要素）に該当する事実，解雇の意思表示をもって抗弁とする考え方もあるであろう」としている。このような考え方からすると，現在は労基法18条の2のみが法定化されているが，労働契約法の中に整理解雇法理が取込まれた法制化が図られると，この部分の主張立証責任のあり方も変化することが予想される。

2 規範的要件の主張立証責任をどう考えるか

(1) 労働訴訟において，「合理性」「必要性」「合理的理由」など規範的要件が多いだけに，規範的要件の主張立証責任の分配は重要な課題である。規範的要件に関する民事法学における通説的見解は，前述の司法研修所民事教官室編の中に纏められており，次の3点が重要事項である。①規範的要件については，間接事実説ではなく主要事実説が通説であり，評価根拠事実と評価障害事実が抗弁関係に立つとされている。②評価障害事実は抗弁扱いとなるので，評価根拠事実の主張立証が成功して初めて，主張立証責任の転換が生じることになる。③総合判断説を否定する。しかし，規範的要件に関する通説的見解を労働法分野にそのまま適用すると，これまで確立した判例法理とコンフリクトする場合が多い。

(2) 就業規則の不利益変更の「合理性」を例にとって，規範的要件の主張立証責任を検討する。

第四銀行事件・最二小判平9.2.28民集51巻2号705頁は，合理性の有無について，「労働者の被る不利益の程度」など7つの判断要素を「総合考慮して判断する」と判示している。労働法の分野の判例でよく見られる「総合考慮判断」の説示部分と規範的要件の主張立証責任の関係をどうみるかが問題となる。山川教授は，判断要素を評価根拠事実と評価障害事実ごとに分配するモデルを示されている。使用者側が，抗弁として，「必要性」「代償措置に関連した労働条件の改善」「社会的相当性」「変更の手続」を評価根拠事実として主張立証し，

---

10) 山口他・前掲注5）ノート23頁他。
11) 司法研修所民事裁判教官室編集・前掲注8）書30頁以下。

労働者側が再抗弁として,「不利益」などを評価障害事実として主張立証するモデルを提起されている[12]。このモデルを適用すると,使用者側が「必要性」などの評価根拠事実の立証に成功すると「合理性」が認められ,労働者側が抗弁的に「不利益」の立証に成功すると「合理性」が否定されることになる。しかし,この考え方は規範的要件に関する民事法学における見解とも異なり,最高裁の総合考慮判断説の判旨とは乖離しているように思える。

　分析的にこの問題を考えた場合,例えば,みちのく銀行最高裁判決が判示するように,「必要性」と「不利益」の判断要素は,それぞれ程度があり,しかも相互に対抗的牽連関係がある。例えば不利益の程度が極めて著しい場合,単なる必要性では合理性が否定されるが,「経営危機のような極めて高度な経営上の必要性」がある場合には合理性が認められる関係にあると理解される。7つの判断要素が抗弁関係ではなく,対抗的牽連関係にたっているのである。また,実務において,労使双方が7つの判断要素それぞれについて,評価根拠事実と評価障害事実を主張立証して,これらを総合考慮して合理性の存否を判断しているのが実情である。民事法学の通説的見解は,規範的要件に関する総合判断説を否定するが,私は,その考え方は労働訴訟の実務と余りにも乖離しており,労使が規範的要件について評価根拠事実と評価障害事実を主張立証して,要件事実の存否を総合的に決める総合判断説にたって見直しが検討されるべきであると考える[13]。

　　　　　　　　　　　　　　　　　　　　　　　（とくずみ　けんじ）

---

12)　山川・前掲注6)書630頁。
13)　私見では,規範的要件の存否は規範的評価だけに,総合判断説に立つ場合,その存否について真偽不明の場合を観念する必要はないと考える。

労働裁判の手続の現状と改革の動向
——使用者側の視点——

中　町　　　誠
(弁護士)

I　はじめに

　民事訴訟法の平成8年改正から10年経過し，労働訴訟も旧民事訴訟法時代（以下「旧法下」という）と比較すると劇的といってよいほど，変容を遂げている。本稿では，その動向について主として東京地裁労働部等での当事者（使用者側）代理人の経験を踏まえて素描を試みることにしたい。

II　労働訴訟手続の現状——労働訴訟協議会のモデル案

　東京地裁労働部の新民事訴訟法下での訴訟の運用のあり方を示すモデルとして労働訴訟協議会によってまとめられた「協議概要」（判例タイムズ1143号31頁以下登載）がある。労働訴訟協議会は，平成15年5月から12月にかけて東京地裁労働部の裁判官，書記官，労使双方各3名の弁護士（筆者は使用者側弁護士のひとりとして参加する機会を得た）プラス中立の弁護士1名により開催され，主として個別労働紛争の通常事件（単純な解雇事件など）をイメージして，労働訴訟の審理のあり方，原告被告の主張，立証の出し方，争点整理のルール，人証調べの在り方，等が議論された。そして，議論の結果，裁判所，労使双方の見解が一致した点について，「協議概要」としてまとめられたものである。
　開催当初は，危惧をこめた新聞報道も一部でなされたが[1]，懸念されたような

1）　2003年5月13日朝日新聞。

対立もなく，前向きで実質的な意見交換が行われ，むしろ多くの点で意見の一致を見た。

その最大の要因は，新民事訴訟法による運用の定着とその結果としての旧法下では考えられないような劇的といっていいほどの迅速化の実現[2]に対する積極的な支持が労使双方にあった点に尽きよう。

協議概要の内容はそのごく一部に努力目標もあるが，その多くが協議当時すでに東京地裁の労働部で現実に実践されている事項を確認した，ある意味で常識的な内容のものであり，新民事訴訟法下での労働訴訟のあり方のひとつを示すものとして参照されるべきであろう。

Ⅲ 争点整理

(1) 新民事訴訟法は，迅速で充実した審理を目指し，「争点中心審理」を採用し，その構成要素として早期の争点整理，争点の絞込み，明確となった争点に焦点をあて集中証拠調べを行うというスキームでの条件整備がなされており，労働訴訟もそれに準拠した運用が行われている。

争点整理手続としては準備的口頭弁論（民訴164条以下），弁論準備手続（民訴168条以下），書面による準備手続（民訴175条以下）の3種類が用意されている。争点が比較的単純な事案では，あえて争点整理手続に付さず，本来の口頭弁論で争点整理が行われることもある。

争点整理手続に付す場合は，その大部分が弁論準備手続によってなされている。準備的口頭弁論は，立法当初は，公開法廷で行うため，労働事件を含む当事者多数の大規模訴訟等に適しているとされていたが，設備の不足や必要性の点から現在はほとんど行われていない[3]。書面による準備手続は，遠隔地当事者間の訴訟等の場合に例外的に利用される。

---

2) 難波孝一判事「東京地方裁判所労働部の実情と課題」NBL 824号22頁以下によれば，労働訴訟の既裁件数は，旧法下の平成3年においては206件であるが，平成16年では836件にのぼり，平成3年の労働事件の平均審理期間は20.3ヶ月であったが，平成16年については11ヶ月に短縮され，とりわけ東京地裁労働部においては8.6ヶ月に短縮されている。

弁論準備手続は，ラウンドテーブルや準備室を利用し，通常は30分程度の時間をかけ，行われている。その中では，忌憚のない意見交換がなされ，時として和解の打診がなされることもある。手続きは原則非公開であり，傍聴については，相当と認める者の傍聴を許すことができる（民訴169条2項）。労働事件では，当事者に格別の異議がないかぎり，会社の担当者，組合関係者等について，座席数の許す範囲ではほぼ同数で許可されている。[4]

(2) 争点の整理の手法については，旧法下のポーカーフェイス型ではなく，①口頭弁論の段階で争点を口頭で示して当事者に確認する ②口頭弁論に伴ってプロセスカードを利用する ③それまでの準備書面が膨大な場合に要約書面の提出を求める ③裁判所が争点整理案（場合によって「当事者の争いのない事実」まで記載した，判決の前半部分の案）を提示し，双方の意見を聞いて修正加筆する ④各人別の細かな各論がある場合などには表を利用して，双方に主張の要約を記入させる等々それぞれ事案に即した方法が採られている。

争点中心主義については，立法当初は当事者の意に反し争点を絞られるおそれを指摘する向きもあった。しかし，今のところ，裁判所が当事者の主張に反して職権的に争点を絞るような強引な訴訟指揮は行われていないと思われる（少なくとも筆者は経験していない）。

なお通常の民事訴訟では，争点整理の中で裁判所から要件事実まで示唆されることも多いが，労働訴訟ではまだその点の解明や共通の理解が十分とはいえないためかほとんど行われていない実情にある。[5]

(3) 当事者にとっての争点整理

当事者と裁判所が，当該事件のどの点を重要な争点と考えるか意見交換し，共通認識を持つことの重要性は言うをまたない。旧法下では，当事者が判決書

---

3) 傍聴者が多数いる事件の場合は，当初の口頭弁論段階では，労働側から，傍聴席の多い法廷使用を要望することが多いが，争点整理段階で準備的口頭弁論を要望することはまれである。一方，使用者側であえて準備的口頭弁論を求める必要性も見出せない。
4) たとえば東京地裁労働部では準備室にある程度の座席があるので傍聴者について双方10名程度傍聴可能であるが，大阪地裁労働部では，座席に余裕がないため双方3，4名程度。
5) 筆者の経験上，争点整理において，裁判所から要件事実の試案が示された例は2件にとどまる。就業規則の不利益変更の事案と，不当労働行為救済命令取消事件のビラ撤去事案である。

を見て，初めて裁判所とその点の認識のずれに驚くという事例が散見された。

旧法下の控訴審における逆転判決の中には，その点の齟齬に起因するもの[6]が相当数含まれていたはずである。さらに旧法下では，裁判所がどの点を重要と考えているか不明であるため，人証その他の立証活動の対象が（念のため）広範囲にならざるを得ず，めりはりのきいた立証活動を阻害していた。

人証調べ前に争点整理を行う現行法の「争点中心審理」は，上記の難点を解消するものであり，当事者にとっても極めて優れた仕組と評価できる。

Ⅳ　主張立証責任

1　『労働事件審理ノート』（判例タイムズ社）に示された裁判所の見解と影響

2005年4月1日，東京地裁労働部の裁判官の共著による『労働事件審理ノート』（判例タイムズ社　以下「本書」という）が発刊された。本書は，個別的労働事件の代表的な9類型をとりあげ，訴訟物，要件事実，典型的争点，訴訟運営上のポイント，参考判例，参考文献を示すというもので，はしがきで記載されているように「労働事件を初めて担当する裁判官が訴訟運営を円滑に行えるような審理の手引」を企図したものである。直接の名宛人は，労働事件の経験の乏しい若手の裁判官となっているが，訴訟当事者の訴訟活動にも必携というべき優れた実務マニュアルとなっているばかりか，今後の労働訴訟のあり方に重要な影響力をもつ文献と評すべきものである。[7]

本書の最大の注目点は，なんといっても労働事件の要件事実を具体的に示した点にある。

従来労働事件の場合は，条文が乏しく重要な論点が判例法理で処理され，さ

6）　当事者が原審において当該争点を軽視したためにその点の主張立証に遺漏があったものが控訴審で補強されたため逆転判決となった事例。

7）　執務の手引きであれば，本来内部資料ともいうべきものであるが，論稿を順次判例タイムズに連載したうえ，書籍として公刊した姿勢は評価さるべきであり，その内容について世に問う狙いもあったものと推察される。早速，日本労働弁護団では，その機関誌たる「季刊労働法の権利」257号において本書の批判的検討がなされている。一方使用者側弁護士の間で細部の記述への部分的な不満はともかく，本書自体を総体的に批判する動きはない。

シンポジウムⅡ（報告③）

らにその判断も総合評価的な面が強く，条文を手がかりに構築された修正法律要件分類説的な要件事実論を適用することは，困難とされてきた。

しかし，本書では規範的要件に関する司法研修所の要件事実論の発展や山川隆一教授の先駆的な業績等に依拠しつつ，各類型別に要件事実がブロックダイヤグラムを用いて網羅的に明示されている。従来，争点整理等で，要件事実を意識した整理はほとんどなされてこなかったが，今後は本書記載の類型については，本書の考え方を踏まえた争点整理や判決等が増加するものと思われる。[8]

当事者としても，審理に際し，本書の当該記載に異論がある場合は，相当に周到な反論を展開する必要があろう。

本書の第2の注目点は，執務に際し参考とすべき裁判例，学説，文献を指摘している点である。

裁判例の要約，紹介はさすがに的確で過不足のないものとなっている。しかし，一方，学説，文献については，特定学説の引用に偏しており，学説上の重要文献の引用が落ちている一方，実務書が引用されるなど，あまりバランスのよいものとはなっていない。裁判官が労働事件の審理や判決にあたって，学説をどの程度重視，渉猟しているのか，これまであまり明らかではなかった。本書の記述ぶりは，裁判所が過去の判例，裁判例を最重視し，学説は判例の理解を深める副次的な役割しかないことをうかがわせるものと言えるかもしれない。

下級審裁判所が先例たる判例等を重視するのは，その役割や法的安定性の点からある意味当然のことである。しかし，それがいきすぎると，すべからく従来の判例のパターンにあてはめ解決しようとするステレオタイプ思考になり，迅速処理の圧力とあいまって，新しい問題に新しい枠組みを提示する姿勢に欠けるおそれが生じうる。[9]

---

8) 評価根拠事実と評価障害事実に分解する手法，詳細は司法研修所編『増補民事訴訟における要件事実　第一巻』30頁以下。
9) ちなみに東京地裁労働部は，変更解約告知を認めたスカンジナビア航空事件・東京地決平7.4.13判時1526号3頁，整理解雇の要件の枠組みに一石を投じたナショナル・ウエストミンスター銀行事件・東京地決平12.1.21労判808号77頁，超過勤務手当に関するモルガン・スタンレー・ジャパン事件・平17.10.19労判905号5頁など，新しい枠組みの提示にはむしろ最も積極的である。ステレオタイプ思考は，労働事件に不慣れな裁判所の判決に多いと感じられる。

当事者としては，当該事案が先例とそぐわない場合は，当該事件と過去の裁判例とでは前提とする事実が著しく相違すること，そのため従来の裁判例の枠組みでは的確な解決ができず，その解決のため学説の考え方が参考になることなどその点の積極的な主張立証活動が必要となろう。

2　労働事件における主張立証責任の重要課題

労働事件の主張立証責任について，もっとも重要な問題は規範的要件の取扱いである。本書では，司法研修所の見解に従い，規範的要件においては，評価根拠事実と評価障害事実がそれぞれ主要事実であるとの説にたっている。同説は，以下の理由で全面的に支持すべきと考える。

第1に，同説は，当事者に対する不意打ち防止（相手方の防護の機会の保障）をその主たる根拠とするもので，当事者の立場としては当然ながらその点において支持しうる。

第2に，規範的要件を根拠付ける事実が主要事実であるとすれば，それらの具体的事実は争点整理段階までに原則として主張責任があり，相手側もそれらに認否することで，当事者として人証調べでの要証事実の選別が可能となる。

第3に，具体的事実がノンリケット（真偽不明）の場合の処理のルールが明確になり，総合評価の曖昧さがその点で回避される。

第4に，判決においては，評価根拠事実，評価障害事実たる個別の具体的事実を摘示することになるので，第三者（学説）による検証がより可能となる。

いうまでもなく，評価根拠事実としてA，B，C……等どれだけの事実があれば例えば「合理性」の要件が満たされるのか，逆にイ，ロ，ハ……等どれだけの事実があれば評価障害事実として「合理性」が否定されるかは，まさに法解釈の問題である。

今後，具体的事実を的確に摘示した裁判例の集積によって，規範的要件の事案の分析による（類型論のような）きめ細かな研究も期待されるところである。

シンポジウムⅡ（報告③）

Ⅴ　立証活動の問題点

1　集中証拠調べの当否

新民事訴訟法182条は，「証人及び当事者本人の尋問は，できる限り，争点及び証拠の整理が終了した後に集中して行わなければならない。」と定めている。

改正時には，専門訴訟等（たとえば医療事件）の集中証拠調べについては，鑑定証人など主尋問調書をよく検討したうえでなければ反対尋問は十分にできないなどの懐疑的意見が存した。労働事件も専門性，事案の複雑さなどで同様の難点を指摘する向きもあった。

しかし現在，労働事件について，東京地裁労働部においては，集中証拠調べを行うのが原則となっている。[10]

その理由は，事前の争点整理の充実と陳述書（医療訴訟では医師の意見書など）の事前提出の励行にある。証拠調べ当日は，主尋問は，先に提出した陳述書を要約，補完する，所要時間10分からせいぜい40分程度のものとし，反対尋問にウエイトが置かれた進行となる。陳述書の活用については，口頭主義，直接主義の原則，反対尋問権の保障から問題があるが，上記の方法であればその点の問題は一応回避される。[11]

さらに陳述書の形式的証拠力はともかく，実質的証拠力については，訴訟提起後のバイアスのかかった，弁護士関与による主張書面に近いものとの消極的評価もある。

しかし，集中証拠調べによる迅速性のメリットが大であること，証人の負担の軽減（当日1回で終了する），陳述書を双方が事前に提出することで事実に関する相違点が明確になり，証人尋問はその点に絞って行うことができ，効率性はもとより，事実認定の精度がむしろ高くなること，書面による情報量の多さ

---

10) 医療事件についても東京地裁医療集中部においては集中証拠調べを行っている点について，山本和彦編『民事訴訟の過去・現在・未来』21頁（福田剛久判事発言）参照。
11) なお陳述書の問題については，第二東京弁護士会・民事訴訟改善研究委員会「陳述書に関する提言」判タ1181号31頁，山本和彦ほか「陳述書の運用に関するシンポジウム」判例タイムズ1200号51頁参照。

など実務的には陳述書の利用について肯定的意見が大勢をしめている。

　労働訴訟においても，陳述書の提出を拒否するような対応は労使双方行われていないといってよいだろう。[12]

2　文書提出命令の動向

　新民事訴訟法では，文書について提出義務の一般義務化が図られ220条4号の例外イからホに該当しないすべての文書が必要性の要件を満たせば提出命令の対象とされた。労働訴訟においては，使用者の所持する文書が，同条4号ニの「自己使用文書」に該当するかどうかが主として争われている。

　関西地区の裁判所においては，相当数の決定がすでに出ており[13]，労基法上作成が義務付けられている文書については，「自己使用文書」には該当しないとの判断に収斂されつつある。

　東京地裁労働部ではこの点に関する公刊された決定例は見当たらず，任意の提出要請でまかなっていると仄聞するところである。[14]

　なお労働事件審理ノート87頁には，上記の論点について「自己使用文書」を否定する見解が述べられており，同様の見解にたつものと思われる。

　残された問題点は，それ以外の書面とりわけ人事考課表，人事考課表マニュアル，懲戒処分の運用内規などが「自己使用文書」に該当するか否かである。

3　その他

　使用者側の固有の問題としては，個人情報保護法の影響による立証活動の制約がある。訴訟活動のため，例えば他の従業員の個人データを提出することが，同法23条1項1号の「法令に基づく場合」に該当し免責されるかどうかは必ずしも明確ではない。従来の民事訴訟活動にともなう名誉毀損の裁判例などを見

---

12)　瀬木比呂志判事は，「民事訴訟実務と制度の焦点」（判例タイムズ社）257頁において陳述書のメリットを強調し，「陳述書なしの尋問と陳述書ありの尋問では誤判防止の機能は後者のほうがより大きい」とする。
13)　水町勇一郎ほか「賃金差別」ジュリスト1305号78頁以下参照。
14)　文書提出命令の決定には即時抗告（民訴223条7項）が可能となり，執行停止効があるため，期日を取り消して高裁の判断を待つ必要があり，本案の審理が数ヶ月空転する。

る限り，全面的には免責とはならない可能性があり，必要性や提出の方法等に従来に増して神経を使わざるを得ず，的確な立証活動の妨げとなっている。法令等による，明確な手当てが望まれる。

Ⅵ　おわりに

　以上のとおり，労働訴訟について（少なくとも東京地裁労働部等の専門部では）平成8年民事訴訟改正は順調に定着し，迅速化の実現は劇的といってよいほど評価できるものとなっている。

　しかし，迅速化の圧力は，一方で判決書の質の低下の危険を孕んでいる。判例法理のそれなりの充実（および個々の裁判官の努力も当然ながらあろう）もあってか，現時点であまりその面での批判は聞かないが（もっとも統計的になじみにくく分析が極めて難しい問題である）その観点での注視と検討が求められよう。

（なかまち　まこと）

労働審判制度の運用状況とその問題点

石嵜 信憲
(弁護士)

I はじめに

　本稿は，司法制度改革推進本部労働検討会のメンバーとして労働審判法案作成の審議に加わり，さらに参議院法務委員会において参考人として同法案に対する弁護士意見を述べる機会を得るなど，労働審判制度の創設に関与した実務家弁護士の立場から，執筆するものである。
　考察にあたっては，立法時における制度創設の本旨にも適宜触れるとともに，筆者も所属する日本弁護士連合会（以下「日弁連」という）と最高裁判所の労働審判制度に関する協議会における調査内容，及び日弁連労働法制委員会において実施された労働審判に関与した弁護士に対するアンケート結果を踏まえ，制度実施状況について報告する。そして，制度創設に関与した者の立場から，創設当時想定されていた労働審判の状況を解説するとともに，現在，実際に動き出した制度状況と比較検討し，想定状況と実施状況の同一点，相違点を明らかにする。
　そのうえで，労働審判制度が持つ新たな問題点を指摘，検討し，今後，同制度に求められ，期待されるものが何であるのかについて検討することとする。

II 申立てと審理の状況

　労働審判制度は本年4月1日にスタートしたばかりであるが，別掲の最高裁のまとめによると，労働審判事件新受件数は，全国で4月93件，5月85件，6月100件，7月81件となっている。個別に見ると，東京地裁では4月20件，5

シンポジウムⅡ（報告④）

表　労働審判制度の運用状況
労働審判事件新受件数

地方裁判所	4月	5月	6月	7月	合計(件)	地方裁判所	4月	5月	6月	7月	合計(件)
東　京	20	28	37	26	111	鳥　取	1	0	0	0	1
横　浜	7	5	7	6	25	松　江	0	0	1	0	1
さいたま	3	1	4	0	8	福　岡	0	1	4	0	5
千　葉	3	6	4	1	14	佐　賀	0	1	0	0	1
水　戸	1	0	0	0	1	長　崎	1	0	0	0	1
宇都宮	0	0	0	0	0	大　分	0	0	0	0	0
前　橋	1	1	0	1	3	熊　本	2	0	0	1	3
静　岡	2	3	1	3	9	鹿児島	1	0	0	0	1
甲　府	2	1	1	0	4	宮　崎	1	0	0	3	4
長　野	0	2	0	1	3	那　覇	0	0	1	0	1
新　潟	1	0	0	1	2	仙　台	4	2	1	3	10
大　阪	5	11	11	7	34	福　島	3	1	0	1	5
京　都	2	1	4	2	9	山　形	3	0	0	0	3
神　戸	3	1	2	7	13	盛　岡	0	0	0	0	0
奈　良	0	1	1	2	4	秋　田	0	0	0	1	1
大　津	0	0	0	0	0	青　森	0	0	0	0	0
和歌山	0	1	0	1	2	札　幌	3	1	2	2	8
名古屋	7	4	6	4	21	函　館	2	1	0	0	3
津	0	1	0	1	2	旭　川	2	1	0	0	3
岐　阜	1	0	1	0	2	釧　路	0	2	0	0	2
福　井	0	0	0	1	1	高　松	0	0	0	1	1
金　沢	1	0	1	0	2	徳　島	0	0	1	0	1
富　山	0	0	0	0	0	高　知	1	1	1	0	3
広　島	3	2	2	4	11	松　山	2	1	3	1	7
山　口	1	3	1	0	5	総　計	93	85	100	81	359
岡　山	4	1	3	0	8						

東京地裁における労働審判事件が終局した期日回数				
	第1回期日	第2回期日	第3回期日	計
調停成立	7件	3件	2件	12件
審　　判	1件	0件	2件	3件
計	8件	3件	4件	15件

（注1）　件数は，最高裁事務総局行政局の調査によるもので，概数である。
　　　　（平成18年7月末現在）
（注2）　期日回数と審理期間の統計は，平成18年6月末現在のものである。

東京地裁における労働審判事件処理状況

事件種別	新受累計	既済累計				未済
		総数	労働審判	調停成立	取下げ	
地位確認(不存在を含む)	51	23	3	19	1	28
賃　金	22	8	0	8	0	14
退職金	10	5	1	3	1	5
損害賠償	11	5	2	3	0	6
解雇予告手当	4	3	0	2	1	1
配転命令無効確認	3	1	0	1	0	2
残業代	3	0	0	0	0	3
年休権確認	2	2	0	2	0	0
その他	5	4	1	3	0	1
計	111	51	7	41	3	60

東京地裁における労働審判事件の審理期間

申立て〜終局日	
21〜30日	1件
31〜40日	3件
41〜50日	6件
51〜60日	2件
61〜70日	0件
71〜80日	3件
平　均	49.20日
対象件数	15件

東京地裁における労働審判事件新受件数(事件種別)

事件種別	件数(件)	月ごとの内訳(件)			
		4月	5月	6月	7月
地位確認(不存在を含む)	51	10	13	18	10
賃　金	22	2	6	7	7
退職金	10	1	4	3	2
損害賠償	11	3	2	2	4
解雇予告手当	4	1	0	2	1
配転命令無効確認	3	0	1	1	1
残業代	3	0	0	2	1
年休権確認	2	2	0	0	0
その他	5	1	2	2	0
計	111	20	28	37	26

シンポジウムⅡ（報告④）

月28件，6月37件，7月26件という状況である。また，この4か月で申立て0件の地裁が青森・富山・大分等6箇所ほど，また申立て1件の地裁が松江・高松・佐賀等11箇所ほど見られ，手続利用の地域間格差への対応が必要である。

労働審判手続の第1回期日が開かれるとみられていた5月初旬には，東京地裁において初めて調停が成立している。地位確認の事件で，結果としては解決金を受け取り，合意のうえで退職するという調停内容と報じられた。東京地裁を見ても，この4か月間で111件中51件が解雇等に関する地位確認事件であり，約半数を占める形となっている。また，同地裁における7月末までの地位確認事件既済事案23件のうち，19件が調停で終了している（6月末時点では，調停で7件が終了し，すべてが金銭解決となっていた）。なお，解雇に関する地位保全の仮処分事件は，この労働審判制度のスタートにより，申立件数が減少しており，同地裁では，前者が後者の事件に回っているといえる。

しかし，労働者が解決金を受け取り合意退職を受け入れるといった柔軟な姿勢を示している事案ではなく，原職復帰に固執するような解雇事案では，審判が出たとしても双方から異議を申し立てられる可能性が高い。したがって，そのような事案は労働審判手続になじみにくいと考えられる。今後，このような事案が出てきた場合には，仮処分事件の申立ての状況も含めその展開に注視したい。

また，一番心配されていた労働審判員に対する裁判官側からの評価については，「非常に熱心にやっている」「特に公平・中立に注意しながら行なっている」「解決の際の落とし所について意見が参考になる」等，総じて肯定的な意見が多いと報告を受けている。

Ⅲ 実施状況から見えてきた制度の問題点

1 本人申立てへの対応

労働審判制度は当初，紛争の迅速・適正な解決のほか，より多くの人に利用してもらうため，本人申立ても含め簡易な手続となるよう議論された。しかし，議論の過程で紛争解決の迅速性を優先させたために，原則として代理人を弁護

士に限定するなど申立て段階での簡易性が後退してしまったという経緯がある。その結果，申立人は，手続費用に加え弁護士費用を負担しなければならない。制度設計過程では当時の紛争調整委員会によるあっせん数3000件をもとに，その半数であるあっせんによる未解決事案が労働審判制度に流れてくること等を想定し，年1500件とされた。しかし，想定の範囲内ではあるが，労働審判制度の利用件数は当時の想定に達しない状況にある。

一方，行政における個別労働関係民事紛争処理の状況をみると，制度開始から4年半，その件数は増加の一途をたどっている。その背景には，本人が手軽に申立てをすることができ，かつ，行政サービスとして費用が無料であることが，その要因と考えられる。

そこで，迅速性を確保しつつも労働審判制度へのアクセスの簡易性にも配慮すべく，弁護士会等で申立書や答弁書等の作成指導などを行うべしとの議論もなされている。また，弁護士費用についても明朗会計となるよう一定金額を弁護士会として議論したが，独占禁止法の規定とも絡んで，統一的な弁護士費用の設定は難しい状況にある。

労働審判制度における申立段階の簡易性を実現するために，同制度へのアクセスを簡便にし，本人申立てにも対応できるような制度として多くの人に活用してもらえるよう，今後も検討が必要と考える。

2　法24条処理の問題

さらに指摘されている問題として，法24条による労働審判によらない労働審判事件の終了があげられる。労働審判での解決にふさわしくない事件を手続から除外することも，紛争の迅速な解決につながるものであるが，その運用によっては問題となりかねない。

同条にいう「事案の性質に照らし，労働審判事件による解決が適当でない場合」については，相手方の異議申立ての主張といった主観的事情によるのではなく，例えば複雑な差別事件などで同手続によることが困難またはふさわしくないなど，労働審判手続の終了を主張する基礎となる客観的事情によって判断するという見解が，制度開始前の議論の中で大勢であった。[1]個人的な見解をい

えば，実務経験の豊富な労働審判員を加える形で労働審判委員会を構成したのであるから，当該事案ごとの24条処理における対応は同委員会の知恵に任せるのがよいのではないかと考えている。名古屋地裁においては，双方の意見がかけ離れすぎていて，24条による処理が行われたとも聞いている。24条の運用に関しては，その処理の乱発は避けなければならないが，客観的事情というような要件によって縛りをかけるのではなく，同委員会の知識経験が発揮されるような形にすべきと考える。

なお，東京地裁では，6月末時点で法24条による終了事件は発生していない。

3 陳述書，証拠説明書，書証の提出等の問題

申立書や答弁書だけでなく，陳述書等の関係証拠や証拠説明書等の提出があり，それが事前に労働審判員に送付されれば，労働審判員としては事案をより具体的に把握でき，紛争の迅速な解決が期待できる。ところで，日弁連が行なったアンケートによると，多くの当事者が陳述書や証拠説明書，書証の写しを労働審判員用も含めて提出しているようであるが，労働審判員への送付については，各地方裁判所において取扱いにばらつきがあるように見られる。この点については，統一的な取扱いを今後検討する必要がある。

ただし，証拠書類の写しについて労働審判員への送付はすべきではないと考えるのが適当であろう。証拠書類等の紛失，秘密情報の漏洩のおそれ，裁判官でさえ裁判資料の持ち出しを制限されている時勢からは，いたしかたないと考える。必要があれば，労働審判員には裁判所で証拠書類を検討していただくことになる。

4 労働審判の形式

労働審判は，主文及び理由の要旨を記載した審判書を作成して行うのを原則とし（法20条3項），例外的に，審判書の作成に代えて，期日において，主文及び理由の要旨を口頭で告知する方法により，行うことができる（法20条6項）。

---

1) 労働訴訟協議会（2005年11月7日開催）：判例タイムズ1194号24頁。

東京地裁は，例外として規定される労働審判の口頭による告知を原則的に行うとしている。

労働審判の理由の要旨については，どの程度の内容のものを記載すべきか議論はあるが，「審理の結果認められる当事者間の権利関係及び労働審判手続の経過を踏まえ，主文のとおり解決することが相当であると認める」という定型的なものになると考えられている。

審判書を作成し，具体的な理由を付記するとなれば，その内容を一言一句に至るまで精査せざるを得ず，そのための時間が必要となり，迅速性確保の面からは望ましくない。また，判定的調停の段階で労働審判委員会が下した結論の理由が示される運用となる予定なので，当事者に不都合はないといえる。

5　労働審判の内容

労働審判制度は，当該紛争につきその法的判断を行ったうえで，当該事案の権利関係を踏まえて審判を行う点に重要な意味がある。

その労働審判の内容の限界として，どのような紛争の解決方法まで定めることができるのか。問題となる典型事例としては，当該解雇が無効であり労働者が原職復帰に固執する場合に，当事者の意向に反してまで，損害賠償の意味合いをもつ解決金の支払と引き換えに当該労働契約を解消する旨の労働審判を行うことができるか，というものがある。

労働審判の内容の限界については，労働審判法の立法過程及び検討会関係者の協議の中で，労働審判が権利義務を踏まえるとされ，また労働審判手続が民事調停手続の調停に代わる決定をパワーアップした制度として考えられたことから，民事調停法17条の「当事者の申立ての趣旨に反しない限度で」審判が可能であるとする見解もあり[2]，それによると前述のような審判はできないことになる。

しかし，労働訴訟協議会で協議している東京地裁裁判官や最高裁は，法1条・20条1項の「踏まえ」という文言はあくまで権利関係や手続の経過を「尊

2）　労働訴訟協議会（2005年11月7日開催）：判例タイムズ1194号23頁。

重」ないし「念頭に置いて」を意味するとし，したがって，労働審判は「審理の結果認められる権利関係及び労働審判手続の経過」に拘束されるものではなく，相当性の要件にのみ拘束されるとしている。[3] 法20条1項を受けて，同2項に「紛争を解決するために相当と認める事項を定めることができる」と規定したことからも，そのように考えるべきである。

そして，その相当性判断の際には，①当事者の受容可能性の存否（手続の経過を踏まえ当事者が当該審判を受け入れられる態勢にあるか），②予測可能性の存否（手続の経過を踏まえ当該審判の内容が当事者にとって不意打ちとならないか）の2点が考慮される。つまり，労働審判においては，相当性の要件を満たす限り，実体法上の権利関係や当事者の意向と異なる判断を下すこともできるといえる。

その相当性判断の要素である①当事者の受容可能性の存否は，当事者が審判内容を拒否しているというような主観的事情で判断するのではなく，紛争解決の実態がどうなっているかなど客観的に審判を受容する可能性があるのか否かを判断資料とすべきと考える。

特に解雇事案で見ると，前述の当事者の権利関係及び意向に反する審判は，①の当事者の受容可能性が問題となる典型事例であるが，解雇事案においては裁判実務及び当事者交渉でも和解による金銭解決が多くみられるという客観的事情から①の当事者の受容可能性の要件を満たし，このような内容の労働審判も可能というべきである。期日において労働者が頑なに拒否していたとしても，審判後に翻意する可能性が客観的にないとはいえないからである。Ⅱでも述べたように，6月末時点では，労働審判手続で終了した地位確認事件7件すべてが金銭解決で終結している。また，中小企業のように経営的・人間関係的に原職復帰が難しいとみられる場合など「事案の実情に即した解決をするために必要」な場合には，このような審判も可能と解釈すべきと思われる。

6 調停による解決

5で述べたように，労働審判による柔軟な解決策が可能となることにより，

---

3) 労働審判手続に関する執務資料137頁。

紛争の迅速な解決を期待することができる。しかし，労働審判が出されたとしても，当事者がその内容に納得しなければ，紛争の終結には至らない。結局は，紛争の解決には当事者の合意が必要なのである。労働審判に組み込まれた調停によって，労働関係について実務経験のある労働審判員も含めた労働審判委員会により調停案が示され，当事者で和解に至ることは，紛争の終局的解決に至る早道である。

東京地裁の統計であるが，終局した事件51件のうち41件が調停成立との結果が出ており，調停による解決の有効性が示されている。ただし，6月末時点の統計ではあるが，調停成立件数のうち半数以上が第1回期日でのものという点に注意しなければならない。なぜなら，制度開始前の議論の中で，第1回期日は利益調整的な調停，第2回期日以降が判定的調停として，労働審判制度の本旨である法ルールに則った解決策が示されるのは第2回期日以降のイメージがあったからである。仮に第1回期日での調停が利益調整に終始しているのならば，労働審判制度が行政による紛争解決機関と大して変わらないものとなってしまいかねない。この点について，現実の審判手続では，裁判所，裁判官によってばらつきはあるものの，東京地裁では1時間30分〜2時間，余裕のある地方によっては半日をかけて，第1回期日から当事者の言い分等を可能な限り聞いて，合議を開き，調停案を出していると聞いている。それを前提とすれば，同制度の本旨である法ルールに則った形での紛争解決がなされないおそれは杞憂に終わるとも考えられる。この点は，次に述べる労働審判制度に対する今後の期待にもつながる重要な点でもあり，今後も情報を収集，検討すべきものと考える。

Ⅳ 労働審判制度に対する今後の期待

現在，労働組合の組織率は，雇用の多様化・流動化による企業への帰属意識の希薄化ともあいまって，平成17年6月末時点で18.7%と低下の一途をたどっている。純粋な民間企業の組合組織率にいたっては，15%を割っているような状況である。このような状況の中，労使間の紛争が企業内部で自主解決されず，

行政及び司法の外部紛争処理機関に紛争が持ち出されるようになり，労働相談等及び訴訟等の件数が急増している。おそらく，外部紛争処理機関のみではこの急増する紛争に対応することは困難と思われ，企業の自主解決能力を高めることが強く求められている。

そのような中，労働審判制度が活用されることで，将来，労働審判員が企業に戻り，労働審判手続での経験を企業内の紛争処理に生かすとともに，企業自体も同手続における法ルールを適用した紛争解決を体験することで，企業の自主解決能力が再度高められることが期待されている。

また，労働審判制度における口頭主義は，現在の訴訟制度の弊害といわれる書面主義脱却の試金石となる可能性がある。若い弁護士の先生方が労働審判手続を経験することで，書面主義から口頭主義への新しい民事訴訟形態の実現が期待される。

（いしざき　のぶのり）

労働審判制度
―― 判定機能と調停機能の相克 ――

古 川 景 一
（弁護士）

はじめに／問題の所在

2006（平成18）年4月1日より労働審判法が施行された。

ところで，家事審判法では審判手続と調停手続が峻別されている。また，借地借家法に基づく手続についても，訴訟手続・借地非訟手続と調停手続とが峻別されている。他方で，民事調停法では，調停手続の中に判定手続が織り込まれ，調停成立の見込がない場合に裁判所が職権で行う調停に代わる決定（民調法17条，以下「17条決定」という）の制度が存在し，活用されている[1]。

しかるに，労働審判制度では，判定手続と調停手続が峻別されておらず，しかも，労働審判と17条決定とは類似している[2]。

これらの従前の各制度に照らし，労働審判制度の中で判定機能と調停機能をどのように組み合わせるのかは，制度設計と制度運用の根幹に関わる問題であるといえよう。

そこで，本報告では，労働審判法の基本構造とこれから導かれる本来の運用の在り方を確認し，次に，労働審判規則と実務運用の問題点を指摘し，今後の課題を提起する。

---

[1] 平成16年度司法統計（簡裁関係）では，多重債務の整理等に関する特定調停のうち311,856件，民事一般調停のうち7,443件が17条決定で終局している。
[2] 17条決定と労働審判との異同に関して，菅野和夫他『労働審判制度』（弘文堂，2005）31-32頁（菅野・山川），53-54頁（齊藤）。

シンポジウムⅡ（報告⑤）

Ⅰ　労働審判法の基本構造と運用の在り方

1　審判を中心軸とした制度運用

　労働審判手続では，調停による解決に至らないときには労働審判を行わなければならず（法1条），労働審判によらずに事件が終了するのは例外的な場合である（法24条）。民事調停では17条決定を発するか否かは裁判所の裁量事項であるが，労働審判にはかかる裁量はない。である以上，労働審判を発することを前提とした制度運用が必要である。

　その反映として，労働審判手続では，労働審判委員会による争点及び証拠の整理（法15条）と証拠調べ（法17条）とが明瞭に区別されており[3]，立証命題に即した審理のなされることが予定されている[4]。

　これに対し，民事調停手続は，判定を前提とする制度でないから，事実の調査と証拠調べに関する規定（民調規則12条）はあっても，争点及び証拠の整理に関する規定はない。

2　審判員の専門性の尊重

(1)　調停委員との相違

　民事調停や家事調停の調停委員は，「専門的知識経験を有する者」からだけでなく「社会生活の上で豊富な知識経験を有する者」からも任命できる（民事調停委員及び家事調停委員規則1条）[5]。これに対し，労働審判員は，労働関係に関する専門的な知識経験を有する者の中からだけ任命される（法9条②）。労働事件では，規範的要件（権利濫用，信義誠実，合理性，不利益性，正当性，相当性等）に即した価値評価や判断が必要な場面が少なくない。かかる評価・判断の適正さを担保する措置として「専門的な知識経験」が審判員に必要とされた。その

---

3)　同旨，定塚誠「労働事件の現状と新設された『労働審判制度』について」判例タイムズ1147号（2004）10頁，荒木他「座談会　労働審判制度の創設と運用上の課題」ジュリスト1275号（2004）42頁（春日）。
4)　同旨，前掲注3）座談37頁（春日・定塚）。
5)　但し，特定調停の場合には，専門家の中から指定される（特定調停手続規則8条）。

具体化のため，労使団体の側では，人事・労務に関する現場の知識・経験を審判に反映させるべく，定年退職者ではない現役の部課長や役員を審判員候補者に推薦するよう努力した。[6]

(2) 沿　革

司法制度改革審議会では，初期段階で知的財産権を巡る職業裁判官の判断能力への疑問が出され，民事司法での非法曹の専門家の活用，及び，陪審・参審制の導入が重要論点として提起された。[7]その後の論点整理で，知的財産権以外に医療過誤，建築瑕疵紛争，労働関係を加えた計4分野が「専門的知見を要する事件」とされ，「重点的に検討すべき論点」の筆頭に「専門家を裁判体に取り込むこと（専門参審制，特別裁判所など）の要否」，その二番目に「専門家を補助機関に取り込むことの要否」が掲げられた。[8]

この基本的論点に関して，裁判所は，専門家を補助機関として取り込むことには積極的であったが，専門参審制に関しては評決権を巡る「憲法上の問題」を指摘したり，[9]労働分野での参審制の導入につき「更に検討すべき課題」として先送りを求める等の消極的姿勢をとった。[10]

司法制度改革審議会の最終の意見書（2001年6月）では，労働調停制度を導入し，労働参審制の導入の当否については早急に検討を開始することとされた。この意見書を受けて，司法制度改革推進本部労働検討会で検討が重ねられ，労働審判制度が誕生した。

この制度発足の経緯に照らし，労働審判制度は，職業裁判官の判断能力に対

---

6) 使用者側に関して，矢野弘典「労働審判制度の課題と展望」ジュリスト1275（2004）72-73頁，前掲注3）座談38-39頁（石嵜）。
7) 「論点整理に関する会長試案」（平成11年12月8日）Ⅲ(2)(イ)(エ)項，http://www.kantei.go.jp/jp/sihouseido/index.html
8) 審議会第12回議事概要別添①「『国民がより利用しやすい司法の実現』及び『国民の期待に応える民事司法の在り方』に関し今後重点的に検討すべき論点について」（平成12年2月8日）http：前掲注7）。
9) 審議会第22回会議（平成12年6月13日）配付「『国民がより利用しやすい司法の実現』及び『国民の期待に応える民事司法の在り方』に関する裁判所の意見」15頁　http://www.kantei.go.jp/jp/sihouseido/index.html
10) 審議会第40回会議（平成12年12月1日）配付「労働関係事件に関する質問事項についての回答」11頁。

する疑問を基礎としており，その反面として，職業裁判官の反発や消極的対応を招く可能性を内包した制度であることに特に留意する必要がある。

3　審判官の優越性とその限界の明確化

労働審判手続は職業裁判官である労働審判官が指揮する（法13条）。この点で，職業裁判官である審判官の優位性が肯定された。

これに対し，労働審判委員会の決議については，過半数の意見による（法12条）。裁判の場合の評決が原則として過半数の意見による（裁判所法77条①）のと同様である。

実体的判断に関する職業裁判官の優越性は，民事調停では肯定される（民調法5条①但書，民調規18条後段）が，労働審判にはない。

したがって，労働審判制度は，法的論点の抽出や各当事者の主張立証事項の整理等の法曹の専門性が必要な手続面については審判官にその役割を担わせつつ[11]，最終的な判断（評決）については，審判官と審判員の対等平等性を確保した制度といえる。

4　権利関係を踏まえた合議体としての判断

労働審判は，当事者間の権利関係を踏まえたものでなければならない（法1条，20条①）。この「踏まえ」の意味につき，裁判官の多数意見では「『念頭に置きながら』又は『意識しながら』といった程度の意味と解される」とされる[12]。しかし，権利関係を明確にしないままに，労働審判の結論を下すことはできない。なぜなら，条文上「踏まえて」の主語は，個々の審判官や審判員でははく，労働審判委員会である。委員会が審理の結果に基づき当事者間の権利関係について判断を確定させなければ，合議体として権利関係を「踏まえ」た結論を導くことはできない。

---

11) フランスのように労働法典が整備される等の条件整備が整えば，非法曹の労使代表のみで裁判体を構成することは可能である。
12) 最高裁判所事務総局行政局監修『労働審判手続に関する執務資料』（法曹會，2006）138頁。

合議体として当事者間の権利関係につき判断するためには,証明責任分配に即して判断する必要がある[13]。それゆえに,当事者は,疎明ではなく証明を尽くす必要がある[14]。但し,労働審判委員会が心証形成の程度を審判の結論に反映させることは妨げられない。

5 証拠調べの方法の多様性

民事調停制度では,民事訴訟法の証拠調べに関する規定のうち疎明の方法,人証,及び,鑑定に関する事項が準用される(民調法22条,非訟事件手続法10条)。

これと異なり,労働審判の場合には,証拠調べは民事訴訟の例による(法17条②)から,証人尋問,本人尋問,文書送付嘱託等も可能である[15]。よって,労働審判制度では,民事訴訟と同様の証拠調べ(但し,3回の期日で行えるもの)が可能である。

6 具体的理由を付した審判書の作成

労働審判の方法は,審判書の作成(法20条③)が原則であり,審判の口頭告知(同条⑥)は例外的である。後者は,事案が簡明であり口頭告知でも当事者が労働審判の内容を十分に理解できる等の場合に限定される[16]。

審判では,簡潔であっても具体的な「理由の要旨」が示される必要がある。合議体として当事者間の権利関係等につき如何なる判断をして結論を導いたかを説明する必要があるからである(→3)。さらに,当事者の負担との均衡という視点からも必要である。原則として3回以内の期日で審理を終結させる(法15条②)ために当事者に手続面で重い負担を課しておきながら,この負担に見合う充実した内容の結論が示されないのであれば,制度利用者は少数にとどまるであろう。

---

13) 同旨,菅野他・前掲注2)書41頁(菅野・山川)。
14) 同旨,前掲注3)座談50頁(春日)。
15) 齊藤友嘉他『司法制度改革概説2 知的財産関係二法/労働審判法』(商事法務,2004)301頁,前掲注3)座談50頁(春日)。
16) 同旨,齊藤・前掲注15)書303頁,菅野他・前掲注2)書93頁(齊藤)。

7 通常訴訟との連携

労働審判に異議が出され通常訴訟に移行した場合に，通常訴訟手続が最初からやり直されるのでは，事実上の四審制となる。他方で，労働審判手続は非訟手続であることから，労働審判における人証調べの結果を，そのまま訴訟手続に引き継ぐことはできない。そこで，労働審判記録の閲覧謄写を媒介とする方法が考案され，労働審判での当事者本人や証人等の陳述の録音テープの複製を許す条文が設けられ（法26条②，民事訴訟法91条④），労働審判手続の資料等を訴訟手続でも容易に利用することができるようになった。[17]

II 労働審判規則と実務運用の問題点

1 書証を巡る審判官と審判員の格差

最高裁制定の労働審判規則では，各当事者は，審判員用書証写しを提出する必要がない（規9条④，16条③，17条②）。審判官は，第1回期日当日より早い時期に，書証を検討し，争点整理や審理の方針を検討できるが，審判員はこれができない。また，審判廷で審判員の手許に書証がない。その理由につき「当事者の負担と非常勤である審判員の審理関与の実質的保障のバランスを考慮した結果」とされているが，[18] 説得力に乏しい。

しかも，規則制定直後には，当事者が任意に審判員用書証写しを提出することは「差し支えない」し，重要証拠については「そうすることが望ましい」とされていた。[19] その後に，裁判所の姿勢は変化し，当事者が任意に書証を提出しても，全部を返却したり，陳述書だけを審判員に渡す例が続出している。

これでは，審判員が審理過程で審判官と対等性を確保すること（→Ⅰ-2,3）は困難であり，審判員を補助機関扱いするに等しい。

---

17) 齊藤・前掲注15)書307頁。
18) 最高裁判所事務総局行政局監修『条解労働審判規則』（法曹會，2006）25頁。
19) 菅野他・前掲注2)書86頁（定塚・男澤）。

2 証明責任分配に基づく判断の要否

当面の実務運用では「訴訟で用いられるのと同様の意味での主張立証責任は観念できない」とされる。この考え方は，最高裁制定の労働審判規則に反映された。申立書の記載事項について「立証を要する」（民訴規則53条）という言葉を敢えて用いずに「予想される争点」（規則9条一号）という言葉が使用され[20]，答弁書でも「抗弁事実」（民訴規則80条）という表現を敢えて避けて「答弁を理由づける具体的な事実」（規則16条三号）という言葉が意図的に使用されている[21]。

各当事者に対して立証命題に即した証明を促すこと（→Ⅰ-1），及び，証明責任分配に即して当事者間の権利関係につき合議体としての判断を行ない，これを踏まえて結論を導くこと（→Ⅰ-4）が曖昧にされたといえよう。

3 争点・証拠の整理と証拠調べとの関係

当面の実務運用では，争点・証拠の整理と証拠調べとを明瞭に区別せず，連続しておこなう[22]。但し，大阪地裁は，第1回期日での審尋は，どちらかというと争点整理に重きをおくとされている。

これでは，立証命題を整理しこれに即した証拠調べをなすこと（→Ⅰ-1）が曖昧となり，「争点及び証拠の整理」の規定が存在しない調停手続に準じた制度運用となりかねない。

4 証拠調べの方法，範囲

当面の実務運用では，任意に提出された書証の取調べ，及び，出頭した本人や参考人の審尋（民訴法187条①）を中心とする[23]。

法は民事訴訟法の例による証拠調べを許容する（→Ⅰ-2）のに，調停の場合と同様の証拠制限（疎明：即時に取り調べることができる証拠のみ許容，民調法22条，非訟事件手続法10条，民訴法188条）を事実上加えている。

---

20) 最高裁・前掲注18)書24頁。
21) 最高裁・前掲注18)書44頁。
22) 三代川他『座談会労働審判制度』判タ1194号（2006）16頁（森富），19頁（中西）。
23) 最高裁・前掲注12)書132頁。

5 労働審判の形式

当面の実務運用では，労働審判は口頭告知が「原則的取り扱い」である[24]。さらに，労働審判の「理由の要旨」について，裁判官の多数意見では「常に定型文言により行うべき」とされる[25]。その例文は「審理の結果認められる当事者間の権利関係及び労働審判手続の経過を踏まえ，主文のとおり解決することが相当であると認める。」である[26]。

これでは，調停による解決を希望する者以外には，魅力の乏しい制度になりかねない。

6 訴訟手続との切断

当面の実務運用では，陳述の調書化・記録化は原則として不要とされる[27]。相手方が解雇事由を一部撤回し，申立人が調書上の記録を求めた場合であっても，調書化不要とするのが，裁判官の多数意見である[28]。また，録音装置による録取についても「認めるべきではない」のが裁判官の多数意見である[29]。

これは，審判を軸とした運用（→I-1），四審制に陥らない運用（→I-7）という本来の在り方から逸脱し，労働審判手続を調停手続に準じた制度に変質させるものである。

7 人員配置

労働審判制度発足に伴う東京地裁の労働専門部（合計3ヶ部）に対する裁判官と書記官の人員配置は，労働部全体で書記官が1名増員され，裁判官が他部と兼務で1名増員された程度にとどまる。これは，調停手続に準じた手続の簡素化と省力化の反映といえる。

---

24) 最高裁・前掲注12)書66頁。
25) 最高裁・前掲注12)書142頁。
26) 最高裁・前掲注12)書105頁。
27) 最高裁・前掲注12)書59-60頁。
28) 最高裁・前掲注12)書134頁，136頁。
29) 最高裁・前掲注12)書136-137頁，最高裁・前掲注18)書68-69頁。

ま と め

　以上を総括すれば，司法制度改革の過程で存在した最重要論点すなわち労働事件について非職業裁判官である専門家に判定機能を担わせることの是非を巡る対立や論争が，労働審判法の制定後には，姿を変えて，審判員を審判官と対等に扱うのかそれとも事実上補助機関扱いするのか，そして，労働審判制度の中の調停機能を重視するか判定機能を重視するかという形で表面化していると言えよう。

　筆者は，前掲Ⅰ記載の法の基本構造とこれから導かれる制度運用の本来の在り方に即した実務運用がなされるべきであり，前掲Ⅱ記載の実務運用が続けられるなら，3回の期日での終結以外に調停制度と大差がなくなり，調停による早期解決を希望する者でかつ弁護士に依頼できる者以外の制度利用者は少数にとどまり，現役の有能な審判員の確保が困難となる等の制度劣化の危険があると危惧する。

　かかる状況に陥るのを回避するためにも，職業裁判官だけでなく審判員の代表者も参加して，労働審判規則と実務運用を見直すことが必要である。裁判所が自ら規則と運用の見直しを行わない場合には立法的措置が必要であることを指摘して，本報告のまとめとする。

（ふるかわ　けいいち）

《シンポジウムⅢ》
プロスポーツと労働法

シンポジウムの趣旨と総括	土田　道夫
プロスポーツと労働法をめぐる国際的動向	川井　圭司
プロスポーツ選手と個別的労働法	根本　到
プロスポーツ選手と集団的労働法 　——とくに団体交渉の可能性に着目して——	中内　哲

《シンポジウムⅢ》

シンポジウムの趣旨と総括

土 田 道 夫
(同志社大学)

Ⅰ　シンポジウムの趣旨

　プロスポーツに関しては，様々な法律問題が生じている。労働法学においても，プロスポーツ選手の労働法上の地位（「労働者」性），年俸・災害補償等の処遇，移籍の自由，使用者との団体交渉関係など多くの課題が生じている。また，2004年，プロ野球の球団統合問題を契機として，プロ野球選手会による史上初のストライキが実行された。このストライキは，それに先立って争われたプロ野球選手会・日本野球機構間の団体交渉問題（選手会による団体交渉を求める地位にあることを仮に定める仮処分事件＝東京高決平成16・9・8労判879号90頁に発展した）と併せて，プロ野球選手の労働者性や団体交渉の当事者適格，団体交渉拒否の法的処理等の労働法上の問題を提起するものであった。

　また，これら労働法上の問題は，「プロスポーツ選手の法的地位」というより広範なテーマを提起している。これは，労働法はもちろん，民法，社会保障法，競争法・独占禁止法，知的財産法などの諸法領域を交錯するとともに，アメリカ法・EU法との比較法的検討を要する雄大なテーマである。スポーツ法学にとって，「プロスポーツ選手の法的地位」は，避けて通ることのできない重要なテーマの一つである。

　本シンポジウムでは，こうした幅広いテーマを視野に収めつつ，「プロスポーツと労働法」という観点から，以下の報告を行い，討論を行った。

　①　「プロスポーツと労働法をめぐる国際的動向」（川井圭司会員）。
　②　「プロスポーツ選手と集団的労働法」（中内哲会員）。

③「プロスポーツ選手と個別的労働法」(根本到会員)。

なお，一口にプロスポーツと言っても，その形態・内容は多様であり，特に，プロ野球・プロサッカー等のチームスポーツと，プロテニス・プロ陸上等の個人スポーツでは，法的取扱いも異なってくる。本報告では，「プロスポーツと労働法」というテーマ自体が未開拓であることを考慮し，チームスポーツのうち，実態が比較的明らかなプロ野球とプロサッカーに絞って検討した。また，シンポジウムに先立って，プロスポーツ関係者に対するインタビューを行うなど，実態に即した研究を行うための調査を実施した。

II 報告の概要

1 プロスポーツと労働法をめぐる国際的動向（川井会員）

川井会員は，①プロスポーツと労働法の関わりに関する国際的動向（米・英・EU）を概観し，②各国のプロスポーツにおける労働法の意義を整理し，③日本の課題を浮き彫りにすること，の3点をテーマに報告した。まず，アメリカについては，プロスポーツ選手が例外なく集団的労働法の適用を受けることを明らかにした上，選手の移籍の自由をめぐっては，いわゆる4大リーグ（MLB，NFL，NBA，NHL）において生じてきた反トラスト法の適用の動向（司法判断の変遷・立法の動向）を詳細に跡づけ，1998年の Curt Flood Act の制定によって収束したことを明らかにした。アメリカにおいては，MLBを中心に，反トラスト法の適用が消極視される一方，選手組合を当事者とする団体交渉システムによって制度改革を実現しており，労使自治の尊重の傾向が強まってきていることが特色とされる。次に，イギリスについては，労働法上，通常の被用者と同様に位置づけられること，移籍の自由に関しては，コモン・ロー上の取引制限の法理によって移籍制限の合理性が判断されていることを明らかにした。さらに，EUにおいては，やはり移籍の自由につき，ローマ条約48条（現39条）と，それをプロサッカー選手に適用した1995年の Bosman 判決によって，プロスポーツ選手の移動の自由が拡大したことを明らかにした。そして，以上の国際的動向をふまえて，日本に関しては，プロスポーツ選手の法的地位の明

確化が最大の課題であること（現状では，労基法，労組法，税法，独禁法で解釈が食い違っている），団体交渉による問題の解決が最も望ましく，労使自治システムの確立が課題であること，個別的労働法上の地位については，基本的には労働者として位置づけつつ，労働時間規制の除外など実態に即した取扱いが必要であることを提言した。

2　プロスポーツ選手と集団的労働法（中内哲会員）

中内会員は，プロ野球・プロサッカーの選手契約の構造に関する分析をふまえて，プロスポーツ選手に対する集団的労働法の適用の可否（団体交渉の可能性）について報告を行った。まず，プロスポーツ選手が労組法3条の「労働者」に該当するかについては，従来の労働委員会命令を精査の上，そこで示されてきた諸要素からは，労組法上の労働者性を肯定できると論じた。また，プロスポーツ選手組織の団体交渉の相手方となる「使用者」については，選手契約の相手方である各球団・クラブが当然に使用者に該当するほか，選手契約の当事者でない「選手契約の条件設定組織」＝プロ野球における日本プロフェッショナル野球組織（NPB），プロサッカーにおける日本サッカー協会（JFA）および日本プロサッカーリーグ（Jリーグ）も，日常的な労務提供の指示や報酬の決定には関与しないものの，その前提となる制度・条件（選手の地位・処遇・権利義務関係の大枠）をすべて決定していることから，労組法上の使用者に該当し，団体交渉の当事者（労組7条）たりうると論じた。さらに，これら使用者側組織との団交事項については，選手契約の内容を構成し，または構成しうる事項全般にわたって義務的団交事項となるとの見解を述べた。

3　プロスポーツ選手と個別的労働法（根本到会員）

根本会員は，プロスポーツ選手に対する個別的労働法の適用可能性について，①プロスポーツ選手は個別的労働法上の「労働者」といえるか，②いえるとして，労働法の規制をどのように適用すべきか，の2点に具体化して報告した。①については，プロスポーツ選手は報酬の高額さ等の問題があるものの，労働者性の他の基準（指揮命令性，拘束性等）は満たしており，高額報酬を得ている

者も，移籍の自由を制約され，市場で自由に取引できるわけではなく，所属球団やクラブから強い拘束を受けていることから，原則として労働者と解すべきであると論じた。また②に関しては，移籍の自由，制裁の制限，災害補償などの面で労働法的規制を及ぼす意義は十分あるが，一方，プロスポーツ選手の特殊性をふまえれば，一部の規制（契約の有期性，労働時間またはスポーツ界の発展から除外可能な規制）を法律によって適用除外する方向性をとることが妥当ではないかと述べた。

Ⅲ　討論の概要

以上の報告を受けて，活発な質疑応答が展開された。まず，安西愈会員（弁護士）から，①プロスポーツ選手は試合に出場して競技することを請け負っているのであり，法的地位としては事業者と考えるべきではないか，②根本会員が問題点として指摘した選手契約の定型契約性や選手の制裁は，プロスポーツ界としては必要と考えるべきではないか，③日本プロ野球組織の労組法上の使用者性につき，同組織におけるコミッショナーに権限がなく，団体交渉組織としても，各球団の複雑な利害関係から一体的運営が行われていない以上，使用者と解することは疑問である，④現行FA制を含めて，移籍の自由の制限がなければいわゆる「弱小球団」は経営困難となるのであり，戦力の均衡ないしプロスポーツの発展という観点からは，移籍の自由の制限もやむをえないのではないか，⑤移籍の自由に関して，現行のドラフト制度によって選手は利益を享受しており，その改革（完全ウェーバー制）を選手会が主張するのはおかしい等，問題の本質に迫る質問がなされた。なお④に関連して，川田琢之会員（筑波大学）からも，選手がプロリーグのメンバーであり，戦力の均衡という要請があることをどう考えるかとの質問がなされた。

これに対して，①については，川井会員が，チームスポーツの場合は，試合だけでなく，練習等も業務内容となっており，試合を請け負う存在（事業者）とはいえない（一方，個人スポーツについては別途考えうる）と回答した。また②については，根本会員が，定型契約や制裁の必要性自体を否定しているのでは

なく，労働法の観点から合理的規制を行う必要があると回答した。③については，中内会員が，内部運営の実態は法的には問題ではなく，むしろ，野球協約に規定されている機関ごとの権限等に着目すれば，日本プロ野球組織は使用者と考えうると回答した。④については，川井会員が，プロスポーツの発展という観点を忘れているわけではなく，その観点もふまえた上で，団体交渉システムによって合理的調整を行うことが望ましいと回答した。⑤についても，川井会員は，リーグ全体の発展という観点からも，ドラフト制度の改革の必要性があると回答した。

ついで，石橋洋会員（熊本大学）は，各報告者が強調した移籍（移動）の自由に関して，その保護法益と法的根拠をどう考えるべきかについて質問した。これに対し，川井会員は，たとえばイギリスの場合，職業活動の自由という選手個人の権利侵害のみならず，移籍による選手能力の向上の機会を奪う点で公益に反すると考えられており，保護法益としては二面性があると回答し，根本会員は，職業選択の自由が重要であるが，従来の議論は不十分であり，重要な課題と考えると回答した。これに対し，石橋会員は，移籍の自由の保護法益としては，当事者間の交渉力の回復という側面と，公共の利益という側面があり，後者の面からは，移籍の自由について，選手を労働者と位置づけないアプローチ（労働法以外のアプローチ）も可能ではないかとの重要な指摘を行った。

さらに，島田陽一会員（早稲田大学）は，石橋会員の問題提起も受けて，プロスポーツの実態は多様であり，一括りに議論することは困難ではないか，また方向性としては，労働法を超えた議論が必要ではないかとの基本的な問題提起を行った。この点は，シンポジウム以前から報告者グループが共有していた問題意識であり，「労働法を適用しなければ適切な法規整と法的保護を実現できないのか，それとも，労働法以外のアプローチは可能か」は常に問い続けるべきテーマである。上記の指摘に対しても，全報告者から，労働法の観点からの検討を深めつつ，「プロスポーツと法」というより広い枠組みで検討を行う必要があると回答した。

シンポジウムⅢ（報告①）

Ⅳ　成果と課題

　本シンポジウムでは，プロチームスポーツ（野球・サッカー）を対象として，事前の実態調査と綿密な国際比較を前提に，「プロスポーツと労働法」について網羅的に検討し，活発な討論を行った。従来，労働法学会における検討が皆無であったことを考えると，本シンポジウムは高い成果を挙げたものと評価できる。

　今後の課題としては，特に次の2点が重要であろう。第1に，討論の過程でも指摘があったとおり，プロスポーツの実態は多様であり，チームスポーツと個人スポーツは法的取扱いが大きく異なりうるのみならず，チームスポーツ自体も多様と考えられ，さらに，アマチュアスポーツも多様化しつつある。こうした多様性を十分にふまえ，各スポーツの実態に即した法規整やスポーツ選手の法的保護のあり方を探っていく必要がある。

　第2に，より基本的には，労働法の観点からの検討を深めつつ，民法，社会保障法，競争法，知的財産法等の隣接領域との共同研究を深め，学際的な考察を行っていくことである。すなわち，労働法を包摂する「スポーツ法学」を確立し，その観点から幅広く考察していく必要がある。

（つちだ　みちお）

プロスポーツと労働法をめぐる国際的動向

川 井 圭 司

(同志社大学)

I 序　論

　プロスポーツ選手の法的地位についてわが国ではこれまで十分に議論されてきたとはいえない[1]。その結果，日本プロ選手の法的地位は諸外国との比較においても極めて不明瞭かつ不安定なものとなっている。この点に問題意識を持つ本稿では，プロスポーツと労働法のかかわりについて国際的動向（米・英・EU）を概観したうえで，各国のプロスポーツにおける労働法の意義を整理し，日本における課題検討の足掛りを得ることとしたい。

1　日本におけるプロスポーツ選手の法的地位

　はじめに，日本プロ野球選手の法的地位の現状を確認しておこう。まず，労働組合法上は「労働者」とされ，他方，労働基準法上は「労働者」に該当しない取扱いが実務上の慣例になっている。さらに，税法上は，所得税法204条4号と1951年の大蔵省通達によって「事業所得者」として取り扱うこととされて

---

[1] プロ野球選手の法的性質等に関するこれまでの研究として，本多淳亮・下山瑛二「プロ野球の契約関係（一）（二）」法学雑誌7巻3号154頁，7巻4号118頁（1961年），下山瑛二「専属契約―職業野球の選手契約」『契約体系Ⅵ』173頁（1963年），佐藤隆夫『プロ野球協約論』（一粒社，1982年），佐藤隆夫「プロスポーツ選手の労務供給契約」『現代契約法大系第7巻』385頁（有斐閣，1984年），坂本重雄「プロ野球の選手契約―労働法学の立場から」ジュリスト1032号27頁（1993年），坂本重雄「スポーツ選手契約の法的課題」日本スポーツ法学会年報3号20頁（1996年），坂本重雄「プロ・スポーツ選手のおかれている状況と人権問題」自由と正義45巻11号5頁（1994年），浦川道太郎「野球協約と統一契約書からみたプロ野球選手の法的問題」自由と正義45巻11号15頁（1994年），浦川道太郎「プロ野球の選手契約」ジュリスト1032号21頁（1993年）等がある。

シンポジウムⅢ（報告②）

きた。[2]

　これに対して，独占禁止法上は「労働者」と解釈されてきた経緯がある。具体的には，1978年の参議院法務委員会で，公正取引委員会がドラフト制度等のプロ野球の取引慣行に対する独占禁止法の適用を否定する際に，選手契約は「雇用契約である」との見解を示している。[3] つまり，公正取引委員会は，雇用契約は独占禁止法の規制対象となる取引には該当しない，として独占禁止法の適用を否定する見解を示したのであるが，この点は雇用契約を前提に反トラスト法の適用を肯定してきたアメリカでの判断とは大きく異なるところである。

2　諸外国との比較

　他方，アメリカ，イギリス，EUではチームに所属するプロ選手はいずれも労働者あるいは被用者としての位置付けにあることが明確となっている。各国ともに選手の移籍制限をはじめとするプロリーグ特有の取引慣行が法的紛争に発展してきた経緯があるが，そうしたケースでは，広い意味で労働法によるアプローチが中心となってきた。

　以下，アメリカを中心に，イギリス，EUにおけるプロスポーツと労働法の関係を整理していきたい。[4]

Ⅱ　アメリカ・プロスポーツと労働法

1　プロスポーツ選手の労働法上の地位

　MLB（野球），NFL（アメリカンフットボール），NBA（バスケットボール），NHL（アイスホッケー）のいわゆるアメリカ4大プロリーグでは各リーグともに，1960年代に選手会が労働組合として認証を受けることで全国労働関係法の保護下に入り，その後，労働法的保護あるいは規制を受けながら労使関係が形

2）　この通達の内容については，山本英則「プロ野球選手の契約上の地位」自由と正義29巻13号63-64頁（1978年）を参照した。
3）　参議院会議録情報第84回国会　法務委員会　第3号（昭和53年3月2日）を参照。
4）　紙幅の関係で，本稿では諸外国の状況等についての概要にとどまった。詳細については，拙著『プロスポーツ選手の法的地位』（成文堂，2003年）を参照されたい。

成されてきた経緯がある。これまでの経過を概観すると，各リーグで70年代に労働協約が締結され，80年代には，FA の補償制度をめぐって MLB，NFL で選手会がストライキを実施，90年代に至ってはサラリーキャップの導入等をめぐり MLB，NBA，NHL で史上最大の労使紛争が勃発し，野球では230日を超えるストライキ，また NHL でも103日におよぶロックアウトに発展した。また，一昨年にも NHL で，サラリーキャップの導入をめぐる労使紛争が再発し，シーズン中の試合が，すべてキャンセルされたことも記憶に新しいところである。さらに，こうした流れに平行して，1970年代から移籍制限を巡り反トラスト訴訟が提起され，この動向が1996年まで継続することとなる。

2　反トラスト訴訟と移籍制限の緩和

いわゆる「州際通商」を前提として制定されたアメリカ連邦反トラスト法はその第1条で，「数州間もしくは外国との取引または商業を制限するすべての契約，トラストその他の形態による結合もしくは共謀は，これを違法とする。」と規定している。当該条文を根拠にスポーツ・ケースでは，制限的取引慣行について損害賠償や差止めが求められてきた。そして，4大リーグのうち MLB を除く，他の3大リーグでは，1970年代以降，反トラスト訴訟により選手側が移籍の自由を獲得し，拡大していった。

そのリーディングケースとなったのは，NFL の選手が移籍する際に，コミッショナーが補償内容を決定するという Rozelle Rule の違法性が争われた1976年の Mackey 事件連邦控訴審判決であった。[5] 本件で，連邦控訴裁判所は「当該移籍制限が正当な事業上の目的によって正当化され，かつ，必要以上に制限的でないか」という判断基準（合理の原則）を採用し，具体的には，「Rozelle Rule によって選手の年俸が抑制される」との認定のあと，「ただし，戦力均衡維持のために必要不可欠の制限については許容される」とした上で，結果的には，「Rozelle Rule は，チーム間の戦力均衡維持という目的を超えて必要以上に制限的であり」違法であるとの判断を下した。これ以降，各リー

---

5) Mackey v. National Football League, 543 F. 2d 606 (8th Cir. 1976).

シンポジウムⅢ（報告②）

において多くの訴訟が提起されることとなった。

3　MLBの特例（Baseball Exemption）と全国労働関係法の適用

　他方，MLBは1922年の最高裁判決をきっかけとして，他のリーグとは別の道を歩むことになる。というのは，1922年に「野球のビジネスは連邦反トラスト法が規制対象とする『州際通商』に該当しない」として保留条項をめぐる訴えを却けた結果，当該判決の先例に拘束されるとする最高裁判決が53年，72年と続き，MLBへの反トラスト法の適用を除外する特例，すなわちBaseball Exemptionが確立するに至ったからである。

　ただし，こうした経緯のなかでも，全国労働関係法については，MLBへの適用が容認されたのである。全国労働関係法は，連邦反トラスト法と同じく，合衆国憲法（第1篇8節3項）の「州際通商」条項を根拠として制定されたものであるが，[6] 1969年にNLRB（全国労働関係局）がプロ野球事業は州際通商に該当し，全国労働関係法の適用を受けるとの判断を下したのであった。

　以来，MLBの選手は全国労働関係法に保障される団結権，団体交渉権，そして，時には争議権を駆使することで制限的取引慣行の排除をはじめ，各種労働条件の向上を目指していった。こうしてMLB選手会は次第に強力な交渉力を持つ労働組合へと発展したが，その経緯の中で特に注目すべきは，選手とリーグとの間に労働協約が締結され，かつ当該協約の中に仲裁手続が導入されたことである。実際，MLBではこの仲裁判断によって球団による永続的な保留権が否定され，ここに初めて移籍の自由が容認されたのである。[7]

4　労働法と反トラスト法の交錯

　次に，アメリカのスポーツ・ケースにおいて，いわば20世紀最大の論点となった労働法と反トラスト法の調整について概観しておこう。

6）　合衆国憲法第1編8節3項は次のように規定している。すなわち，連邦議会は「外国，各州間およびインディアン部族との通商を規律する」権限を有する。
7）　See Paul C. Weiler & Gary R. Roberts, Sports and The Law, 2nd Ed. 1998, at 2413-248 (quoting 66 labor Arbitration 101 (1976).

野球を除く3大リーグについては，労働法と反トラスト法の双方の適用が認められたわけであるが，仮に，選手会が団体交渉において移籍制限に合意し，労働協約を締結した場合，当該制限に対して反トラスト法上の違法性を選手が主張しうるのか，という議論が生じるのである。

　これについては，判例法上，次の3つの要件が充足された場合には，反トラスト法の介入を否定すると解釈されてきた。①取引の制限の影響が団体交渉関係にある当事者以外に及ばないこと，②当該制限が義務的団交事項にあたること，③当該制限が誠実な団体交渉にもとづいて設置されたこと，である。こうした判例法上の法理は Nonstatutory labor exemption（判例法による労働市場への反トラスト法適用除外の法理）と呼ばれている（以下，本稿では「NLE」とする[8]）。

　この点について，前述した1976年の Mackey 判決では，① Rozelle Rule は，「労使のみに影響を与える」，②「義務的団交事項に当たる」としたものの，当時の労使間における交渉力の格差に着目し，③当該ルールの導入については「誠実な交渉に基づく選手会の真の合意があったとはいえない」として，NLE のバリアを認めず反トラスト法の適用を肯定した。

　これに対して，NHL での同様のケース（McCourt 事件連邦控訴審判決（1979年））では，労使の交渉力の格差を認めながらも，「誠実交渉の意味」を掘り下げ，「球団側が当該制度に賛成して交渉し，選手会側はこれに反対して交渉したのであり，これらの交渉は誠実に行われたといえる」として NLE の適用を認め，反トラスト法の介入を否定している[9]。

　これらのケースによって，移籍制限などの取引制限について誠実な団体交渉に基づいて労働協約が締結された場合，NLE の適用を受けるという解釈がスポーツ・ケースでも浸透していったわけである。しかし，この労働協約の有効

---

8) Lee Goldman, The Labor Exemption to Antitrust Laws: A Radical Proposal, 66 Or. L. Rev. 153 (1987); Lee Goldman, The Labor Exemption to the Antitrust Law as Applied to Employers' Labor Market Restraints in Sports and Non-sports Markets, 3 Utah L. Rev. 617 (1989); Michael S. Hobel, Application of The Labor Exemption After The Expiration of Collective Bargaining Agreement in Professional Sports, 57 N.Y.U. L. Rev. 164 (1982); Gary R. Roberts, The Antitrust Status of Sports League Revisited, 64 Tul. L. Rev. 117 (1989).

9) McCourt v. California Sports, Inc., 600 F. 2d 1193 (6th Cir. 1979).

シンポジウムⅢ（報告②）

期間が満了を迎えた後，どの段階で反トラスト法の適用を認めるべきか，すわなち，NLE というバリアはいつまで継続するのか，について新たな議論が生じることとなった。

これについて司法では「労働協約の満了」，あるいは「団体交渉の行詰り」に達した時点で NLE のバリアが失効するとしたケースや[10]，「使用者の意図」を基準とするもののほか[11]，「団体交渉関係が存在する限り NLE のバリアが及ぶ」とするものまで[12]，千差万別の判断が下り，約10年間にわたって混迷を極めることになった。

こうした司法の混迷に終止符を打ったのが，NFL のケースで下された1996年の Brown 事件連邦最高裁判決であった。判決は，「団体交渉過程への反トラスト法の介入は否定されるべき」として，労使間に団体交渉関係が機能する限り，反トラスト法の適用を除外するとの判断を示した[13]。

5 アメリカ・プロスポーツにおける労働法の意義

プロスポーツと労働法の観点から，アメリカでの動向として指摘すべき点は，まず，第一に，1922年以来，反トラスト法の適用を除外されてきた MLB では，選手会が集団的労働法の保護のもとで交渉力を向上させ，団体交渉による制度改革を実現してきたこと。そして，第二に，4大リーグともに集団的労働法の枠組みのなかで種々の条件設定を行ってきたことである。また，1996年の Brown 判決以降，労使自治を重視する傾向がさらに強まっている。他方，個別的労働法については保護対象にあるものの，これに関連して特筆すべきケースがないことも付言しておきたい。

なお，労災については各州法に委ねられており，プロスポーツ選手の取扱いは

---

[10] Brown v. Pro Football, Inc., 782 F. Supp. 125 (D. D. C. 1991); Powell v. National Football League, 678 F. Supp. 777 (D. Minn. 1988).
[11] Bridgeman v. National Basketball Ass'n, 675 F. Supp. 960 (D. N. J. 1987).
[12] Powell v. National Football League, 930 F. 2d 1293 (8th Cir. 1989).
[13] Brown 判決の詳細については，拙稿「アメリカ・プロスポーツにみる NLRA と反トラスト法の関係― Brown 判決の意味―」日本労働法学会誌94号209頁（1999年）を参照されたい。

州ごとに異なっている。

Ⅲ　イギリス・プロスポーツと労働法

1　プロスポーツ選手の労働法上の地位

イギリスではまず、1910年に労災のケースでプロサッカー選手の「被用者（労働者）」性が争われたものがある。本件において控訴院は「クラブの一般的な指揮命令に従うことを、選手は契約において義務付けられている」として、プロサッカー選手の「被用者」性を肯定した。これ以来、チームに所属するプロ選手については労働法における「被用者」としての地位が確定し、その後プロ選手の「被用者」性に関する議論や疑義は見受けられない。

2　移籍制限と取引制限の法理

ところで、イギリスにおいてプロスポーツ選手の移籍制限をめぐる重要なケースとして1963年のEastham判決がある。本件では、契約満了後も当該契約を一方的に更新することでクラブに継続した選手の拘束を認める保留制度は、リーグ運営の正当な利益を保護するために必要とされる範囲を超えて制限的であり無効であるとの判断が下された。[14]

このEastham判決では、「取引の自由へのいかなる干渉も、また個人の職業に対するいかなる制限も、ただそれだけのものである場合には、パブリック・ポリシーに反し、無効となる[15]」というコモン・ロー上の法理、すなわち、取引制限の法理によるアプローチによって制限の合理性が否定されたのであった。[16]

この判断は当時のプロサッカー界における常識を一気に覆すものとなった。これをきっかけに、既存の取引慣行が大幅に修正されていく。永く続いた保留制度は廃止され、あらかじめ定められた契約期間についてのみクラブに拘束さ

---

14)　Eastham v. Newcastle United FC Ltd [1964] Ch 413.
15)　これは、Nordenfelt v. Maxim Nordenfelt Guns & Ammunition Co. Ltd. [1894] AC 535 (HL) でのLord Macnaghtenの説示の一節であり (at 565)、後の貴族院判決で引用された (See Mason v. Provident Clothing and Supply Co. Ltd. [1913] AC 724 (HL))。

れることと改定された。加えて，移籍金制度についても合理性の観点から見直しがなされ，所属クラブが前年より低い契約条件を提示する場合には，移籍金を伴わずに他のクラブに移籍できることとされた。[17]

3 イギリス・プロスポーツにおける労働法の意義

以上，イギリスでの動向をまとめると，まず，第一に，イギリスでもプロリーグ所属の選手は労働法上，つまり個別的および集団的労働法のいずれにおいても，通常の労働者と同様の位置づけとされ，労働者としての権利を享受している。また，移籍制限については被用者の職業活動の自由の観点から取引制限の法理によって合理性が判断され，その後，大幅な修正がなされてきた。なお，1963年の Eastham 判決以降，同種の紛争が少なくとも司法の場で争われた形跡はない。

他方，団体交渉については，アメリカとの比較において決して活発なものとはいえないが，近年では特に放映権収入における選手会への配分についてかなり緊張した団体交渉が実施されている。

Ⅳ EU のプロスポーツと労働法

1 労働者の自由移動の原則と Bosman 判決

EU における動向については，1995年にヨーロッパのスポーツ界を震撼させた Bosman 判決が下されている。[18] Bosman 事件では，契約満了後の移籍に際し

---

16) See Blake, Employee Agreements Not to Complete, 73 Harv. L. Rev. 625 (1960); Michael Jefferson, Restraint of Trade, 1996; Heydon, The Restraint of Trade Doctrine, 1971 at 8. なお，同法理に関する邦文献として，石橋洋「イギリス法における営業制限法理の法的構造（1） 雇用契約上の競業避止特約を中心に」熊本法学98号67頁（2000年），横川和博「英国コモン・ローにおける競争制限的法理の検討序説」明治大学大学院紀要19巻（集）1号283頁（1981年），後藤清「イギリスにおける退職者の競業禁止契約」民商法雑誌68巻3号367頁（1973年），砂田卓士『イギリス契約法』（鳳舎刊，1970年）125頁以下，清水金三郎「英法における雇傭契約と営業制限の法理」法学論叢32巻3号69頁（1935年），末延三次「雇傭に於ける営業制限の特約」法学協会雑誌51巻11号1頁（1933年）等を参照。
17) なお，この移籍金制度についても，後に見る欧州裁判所の下した Bosman 判決の影響を受けて，現在は廃止されるに至っている。

て移籍先と移籍元の両クラブが移籍金の額について合意を条件とする移籍金制度が，ローマ条約48条（現39条）に保障される「労働者の自由移動の原則」に反するか否かが争われた。結果として欧州裁判所は，①移籍金制度および国籍条項は労働者の自由移動に対して障壁となる，②契約満了後の移籍についても移籍金を求めることは違法，との判断を下した。

欧州裁判所の下した Bosman 判決は，EU 圏内で国境をまたぐ形での選手の移籍を一気に加速させるなど，欧州サッカー界に極めて大きなインパクトを与えることになった。

2　FIFA 国際移籍規定の改定（2001年）

Bosman 判決以降，移籍金制度の廃止を求める欧州委員会とこれに強く反発する UEFA（Union of European Football Association・ヨーロッパ・サッカー連盟）が対立を深め，欧州サッカー界は一時的に混乱状態に陥ったが，判決から6年後の2001年，ついにサッカーの世界組織である FIFA（Fédération Internationale de Football・国際サッカー連盟）が Bosman 判決に則って国際移籍規定を改定するに至った。

新規定では，従来型の移籍金制度を廃止する一方で，23歳以下の選手の移籍については育成補償金の支払いをその要件とすることで，各クラブにおける選手育成へのインセンティブを確保するという方針をとった。[19] また，契約期間中に移籍をする場合には移籍金を必要とし，かつ，ケースに応じて公式戦の出場を一時的に停止する等の制裁措置を取ることとしている。[20] その他，労働法との関係で重要な点は，契約期間の規制である。選手契約について最低1年以上とし，他方，5年を超える契約を締結することができないとして，選手側の雇用を保障しつつ，他方で，長期間に及ぶ拘束を禁止し，選手の移籍の自由を確保している。[21]

---

18)　Case C3-415/93 Union Royale Belge des Societes de Football Association and Others v. Bosman and Others [1995] ECR I3-4921.
19)　FIFA Regulations for the Status and Transfer of Players of 2001, Chapter VII. Training compensation for young players, art. 20.
20)　Id. art. 21.

3 EUプロスポーツにおける労働法の意義

以上，EUでの動向について注目すべき点は，まず第一に，労働者の自由移動の原則によりプロスポーツ選手の移籍の自由が拡大したことである。ただし，欧州裁判所の下したBosman判決は，①市場統合をめざすEU独自の政策判断，であったこと，そして②「労働者」でなくとも「役務提供者」として自由移動を保障されうることに留意する必要がある。

第二に，先に触れなかったのであるが，1965年に発足したFIFProという，プロサッカー選手の国際組織が，Bosman判決後の移籍制度改革において重要な役割を果たした点である。制度改革の過程で，UEFAおよびFIFAがFIFProを選手の利益代表組織として承認し，また欧州委員会も1998年以降，公式に承認したことを受けて，FIFProが協議・交渉に参加してきた経緯がある。今後も，欧州サッカーでの制度改革には，FIFProが選手側の代表として協議に参加することが予定され，加えて，将来的には労働協約締結の可能性もあると指摘されている[22]。この点については引き続き動向を追っていきたい。

V おわりに──近年の国際的動向と日本の展望──

1 国際的動向

最後に，近年の国際的動向を整理し，これに基づいて日本での課題を明らかにしたい。

国際的動向として指摘すべき点は，第一に，少なくとも今回検討の対象にしたアメリカ，イギリス，EUでは，あるいは今回触れることができなかったドイツについてもあてはまるが，それぞれの国において，リーグに所属するプロ選手は労働者と同様の法的地位を有することである。つまり，プロ選手は集団的および個別的労働法上，「被用者（労働者）」であることのメリットを享受し

---

21) Id. art. 4 (2).
22) Lars HalgreenはEUにおいてもアメリカでのNonstatutory labor exemptionと同様の議論が発生すると指摘している（See Lars Halgreen, European Sports Law, Forlaget Thomson, 2004, at 242）。

ている。

　第二に，労働者の退職の自由あるいは職業活動や取引の自由の観点からプロ選手に対する移籍制限のあり方等について，各国の法制度の下で議論が交わされ，より合理的な制度へと修正されてきていることである。

　そして第三に，プロスポーツ特有の制限的取引慣行については専ら労使の自治で決定をしている点である。特にアメリカでは反トラスト法適用の是非をめぐって紆余曲折があったが，1996年以降，この方向性が完全に定着したといえる。

　そして，最後に，プロスポーツにおいて団体交渉の重要性が高まる傾向がある点である。サッカーを始めとするプロスポーツの巨大ビジネス化の流れの中で，今後は特に，放映権収入の分配や肖像権の帰属に関する問題について団体交渉の果たす役割が益々大きくなると予想される。

2　日本の展望

　こうした国際的動向に照らすと，日本のプロ選手の法的地位はあまりにも不明瞭かつ不充分であるといわざるを得ない。この点，集団的労働法については1985年の都労委の資格審査以降も，プロ野球選手の労働者性に関する実務での認識が必ずしも広がっておらず，そのことが一昨年の労使紛争の一因ともなったわけであるが，一昨年に下された東京高裁の決定により，今後は実質的な団体交渉の定着が期待されるところである。

　他方，個別的労働法についてはやはり，従来から「労働者」性を否定する向きが強い。これまではプロ選手といえば，野球とサッカーということであったが，彼らが受け取る報酬の額等を考えても，両者ともに今さら個別的労働法上の保護を与える実利はない，あるいは労基法上の規制は実態になじまない，という認識があったことは否めない。[23] ところが近年，企業スポーツの行き詰まりを契機とする日本スポーツ界の再編のなかで，拘束の程度，あるいは労務提供のあり方についてほとんど違いはないけれども，報酬をはじめ，負傷の際の補償条件において従来型のプロ選手と同一視できない選手が多く出現するに至っている。また，プロ野球の2軍や，Ｊリーグのサテライトにおいて，意外なほ

ど廉価な報酬でプレーする選手の存在も忘れてはならない。

　こうした点を斟酌してプロ選手の「労働者」性を再考する場合，やはり原則として「労働者」の権利を与えるべき選手が多いという認識を持ちつつ，個別的労働法の適用を肯定的に検討すべきであると考える。ただ，その際にも，時間規制の除外など実態に即した適切な保護や規制を実現するために何らかの立法措置が必要になろう。

　また，プロリーグに所属し，同種の形態によって労務を提供するプロ選手が増加する中で，ある種独特の「労働者（あるいは労務提供者）」のカテゴリーが形成されつつある。これらの状況を受けて，将来的にはプロスポーツ選手に限定した立法政策も視野に入れて検討していく必要があるのではなかろうか。

　いずれにせよ，こうした観点からプロスポーツ選手に適切かつ明確な法的地位を与えることは，労働保護法の理念に合致するのみならず，今後の日本スポーツの健全な発展に資するものと確信する次第である。

　　　　　　　　　　　　　　　　　　　　　　　　（かわい　けいじ）

---

23) たしかに，1億円を稼ぎ出すプロ野球選手に労働保護法のネットを張ることに積極的な意義を見出すこともできない。しかし，もし報酬額が個別的労働法上の「労働者」性を否定する要因であるとすれば，年収が300万円ほどの独立リーグ・Jリーグのサテライト選手，あるいは近時増加する企業スポーツ（Vリーグ・JBL・トップリーグ）に所属するプロ選手（あるいは契約選手とも呼ばれる）については逆に，労働者性を否定する積極的な理由を見出せないことになる。

プロスポーツ選手と個別的労働法

根 本 到
(神戸大学)

I 問題の所在

1 日本のプロスポーツ選手の現状―国際的状況との比較

　欧米諸国では，プロスポーツ選手（以下，本文内は「プロ選手」とする）は，集団的労働法だけでなく個別的労働法上も労働者であるとされており，労働法が選手の地位向上に果たす役割は大きい。[1] これに対し日本では，移籍の自由に対する制約に象徴されるように，選手の地位は十分確立しているとは言い難い。本稿では，こうした対照的な状況に鑑み，日本のプロ選手の地位向上には，プロ選手の労働者化が必要であるとの問題意識に基づき，検討を行った。

2 検討の対象

　検討対象とした第一の点は，個別的労働法上の労働者性の基準をプロ選手は充足するか，である。プロ選手の特殊性を考慮し，労働者性の基準に照らして考察した。そのうえで第二に，労働者性が認められた場合，労働法はどのように適用されるか，を検討した。この目的は，一方で，プロ選手の労働者化の実益を探ることにあるが，他方で，日本では労働者概念の相対性（労働法の部分

---

1) 国際的状況については，花見忠・石嵜信憲「プロ野球とストライキ」日本労働研究雑誌537号（2005年）3頁以下や Blanpain, the Legal Status of Sportsmen and Sportswomen under International, European and Belgian National and Regional Law, 2003 を参照。なお，イギリス，フランス，ドイツ，イタリア，オランダ，ベルギー，スペイン，ギリシャでプロサッカー選手が労働者であることを紹介した文献として，Malatos, Berufsfußball im europäischen Rechtsvergleich, 1988, S. 87ff. 参照。また，スポーツ法を専門とするドイツ人弁護士である Reiter 氏からは，ブラジルやアメリカでも労働者性が認められているが，スロベニアでは労働者と自営業者の両者が存在するとの回答を得た。

的適用）がほとんど認められていないため，労働法の中で適用が困難な点を検証することにある。日本では，労働者化を進めるうえで，適用の困難さが大きな桎梏となることも予想されるため，この点を考察することとした。

II　個別的労働法上の労働者性

1　スポーツ選手の類型

2つの論点の考察を進める前に，対象を限定しておきたい。まず，スポーツには，プロとアマの選手とが存する。ヨーロッパのサッカー協会や日本サッカー協会[2]の規程では，競技の対価額を基準に，両者の定義規定がおかれている。しかし，日本のスポーツ界ではこれを明示したものは少ないうえ，その形態は多様化し，アマ扱いを受けることで不利益が生じているケースさえある。本稿では，こうした事情から，プロとアマの峻別基準やアマ選手の法的地位をめぐる課題[3]が存することを認識していたが，ひとまずスポーツ選手の労働法的課題を明確にするという目的から，競技や練習を業務内容として契約し，対価を受け取っている者を原則的にプロ選手と考え，これに限定して考察を加えた。

つぎに，スポーツには，個人スポーツと集団スポーツとがある。いずれも使用従属性が存すれば，労働者と認められる。ただし，集団スポーツは，各チームに所属し，その規律に服しているケースが多いため，労働者性が認められる可能性は高い。本稿では，日本の代表的な集団スポーツであるプロ野球とサッカーに限定して検討を進めることとした。

2　プロスポーツ選手の特殊性

まず，プロ選手の労働者性を検証するうえで，その留意すべき特徴を確認し

---

2)　「プロサッカー選手に関する契約・登録・移籍について」によれば，一方でアマ選手は報酬または利益を目的とすることなくプレーする選手と定義され，他方でプロ選手はA～Cに分けられ，それぞれ報酬条件や試合出場時間などの基準が定められている。
3)　こうした課題の重要性について学会当日に指摘を受けたが，紙幅の関係上対象外とせざるをえなかった。アマ選手の地位については，川井圭司『プロスポーツ選手の法的地位』（成文堂，2003年）450頁以下やBlanpain前掲書117頁以下を参照。

ておきたい。

第一に，プロ選手の契約上義務づけられた労務提供内容が一般の労働者と比較して特殊だという点がある。プロ選手の多くは，指定された公式戦に出場することとその準備のために練習をすることを主として義務づけられている。

第二に，高額な報酬を受け取る選手が中には存在するという問題がある。選手の中には一方で一般の労働者と比較可能な収入しか得ていない者も多いが，他方で高額の報酬を得ている選手も存在する。

第三に，選手の契約関係が重層的になっているということである。選手の属性を考えた場合，①協会の構成員，②チームの構成員，および③労働者性の3つがありうる。すなわち，労働者性とは別に，協会やチームの構成員としての契約も観念されるという特徴を有している。

第四に，報酬額と契約期間を書き込むだけとなっている契約書のひな形（プロ野球では統一契約書，Ｊリーグでは「プロサッカー選手に関する契約書」）が存在する。プロ選手の契約条件をほとんど事前に規定してあり，大きな意味を持つ。[4]

第五に，日本では，一部の複数年契約の選手を除いて，契約のほとんどが約1年の有期契約であるという点である。国際的には，10年近い長期の契約を締結することが問題となることもある。スポーツの世界では有期契約が前提となっている点は，看過できない特徴であるといえよう。

第六に，当該スポーツの発展，育成を考慮に入れなければならないという点である。例えば，ドラフト制度は，これまで各球団の「戦力の均衡」を図り共存共栄を図ると説明されてきた。このように，プロ選手の地位を考えるうえで，当該スポーツの発展が特別な規制を正当化させることもある。

3 従来の議論状況

このような点をふまえ，プロ選手の労働者性をつぎに考えてみたい。学説上，とくにプロ野球選手を対象として，これまで次のような2つの考え方が主張されている。

4） 契約書については，『スポーツ六法』（信山社，2005年）527頁以下参照。

(1) 請負契約説

第一に請負契約説である。これの発端となったのは税法上の考え方である。国税当局は、所得税法204条の解釈に関わり、①選手は球団の指定する試合に出場することを約し、対価を得ること、②報酬の額が技能の進歩または人気の高低により増減されること、③用具等はすべて選手の負担であることから、事業所得者だとしている（昭和26直書2-82）[5]。また、球団の顧問弁護士からも、公式戦以外の球団の非公式試合に出場するときは、純利益の一部を参稼者全員に配分する点が雇用契約と著しい差異があると主張されてきた。

(2) 雇用契約説

これに対し、雇用契約説も出張されている。まず、公正取引委員会が1978年の参議院で独占禁止法の適用を否定する際、選手契約は雇用契約であるとの見解を示した[6]。また、学説上も、①選手は球団の構成員であること、②公式戦出場は請負の決め手とならないこと、③請負で問題となる仕事の完成が明瞭でないこと、④参稼報酬の支払いは12か月払いの特約を排除するものではないこと、⑤用具の自己負担性は税対策上のものに過ぎず、移動、宿泊費などはむしろ球団が負担（統一契約書9条）していること、⑥障害補償（例えば統一契約書11条）も用意されていることから雇用契約と解すべきと主張されている[7]。

4 小　括

以上の見解をふまえ、以下では、プロ選手の特殊性も考慮して、労働者性だけでなく、使用者責任の所在なども検証してみたい。

(1) 労働者性の有無

労働基準法研究会報告（「労働基準法の『労働者』の判断基準について」）等で示されてきた個別的労働法上の労働者性基準（労基法9条[8]）のうち指揮命令性の

---

5) 山本英則「プロ野球選手の契約上の地位」自由と正義29巻13号（1978年）63頁以下。
6) 浦川道太郎「野球協約と統一契約書からみたプロ野球選手の法的問題」自由と正義45巻11号（1994年）15頁以下。
7) 坂本重雄「プロ野球の選手契約―労働法学の立場から」ジュリスト1032号（1993年）24頁参照。また、佐藤隆夫「プロスポーツ選手の契約上の地位」『現代契約法体系7巻』（有斐閣、1984年）390頁は「興行的雇用契約」であると指摘している。

存否は，①業務従事等に対する諾否の有無，②業務遂行上の指揮監督の有無，③通常予定されている以外の業務に従事することの有無，④拘束性の有無，⑤代替性や⑥対価性の有無に加え，事業者性や専属性を補強的に考慮して判断すると考えられてきた。こうした判断基準からすれば，Ｊリーグやプロ野球の選手は，労務提供内容が特殊であっても，公式試合への出場を命じられるなど時間的，場所的拘束を受けており，労働者性は認定されると思われる。

ただし，問題となるのは，高額報酬の位置づけである。賃金と呼べないほどの高額報酬であれば，労働法に基づく要保護性を低下させるのは事実であるから9)である。しかし，日本では，高額報酬選手でさえ，移籍の自由が制約されていることを背景にして，所属球団やクラブから支配を受けているという実態がある。このような事情に鑑みれば，報酬の高低にかかわらずプロ選手は原則的に個別的労働法上の労働者と解する方が妥当であろう。ただし，高額報酬という事情だけでなく，移籍の自由を相当程度確保し，球団やクラブと対等に取引できることが明白な選手については労働者性が否定されることもあるように思われる。

(2) 使用者は誰か

つぎに，プロ選手が労働者であるとして，使用者が誰かであるかという点も問題となる。ドイツでは，クラブだけでなく協会の使用者性を主張する見解もあるが，10)日本では契約書を作成しているのが協会であっても，契約の当事者はクラブであり，選手と協会の間に労働契約を観念できない限り，原則的に個別的労働法上は協会が使用者にはなりえないだろう。

---

8) 労働省労働基準局編『労働基準法の問題点と対策の方向』労働基準法研究会報告書（1986年）53頁以下。
9) 例えば，プロサッカー選手をこれまで労働者と解してきたドイツでも，Wank, Arbeitnehmer und Selbstständige, 1988, S. 136. で提唱された「企業リスクの引受」という基準に基づいて，高額報酬を得ている一部の選手（Spitzensportler）に限って労働者と解さないという有力な反論が生じている。Vgl. Menke, Profisportler zwischen Arbeitsrecht und Unternehmertum, 2006, S. 242; FAZ vom 20.01.1996, S. 27. また，日本でも，本多淳亮『労働契約・就業規則論』（一粒社，1981年）10頁に同様の指摘がある。
10) ドイツでは，協会と選手の関係が労働契約として成立するという見解も主張された。Vgl. Menke, a. a. O., S. 205. しかし，1979年1月17日連邦労働裁判所判決（NJW 1980, S. 470）のように，協会が使用者であるとの理論は判例で受けいれられていない。

しかし，さらに考えておかなければならないのは，ナショナルチームに派遣された場合の法律関係である。日本では従来，報酬等について契約を交わしたうえで，選手を自営業者として位置づけている。諸外国でもナショナルチームで活動することについては，労働者派遣など様々な考え方が主張されているが，自営業者として協会と改めて契約を締結するという扱いをしている国が多い。ただし，フランスのように，ナショナルチームへの派遣は，禁止されている労働者供給に該当しないとする法規定をおいた国もある[11]。このように扱うと，派遣中も選手とクラブとの契約関係が明確になり，クラブの補償責任も明確になるというメリットが選手には生じる。しかし，日本でもこうした考え方を参考に議論していく必要はあるが，ナショナルチームに派遣された際は，契約内容や責任の所在こそが問題となるので，労働者性にこだわる実益はなく，自営業者と位置づけても大きな問題は生じないだろう。

III プロスポーツ選手の特殊性と労働法的規制の適用

1 検討の対象と目的

つぎに，プロ選手の労働者性を認めた場合に，労働法の諸規制の適用がどのようになるかを考察する。以下では，諸外国の状況を紹介し，日本における論点について検討を加える。

2 諸外国の動向

(1) 労働法的規制を受けることの実益

諸外国で，プロ選手が労働法的な規制を受ける実益として最も多く指摘されているのは，移動の自由を享受する主体としてである[12]。ただし，移動の自由の主体としての労働者というのはEU法特有のものがあり，必ずしも日本では労

---

11)「プロスポーツに関する2004年12月15日の法律」によって新設されたフランス労働法典L.785-2条では，労働者派遣を除いた労働者供給を禁じたL.125-3条を適用しないことが規定されている。なお，この規定を含め，本稿で紹介したフランス法の意義については，奥田香子助教授と本久洋一助教授からご教示いただいた。ここで謝意を表したい。

働者に限定されるものではないだろう。そこで，移動の自由以外に，プロ選手が労働者と認められる実益としてはどのようなものがあるか。諸外国の状況を[13]みる限り，次のような点を指摘することができる。

　第一に，制裁条項など契約書の条項が司法的規制を受けることである。後述するようにドイツでは，司法的規制を受けることで，高額の罰金や労働者人格への配慮を欠く制裁が無効になる余地がある。どのような契約でも，内容規制を受けることは理論的に可能であるが，自営業者の場合には司法的規制はあまり認められないため，労働者性を前提とした方が契約内容への介入が肯定され，プロ選手を保護する方向で機能するとされている。

　第二に，労災補償など労働法，社会保障法上の保護を享受できることである。歴史上，イギリスのサッカー選手が労働者であることが認められた最初のケースが労災補償であったように[14]，各国で労災補償を享受できることは労働者性の大きなメリットとされている。また，労働者であることから生じる各種労働契約法理（例えば，損害賠償責任制限の法理や人格権保護法理等）を享受できる点にも大きな実益があるとされている[15]。

(2)　強行的な労働法的な規制の適用が困難な事例

　しかし，労働法の適用が肯定されても，規制の中には，プロ選手の本質と抵触するものもある。

　まず，労働時間である。例えば，ドイツでは労働時間法で日曜労働が原則禁じられている（同9条）。しかし，サッカーの試合は日曜に行われることもある。このため，同法の中でスポーツについては例外的な扱いを許す特別な規定がおかれている（同法10条7項）。

　つぎに，有期契約に対する規制である。1999年6月28日の指令（1999/70/

---

12)　EUでは，労働者，自営業者，役務提供者に分類したうえで，それぞれに自由移動を保障しているが，ローマ条約39条（旧48条）では労働者の自由移動を保障している。川井・前掲書285頁参照。
13)　ドイツにおける「スポーツと労働法」に関する文献は多数存するが，比較的新しいものとして，下記参照。Ittmann, Pflichten des Sportlers im Arbeitsverhältnis, 2004, S. 21ff.
14)　川井・前掲書160頁参照。
15)　Vgl. Ittmann, a. a. O., S. 30.

EC）に基づき，EU 諸国は，有期契約設定についての客観的な理由，有期契約の更新最高期間，あるいは更新回数の限度のうち少なくとも一つは規制として取り入れることを義務づけられている（5 条）。しかし，プロ選手の契約はほとんどが有期契約であるため，この規制の適用を受ければ，契約締結に正当事由がないとか，更新限度を超えてしまう。こうした事情があるため，イタリア[16]，フランス[17]，ドイツ[18]では，プロ選手について，こうした規制の適用除外が認められている。

このようにプロ選手が労働者であることを前提として，法規制の一部を適用除外するとの取扱いは，ヨーロッパ諸国で広く存在している。有期契約規制や労働時間規制がその典型例であるが，スポーツに関する特別規制のある国では，こうした問題以外の点でも適用除外を認めた規制があることは注目に値する[19]。

3　日本における労働法的規制の適用

(1) 統一契約書の適用と制裁問題

こうした動向も参考にして，つぎに，日本でプロ選手を労働者とした場合に，どのような影響が生じるか，対象を限定して考察してみたい。

まず，プロ選手にとって大きな問題となるのは契約内容のほとんどが定型的な契約書に記入されていることである。契約書は，報酬額と契約期間を記入すること以外，合意によって条項を原則的には変更することはできない（例えば

---

16) Colucci, Italy, in Hendrickx (eds.), Sports Law (2004), p. 75 によれば，イタリアのプロスポーツに関する法律（No. 91 of 23 March 1981）で，スポーツ選手について有期労働契約法の適用除外が認められているとの指摘がある。
17) D. 121-2 条で，プロスポーツは有期契約の締結が活動の性質上認められている。
18) パート有期契約法14条 1 項 4 号の「労働の特性」に該当すると解されており，有期契約の設定が認められている。
19) Colucci 前掲論文では「労働者の地位の適用除外」という章（74頁以下）があるが，イタリアではプロ選手が労働者であることを前提として，労働者憲章法の 4 条（透視聴設備の規定），5 条（健康検査）及び13条（労働者の職務）の規定が適用除外されていると論じられている。また，フランスでは，L 785-1 条で，選手の給料のうち，使用者がチームの集団的肖像によって得た利益による部分は「賃金」とはみなさないという規定がある。イタリア法の翻訳と解説は，トレウ・山口浩一郎『イタリアの労使関係と法』（日本労働協会，1978年）170頁と大内伸哉『イタリアの労働と法』（日本労働研究機構，2003年）を参照させていただき，スポーツ法については Colucci 前掲論文に依拠した。

野球協約47条)とされている。

　諸外国でも,こうした契約書は存在するが,これを約款類似のものとみて,司法的規制を認める議論[20]があり,日本でもこれは検討に値するだろう。なぜなら,スポーツ界ではこうした契約書等に基づいて制裁が広く普及している一方で,法的な観点からの検討はあまりなされていないからである。例えば,プロ野球では,NPBや球団からの制裁だけでなく,監督が罰金を科すこともあるとされているが,内容的にも,額が多額の場合や福祉活動を課すことがあり,これは法的には大きな問題をはらんでいる。

　こうした制裁のうち,球団・クラブあるいは監督が行う制裁は,契約書等に根拠があったとしても,プロ選手の契約が労働契約であれば様々な規制が課される。例えば,あまりに高額な場合には,労基法91条に抵触するであろうし,制裁事由の有無や処分の相当性判断に判例法理が適用される余地が生まれるからである。

　これに対し,協会等が科す制裁は,労働契約関係を基礎としたものではないので,球団等が行う制裁と同様に考えられない。しかし,人格権を著しく侵害したケース等は,制裁は正当化されず,損害賠償等の対象となることもありえよう。

(2) 労働時間規制

　つぎに労働時間規制である。プロ選手に労働時間規制を適用してみても,規制に抵触する問題が多いわけではないが,試合の時間帯や試合の連続性から,深夜業や休日の規制と抵触することがありうるであろう。しかしこうした問題は,法を形式的に適用すべき問題ではなく,本質的にプロ選手に適していないとして,後述するように立法による適用除外を検討すべきである。

(3) 有期契約に対する規制

　日本はヨーロッパ諸国と比べると,有期契約締結段階に対する入り口の規制

---

[20] ドイツでは2002年民法改正前の事案について,2002年以前の普通取引約款法が労働契約を適用除外していたことから,約款規制を受けないとする下級審判断(vgl. LAG Berlin, SpuRt 2005, S. 75.)があったが,この判断では従来の法が問題とされており,労働契約も適用対象となった民法改正後は,約款規制を肯定する見解が有力だとされている。
　　Vgl. Ittmann, a. a. O., S. 198ff.

がほとんどないが，反復更新などのケースで雇止めの法理は適用される。これはプロ選手にも適用の余地があるだろう。また，有期契約期間途中の解雇であれば，「やむを得ない事由」（民法628）の適用も認められるべきである。

なお，日本では，労基法137条で1年を超える契約期間を定めた場合の「退職の自由」の定めがあり，移籍制度との整合性をどのように解するかが論点となる。法政策的には，移籍の場合に限って同条の適用がないとする規制も必要となるかもしれない。

(4) 移籍の自由

日本では，プロ野球におけるFA制度等，諸外国と比べると移籍の自由を著しく制約する制度が存在する。[21] プロ選手が労働者である場合，競業避止義務に関する裁判例との整合性が問題となることが予想される。すなわち，制限の内容が必要最小限で，かつ十分な代償措置が存するかという基準に照らして問題になるということである。ただし，スポーツ界では，戦力の均衡等に配慮するという事情も無視できないため，制限の合理性はこの観点からも問題とせざるをえない。しかし，国際的な経験に照らしてみても，スポーツの世界では移籍の自由は，選手の交渉力を高める大きな要因となっている。選手の地位向上にとって，移籍の制約を必要最小限にしていくことは最も重要な課題であろう。

4 プロスポーツ選手に対する規制モデル

(1) 労働者化の実益

以上のような考察から，選手の地位向上にとってプロ選手を労働者と位置づけることには一定の意義があるといえるだろう。とりわけ，労働法の適用を認めることで，法的な観点からの検討がなされず，スポーツ界で横行している制裁問題について契約内容の司法的規制が認められること，球団とクラブの労災補償責任が明確になること，および移籍の自由に対する制限をさらに縮減でき

---

21)「移籍の自由」の法的根拠は，学会当日に指摘を受けた重要な論点であるが，職業選択の自由（憲22条）に加え，退職の自由や奴隷的拘束を受けない自由等を挙げることができるのではないだろうか。なお，日本の移籍制度の詳細は，川井・前掲書411頁以下参照。

る可能性が生じることには大きな意義があると思われる。

(2) 規制モデル

しかし，プロ選手に労働法を全部適用できるかといえば，労働時間規制など本質的にスポーツになじまない点があることは否めない。そこで，こうした状況に対応することが必要となるが，国際的な状況も参照すれば，次の3つの規制モデルが考えられる。

① 第一に，一般の労働者概念を前提としたうえで，労働法の適用に際し個別的にスポーツ選手の特性を考慮するモデルである。スポーツ選手の特別立法を設けていないドイツ，イギリス，オランダ（ただし，オランダには特別の労働協約が締結されている）などはこのモデルに該当するだろう。

② 第二に，特別立法による適用除外モデルである。このモデルでも，プロ選手が労働者であることを前提とするが，一部の労働法的規制を「適用除外(derogation)」することを企図した規制が設けられている。スポーツに関する法律が存するフランスやイタリアなどがこれに該当するだろう。

③ 第三に，国際的にモデルが存するわけではないが，準労働者モデルもありうる。労基法上の労働者性は否定するが，契約内容への司法的規制を通じて選手の保護を図るか，あるいは労働契約法上の労働者であると位置づけ，契約法上の保護に限って付与する方策である。

こうしたモデルを比べると，③はプロ選手の地位が十分確立されているとは言い難いのに対し，①は日本では労働法的規制が困難となることが予想される。こうした事情から，今後日本では，②を前提とした法政策を検討していくことが妥当であると考える。

ただし，②が前提とする「適用除外」論は，労働法全体の理論枠組に大きく関係するテーマであり，慎重な検討が求められるだろう。プロ選手について考えてみた場合でも，次の2つの点には十分留意しなければならない。

第一に，どのような法的手段で適用除外を許すかである。ヨーロッパ諸国では立法に加え，労働協約等で適用除外を許すことがあるが，日本ではこうした扱いは基本的に認められていない。これは，労働立法の強行性や労働組合の権限の限界に顧慮してきたからであった。したがって，プロ選手について労働法

シンポジウムⅢ（報告③）

的規制の適用除外を認めるとしても，立法が唯一の正当な手段とされるべきである。

　第二に，どのような規制について適用除外が許されるかである。諸外国の状況をみると，立法を用いたとしても，適用除外規定を自由に創設できるとは解されておらず，平等規制の観点から，労働者間で異なる扱いをすることについて合理的理由が存するかが問題とされている。このような視点が影響したのだと思われるが，プロ選手について労働法的規制のほとんどを適用除外してしまう立法は見あたらない。こうした状況からすれば，適用除外を行うとしても，日本のプロ選手について異なる扱いを許容する合理的な事情が存するかを慎重に考察していくことが課題となるだろう。諸外国の取扱いを参照する限り，契約の有期性，労務提供の時間帯等に関係する規制はプロ選手の本質にも関係するため，適用除外も許されるであろう。しかし，それ以外の事柄については，立法政策を展開する際，労使の利害状況やスポーツ界の発展も考慮して慎重に考察することが求められる。

（ねもと　いたる）

プロスポーツ選手と集団的労働法
―― とくに団体交渉の可能性に着目して ――

中　内　　　哲

(熊本大学)

I　はじめに

　本稿は，「野球界およびサッカー界のプロ選手が，集団的労働法に基づく保護を享受できるか」との観点から検討を進めるが，その前提として，当該プロ選手の法的地位や権利義務関係を決定づける「選手契約」をめぐる法律関係等をまず確認する。

1　選手契約の構造
(1)　野　球

　プロ野球選手と各球団との契約内容は，①日本プロフェッショナル野球協約2006（全23章208条。以下，協約[1]）と②統一契約書様式（全35条。以下，統一契約書[2]）によって規律されている。

　①について確認すべきは，ア）セパ12球団と両リーグ連盟，合計14団体が当事者となって締結される約束である（1条），イ）当該協約に基づき，プロ野球界を統轄する任意団体として，コミッショナーを代表とする「日本プロフェッショナル野球組織」（以下，NPB）が設置される（1条，8条1号），ウ）当該協約には，そもそもその当事者ではない選手の権利義務等に関する条文も多数含ま

---

1) 本稿の紙幅では掲載できないため，http://jpbpa.net/convention/13.pdf でその内容を確認されたい。
2) 前掲註1)と同様，具体的内容は，http://jpbpa.net/convention/06.pdf を参照されたい。

れている(第8章「選手契約」以下参照)、以上3点である。

選手と各球団とが取り交わす書面である②では、エ)上記①(その付属諸規程を含む)の遵守義務が定められており(29条)、オ)作成主体が、契約当事者である各球団ではなく、NPBである(協約45条・46条)、カ)その内容は、NPBの内部機関である「実行委員会」と「オーナー会議」が決定し(協約17条1項5号・同21条1項)、協約・統一契約書以外の特約が原則無効とされる(協約47条・48条)、キ)様式は極めて定型的であって、空欄(当事者が合意の上で書き込む欄)は「参稼報酬額」のみである(3条)、以上4点に留意すべきであろう。

(2) サッカー

サッカー界におけるプロ選手契約の構造は、野球界のそれと比較すると、より重層的である。すなわち、①(財)日本サッカー協会(以下、JFA)寄附行為(全11章40条。第40条が細則への委任条項)、② JFA 基本規程(全14章230条)、③ JFA 関連規程(4)「プロサッカー選手に関する契約・登録・移籍について」(全8章)、④(社)日本プロサッカーリーグ(以下、Jリーグ)定款(全10章52条。第52条が細則への委任条項)、⑤ Jリーグ規約(全14章167条)、⑥日本サッカー協会選手契約書(全16条。以下、選手契約書)、以上6つの諸規程・書面が当該選手契約の内容形成に関係している。

上記①～⑤は、JFAまたはJリーグの内部規範であって、基本的には、その所属団体・加盟会員を規律するものであるが、とくに②③⑤の中に、JFAの所属団体でもJリーグ会員でもない選手の権利義務等を定めた条文が多数存在していることに注意を要する。

選手と各クラブとが取り交わす書面である上記⑥では、ア)作成主体が、その表題から察しうるように、各クラブではなくJFAであり、イ)野球界と同様

---

3) ①第40条に基づく規程であり(1条)、登録選手等に対する本規程(その付属諸規程を含む)の遵守義務条項(2条)やJリーグ設置の根拠条項(66・67条)等を置く。
4) ②第67条に基づく規程と考えられ、3段階の契約類型やその適用基準、報酬や移籍に関する条件、選手と各クラブとの基本的権利義務関係を規律する内容を有する。
5) ④第52条に基づく規程であり(2条)、Jリーグ所属選手に対する本規約および①(その付属諸規程を含む)の遵守義務等を定める(3条1項・87条1項)。
6) 前掲註1)と同様、①②は http://www.jfa.or.jp/jfa/code/、③～⑥は http://www.j-league.or.jp/document/jkiyaku/ からダウンロードできるので参照されたい。

に定型的な様式で，空欄は「報酬額」（4条1号）と「契約期間」（12条）の2箇所に限られ，ウ）上記①～⑤（その付属諸規程を含む）の遵守義務が規定されている（1条1項），以上3点に注目したい。

(3) 小括——プロ選手契約の構造上の特徴

こうして見てくると，当該契約当事者間で交渉が予定・期待されている事項は，ほぼ「報酬額」に尽きるといってよい。つまり，選手契約は選手と各球団・クラブとの間で締結されるものの，「報酬額」以外の諸条件（両者間の権利義務関係）の詳細については，当該契約の当事者でない団体（野球：NPB，サッカー：JFAとJリーグ）がおよそ全面的・一方的に設定し，選手は，その遵守義務を定めた契約書（野球：統一契約書，サッカー：選手契約書）への署名を通じて，設定された契約条件に異議を留めず承諾しているのである。

なお，以下では，NPBやJFA・Jリーグが選手契約に果たすかかる役割に鑑みて，これら3団体を「選手契約の条件設定組織」と呼ぶことがある。

2 選手の結集状況等

上記1により，個々のプロ選手は，選手契約に基づき，他方当事者である各球団・クラブや当該契約の条件設定組織に対して，事実上かなり従属的な立場に置かれると把握できた。次に，選手は集団としてこれにいかに対応しているか，具体的には，選手の結集状況如何やその活動内容の概要について指摘する。[8]

(1) 野　球

周知の通り，選手らは「労働組合・日本プロ野球選手会」（以下，選手会）を組織している（2006年5月8日現在，全806選手中743名加入）。選手会は，東京都地方労働委員会（当時）における資格認定を経て（1985年11月5日），労組法上の法人格を取得し，これまでNPBとの間で契約条件等に関する交渉を経験し

---

7) もっとも，野球界とは異なり，特約の締結は許容されているようである（4条2号）。
8) 2006年4月17日（月），川井圭司会員（同志社大学）・根本到会員（神戸大学）・筆者の3名は，「労働組合・日本プロ野球選手会」顧問弁護士である石渡進介氏・山崎卓也氏（東京都港区 Field-R 法律事務所所属），および「Jリーグ選手協会」事務局長・加藤富雄氏とのインタビューを行った。以下での記述は，このインタビューで得た情報も活用していることを，ここに予めお断りしておく。

てきた。[9] なお，球団毎に「球団選手会」も組織され，選手会だけでなく同組織も，選手の待遇改善等につき，各球団との間で交渉を行っているという。

(2) サッカー

1996年4月1日に設立され，本年（2006年）2月21日，中間法人法に基づく法人格（有限責任中間法人）を取得した「Ｊリーグ選手協会」（以下，選手協会）は，同年5月8日現在，879名が加入している（全選手は1000名弱）。

同協会は，選手の肖像権や当該契約の内容等につき，Ｊリーグとの間で継続的に交渉する一方，JFAや各クラブとも，選手の処遇等について交渉をもった経験を有する。さらに，年に1～2度は，選手協会会長とＪリーグ・チェアマン（理事長）とのトップ会談が実施されるという。また，クラブ毎に選手協会の「支部」が置かれ，これも，各クラブとの間で，選手の待遇改善等に関する交渉の実績を持つとされる。

(3) 小 括

このように，野球界・サッカー界における大多数の選手が結集体を構成し，同組織は，契約内容や待遇等に関して選手の意見を反映すべく，選手契約の相手方（各球団・クラブ）だけでなく，当該契約の条件設定組織とも交渉を行っている。他方，球団・クラブ毎にも選手の結集体が存在し，それと契約相手方との間でも（一定の）交渉が成立している模様である。

3 本稿における具体的な検討対象

以上で明らかになった選手契約をめぐる法律関係の現状を踏まえて，野球界・サッカー界のプロ選手に対する集団的労働法上の保護如何との観点から第一に検討されるべき課題は，「それまで積み上げてきた交渉を，当該契約の相手方（各球団・クラブ）やその条件設定組織（野球：NPB，サッカー：JFA・Ｊリーグ）から拒絶された場合，選手の結集体（選手会・選手協会）は，これに対抗する法的手段を有するか」にあると考える。

9） 交渉の実態については，例えば，日本プロ野球選手会『プロ野球の明日のために』（平凡社，2001年）78頁以下参照。また，プロ野球史上初のストライキ（2004年9月18・19日）突入前の交渉経緯は，同『勝者も敗者もなく』（ぴあ，2005年）に詳しい。

そこで，本稿は，想定される手段のうち，とくに「選手の結集体が，労組法7条2号違反（正当事由のない団交拒否）を理由として，不当労働行為の救済申立をなしうるか」に焦点を当てる。

II　プロ選手の「労働者」性

　選手の結集体が，不当労働行為救済制度を利用するためには，いうまでもなく，労組法2条本文および5条2項に規定された6要件を満たさなければならないが，それらの中で最も議論になる点は，選手の「労働者」性（同法3条）であろう。なぜなら，選手契約の法的性格を労働契約ではないと解する立場（請負契約説）が有力に主張されているからである[10]。
　したがって，本章では，プロ選手は労組法3条にいう「労働者」に該当するかを検討する。

1　「労働者」性に関する従来の議論状況

　労組法上の「労働者」は，これまでほぼ一致して，労務提供者と労務受領者との間の契約形式（当事者意思）には依拠せず，就労の実態に照らし客観的に判定されるべきと捉えられてきた[11]。
　しかしながら，その判定のあり方については，学説上，大きく2つに立場が分かれる。一方は，両当事者間における「使用従属関係」の有無によって判定する見解であり，従来の多数説と目される[12]。これに，同法3条の文言に即して個別的に判定すべきとの見解が対峙している[13]。
　近時の労働委員会決定・裁判例の状況も，学説のそれと相似する。一般論は展開されなかったものの，当該「労働者」性について最高裁が初めて判断した

---

10)　プロ野球選手契約の法的性格に関する議論については，川井圭司『プロスポーツ選手の法的地位』（成文堂，2003年）423頁以下等参照。
11)　盛誠吾『労働法総論・労使関係法』（新世社，2000年）139頁等参照。
12)　行政解釈（昭23・6・5労発第262号）のほか，近時の見解として，萬井隆令＝西谷敏編『労働法1［第3版］』（法律文化社，2006年）47頁［藤内和公］等参照。
13)　菅野和夫『労働法［第7版補正版］』（弘文堂，2006年）450頁等参照。

CBC管弦楽団労組事件（最一小判昭51・5・6民集30巻4号437頁）以降の事案では，「使用従属関係」の有無によって結論づけたものと，その有無には触れず諸事情を総合的に勘案して判断したものがある。

2 私 見

上述のように，労組法上の「労働者」性は，客観的に判定されるから，かりに選手契約の法的性格が労働契約でないとの見解を採っても，プロ選手の「労働者」性が肯定される可能性は，もちろん存在する。とはいえ，「労働者」性の認否を決する具体的な要素については，「使用従属関係」の有無で決する立場であれ，そうでない立場であれ，労基法上の「労働者」性に関する判断枠組みほどには明確化・精緻化できていないと思われる。

そこで，前掲CBC管弦楽団労組事件最高裁判決以降の労働委員会決定・裁判例における「労働者」性の判断要素に着目すると，「使用従属関係」への言及の有無にかかわらず，少なくとも，ア)担当業務の位置づけ（核心か付随的か），イ)当該業務・契約の継続性，ウ)業務に対する指示（抽象的か具体的か），

---

14) 横浜中央簡易保険払込団体連合会事件・神奈川地労委決定昭53・7・28命令集64集156頁（保険料集金人・積極），東京都事件・都労委決定平15・11・4別冊中時1304号17頁（外国人英語等教育指導員・積極）等のほか，堺市・堺市教委事件・大阪地判昭62・12・3労判508号7頁（いわゆる学童保育指導員・積極）参照。
15) 千原生コンクリート事件・京都地労委決定昭53・3・23命令集63集248頁（傭車運転手・積極）等のほか，日本放送協会事件・中労委決定平8・5・22命令集105集602頁（委託集金人・積極），加部建材・三井道路事件・東京地判平15・6・9労判859号32頁（傭車運転手・消極）参照。
16) プロ野球選手については，資格認定した都労委はもとより（都労委編『東京都地方労働委員会40年史』（同委員会，1987年）365～6頁参照），裁判例・学説も「労働者」性を肯定する。日本プロフェッショナル野球組織事件（抗告審）・東京高決平16・9・8労旬1612号22頁および同事件（原審）東京地決平16・9・3労旬1612号24頁のほか，例えば，菅野・前掲註13)書449頁参照。
しかしながら，都労委・東京高地裁が「労働者」性を認めた実質的な理由は詳細に述べられていない。中内哲「プロ野球界の団交当事者」ジュリ平成16年度重判解（2005年）233頁も参照されたい。
17) 1985年労基研報告（労働省労働基準局編『労働基準法の問題点と対策の方向性』（日本労働協会，1986年）とくに54頁以下参照）のほか，新宿労基署長（映画撮影技師）事件・東京高判平14・7・11労判832号13頁等参照。
18) 前掲註14)15)に挙げた事案を指す。

エ)出退勤に関する指示の有無, オ)報酬算定方法／報酬の種類・性格, カ)報酬が生計に占める割合, キ)経費圧縮の可否, ク)他者との取引・兼業の有無, ケ)労務提供の代替性の有無, コ)契約内容・条件に対する従属性, サ)「従業員」身分を有する者との異同（業務従事のあり方, 賃金（報酬）), 以上のべ11個が浮かび上がってくる。

　これらを大きく分類すれば, ア)イ)は事業組織や担当業務への組み入れの有無・程度, ウ)エ)は指揮命令関係の存否・程度, オ)カ)は報酬の賃金性, キ)ク)ケ)は事業者性や専属性を測る指標として用いられたと把握されよう。そうすると, 上記諸要素は, 労基法上の「労働者」性の判定に用いられるそれと重複・類似するように見えるが, だからといって, その運用は, 労基法上の「労働者」性の判定に際してなされるほどに厳格に行う必要はない。なぜなら, 労組法上の「労働者」概念は, 規制目的や条文文言の差異により, 労基法上の「労働者」概念に比べ広く解されてきたからである。[19]

　また, 労組法3条の文言や前掲CBC管弦楽団労組事件最高裁判決に則すれば, 上記ア)〜サ)の中でも, 一定の指揮命令関係の有無に関わるウ)エ), 支払われる報酬の賃金性に関わるオ)は, 労組法上の「労働者」性の判定の際に他のそれよりも重視される要素として位置づけられる。加えて, 事業組織・担当業務への組み入れに関するア)イ), 報酬の賃金性を高めるカ), 団交を行う有用性に関するコ)が, 上記ウ)エ)オ)を補完する要素となるべきであろう。[20]

　他方, キ)ク)ケ)は, 当該「労働者」性を否定する要素といえる。もっとも, 先に触れたように, 労組法上の「労働者」概念は労基法上のそれよりも緩やかに捉えてよいから, 消極的要素である上記キ)ク)ケ)は, 一見明白に「自己の危険と計算の下に業務に従事する者」（横浜南労基署長（旭紙業）事件・最一小判平8・11・28労判714号14頁等参照）と判定できる事実が認められる時に限って考慮すれば足りると解する。

---

19) 例えば, 山口浩一郎『労働組合法［第2版］』（有斐閣, 1996年）16頁参照。
20) なお, ア)〜カ)やコ)とは異なるが, 労務受領者が従業員に関する様々な負担を免れるために, あえて労務提供者と労働契約を締結しなかった可能性を浮き彫りにできるという意味で, サ)も重要な要素といえる。

以上を踏まえて，プロ選手の「労働者」性を判断すれば，ア）イ）は積極的に肯定でき，ウ）エ）に関しては，選手が監督やコーチ等から日常的・具体的に指示を受けていると容易に想像される。また，オ）については，原則として報酬の減額は認められておらず（野球：協約88条以下等，サッカー：選手契約書7条2項等参照)，それゆえ報酬は請負代金ではなく，労務提供に対する定額制賃金といえる。翻って，キ）ク）ケ）は，一見明白に「自己の危険と計算の下に業務に従事する者」といえるほどには認められない（野球：協約63条・統一契約書19条（兼職禁止に関する条項）等，サッカー：Jリーグ規約88条11号（兼職制限に関する条項）等参照)。

　したがって，たとえ選手契約の法的性格が労働契約でないとしても，プロ選手に関する労組法上の「労働者」性は肯定されるべきである。

Ⅲ　「選手の結集体」の団交相手方と義務的団交事項

　プロ選手の「労働者」性が肯定される結果，日本プロ野球選手会と同様（Ⅰ-2(1))，Jリーグ選手協会も，将来的には，労働組合法上の「労働組合」として認められることになろう。[21]すなわち，選手の結集体は，労組法上の「使用者」（7条）に対して団交を申し入れることができ，それが拒否されたときは，労働委員会に対して不当労働行為の救済申立をなす資格を有することになる。

　選手が「労働者」である以上，契約の他方当事者である各球団・クラブが，労組法上の「使用者」として団交の相手方に該当することはいうまでもない。問題は，当該当事者ではないが，従来その内容をほぼ全面的・一方的に設定してきた選手契約の条件設定組織が「使用者」にあたるかである。

1　「『使用者』概念の拡大」に関する議論の現状

　労働契約当事者ではない者に労組法上の「使用者」性を認めうるか（「『使用

---

21)　選手会がまず公益法人としての法人格を（1980年8月15日設立認可)，その後，労組法上のそれを取得した経緯に徴すれば，中間法人である選手協会が，将来，労組法に基づく資格認定を受ける可能性は十分に考えられる。

者』概念の拡大」)が正面から問われた朝日放送事件において,最高裁は,同法7条にいう使用者につき,「雇用主以外の事業主であっても,雇用主から労働者の派遣を受けて自己の業務に従事させ,その労働者の基本的な労働条件等について,雇用主と部分的とはいえ同視できる程度に現実的かつ具体的に支配,決定」しうる者との一般論を初めて判示した(最三小判平7・2・28民集49巻2号559頁)。

同判決以降,労組法上の「使用者」性が争点となった団交拒否事案では,学説で有力に主張されてきたいわゆる「支配力」説[22]に依拠した判断[23]と並んで,上記判示の影響を受けた労働委員会決定・裁判例[24]が認められる。

2 私 見

(1) 選手契約の条件設定組織は,労組法上の「使用者」か？

選手契約の条件設定組織(NPB / JFA・Jリーグ)と,当該契約の相手方(各球団・クラブ)との間には,いわゆる親子会社に見られるような資本・人的関係は存在しない。また,選手に対する日常的具体的な労務の提供(練習・試合等)・不提供(休憩・休日・休暇等)の指示,シーズンを通じた選手の活動に対する評価(査定)やそれに基づく報酬額の提示についても,上記組織は全く関与することなく,各球団・クラブが選手契約に基づき行っている。

しかしながら,選手契約の条件設定組織は,すでに説明したように(Ⅰ-1),各球団・クラブが行う上述の(不)指示等の根拠となる当該契約の内容をほぼ全面的・一方的に決定している。いいかえれば,各球団・クラブは,選手契約当事者であるにもかかわらず,その内容に手を触れられず,上記組織が設けた制度や条件を利用・運用するのみの存在といっても過言ではない。

選手契約の条件設定組織が占めるこうした地位は,有力学説である支配力説

---

[22] 不当労働行為法上の使用者を,労働者の「労働関係上の諸利益に何らかの影響力を及ぼし得る地位にある」者と捉える見解である。岸井貞男『不当労働行為の法理論』(総合労働研究所,1978年)148頁参照。

[23] 駸々堂(解雇・団交)事件・大阪地労委決定平15・6・30別冊中時1301号90頁等参照。

[24] ブライト証券事件・都労委決定平16・7・6別冊中時1319号168頁,国(中労委[シマダヤ])事件・東京地判平18・3・27労判917号67頁等参照。

ではもちろん、当初の「労働者の派遣を受けて自己の業務に従事させ」という射程を超えて近時適用されつつある前掲朝日放送事件最高裁判決が示した「雇用主以外の事業主であっても、……その労働者の基本的労働条件について、雇用主と部分的とはいえ同視できる程度に現実的かつ具体的に支配、決定」しうる者という「使用者」の要件にも合致すると解される。

したがって、選手契約の相手方だけでなく、当該契約の条件設定組織も、労組法上の「使用者」として、選手の結集体からの団交申し入れに応じるべきである。

(2) 義務的団交事項

このように、選手契約の相手方（各球団・クラブ）と当該契約の条件設定組織（NPB／JFA・Jリーグ）に「使用者」性が確認される以上、選手の結集体（選手会・選手協会）からの団交申し入れに応じるべき両者の義務的団交事項についても検討しておかねばならない。

義務的団交事項の法的意義は、一般に、「構成員たる労働者の労働条件その他の待遇や当該団体的労使関係の運営に関する事項であって、使用者に処分可能なもの」とされる。

これと選手契約に対して各々が果たす役割（Ⅲ-2(1)）に徴すると、各球団・クラブにとっての義務的団交事項は、選手契約に基づく行為・措置（選手に対する労務（不）提供の指示、査定項目・報酬算定方法）や、選手に提供している施設の運用等を指し、他方、選手契約の条件設定組織のそれは、各球団・クラブが処分しうる事項を除き、「選手契約の内容を構成し、あるいは、構成しうる

---

25) 本年（2006年）5月26日に発表された「投資ファンド等により買収された企業の労使関係に関する研究会報告書」中労時1061号（2006年）2頁以下にも見られるように、労組法上の「使用者」をこのように捉える傾向は、今後さらに強まると推測される。
26) なお、当該組織は、労組法6条・14条にいう「使用者団体」に該当し、その意味でも団交に応じる法的地位にあると解される余地がある。土佐清水鰹節水産加工業協同組合事件・最三小判昭48・10・30労委裁判例集13集120頁、大阪地区生コンクリート協同組合事件・大阪地判平元・10・30労民集40巻4＝5号585頁等参照。但し、「使用者団体」は、不当労働行為救済手続における被申立人になれないとの指摘がある。菅野・前掲註13)書497頁参照。
27) 前掲日本プロフェッショナル野球組織事件東京高地決のほか、菅野・前掲註13)書500頁等参照。

事項」全般に広く及ぶと解すべきである。

Ⅳ おわりに

　以上，本稿は，野球界・サッカー界の選手契約をめぐる法律関係等に鑑みて，取り上げるべき集団的労働法上の課題を「団体交渉」段階に絞り，その成立可能性をとくに不当労働行為救済制度における「労働者」性・「使用者」性の観点から検討してきた。最後に，以下の2点を指摘しておきたい。

1　不当労働行為救済制度を梃子とした団体交渉の活性化を！

　Jリーグ選手協会については，今後の活動次第ともいえるが，日本プロ野球選手会は，労組法に基づく法人格取得から約20年，ほとんど労働委員会を利用した経験がないという。

　真に，選手契約の相手方や当該契約の条件設定組織と対等の立場で，選手契約の内容改善等に取り組むのであれば，両団体は，今後，不当労働行為救済制度を梃子に，労働組合として機会ある毎に団交を求め，それが十分に機能しない局面では，実際に労働委員会を（ひいては司法制度をも）積極的に活用していく，より強い姿勢と行動が求められよう。

　そうした蓄積が，選手契約に選手の意思と利益を反映させ，当該契約を法に則った適正なものへと進化させる成果をもたらすに違いない。

　確かに，選手契約当事者である各球団・クラブと並んで，当該契約の条件設定組織（NPB／JFA・Jリーグ）が使用者として登場する（＝部分的「使用者」性を認める）結果，団交妥結によって締結される（はずの）労働協約に関する理論上の難問が生じうる[28]。しかし，これを克服する手段もまた団交しかないと筆者は見ている[29]。

2　他のプロスポーツ界への示唆

　近時，プロと呼ばれる選手は，ますます様々な種目で誕生し，活躍しているようである。

もちろん種目毎に、選手契約のあり方は多様と思われるが、本稿が取り上げた野球界・サッカー界と同様の構造や実態を有する契約を締結している選手であれば、種目にかかわらず、少なくとも労組法上の「労働者」に該当する可能性がある。

　こうした選手が、従来何ら対抗できないまま、契約相手方から示された自らの地位・処遇や契約条件の変更を受け入れるのみだったとすれば、今後は、かかる「泣き寝入り」してきた事項につき、団体交渉を通じて解決できる道が開かれていることを、ここに強く訴えたい。

〔付記〕　この場を借りて、ご多忙な中インタビューに快く応じて頂き、貴重な資料も提供して下さった石渡進介弁護士・山崎卓也弁護士・加藤富雄氏にあらためて厚く御礼申し上げます。

（なかうち　さとし）

28)　①選手契約の法的性格が労働契約でないと判断される場合、選手の結集体と各球団・クラブとの労働協約は、規範的効力（労組法16条）で選手契約を規律できるか、②選手の結集体と当該契約の条件設定組織との労働協約は、選手と当該組織との間に直接の契約関係がないだけに、そもそもいかなる法的効力を有するか、以上 2 点である。②は、香川孝三「団交の当事者と使用者概念の拡大」季労134号（1985年）17頁（とくに22頁以下）等ですでに指摘されている。

29)　筆者の想定は、野球界では協約、サッカー界ではJFAやJリーグの内部規範から、選手契約の内容になりうる事項をすべて切り離し、選手の結集体と当該契約の条件設定組織とが、団体交渉を通じて、選手契約の書式を協同ですべて作成することである。

個 別 報 告

労働契約関係における非合意的要素
　——Hybrid Contract の観点から——　　　　　　　　　　　　石田　信平

フランス・EU 法における企業組織変動と労働契約の承継
　——経済的一体とは何か——　　　　　　　　　　　　　　　水野　圭子

イギリスにおける労働法の規制対象とその規制手法　　　　　　國武　英生

雇用における間接差別の概念と理論　　　　　　　　　　　　　長谷川　聡

労働契約関係における非合意的要素
—— Hybrid Contract の観点から ——

石 田 信 平
(同志社大学大学院)

I 問題の所在

　労働契約関係には当事者の合意には還元できない要素が存在している。このような非合意的要素として，たとえば，「合理的な内容」であれば反対の意思表示を行っている労働者を拘束するという帰結を導く就業規則の不利益変更法理がある[2]。当事者の合意によっては排除できない安全配慮義務も，非合意的要素であるということができよう[3]。このように労働契約関係においては，当事者の合意や実定法には還元できない非合意的要素が存在しているところ，こうした裁判所の法の創造を労働契約関係の視点からどのような法的根拠，法解釈論で説明し，さらには将来的な方向性をどのように描くことができるのであろうか。

　このような問題意識を持って海外での議論を俯瞰すると，アメリカにおいてはイアン・マクニールの関係的契約理論，さらには伝統的契約理論を徹底的に批判するダンカン・ケネディーに代表される批判法学，ドイツにおいてはニコラス・ルーマンの社会システム論を基礎とした類似の議論が展開されていることが注目される。またイギリスでは，ヒュー・コリンズがドイツのシステム理

---

1) 非合意的要素とは，明示的に合意された要素と対置されるものであり，黙示的義務（Implied term）や暗黙の合意等を含む概念を指す。コリンズは，黙示的義務が労働契約を規制する最も強力な手段であるとした上で，イギリスにおける黙示的義務の重要な発展として，安全配慮義務，使用者の労務指揮権に対する制限，解雇権の濫用を挙げる。HUGH COLLINS, EMPLOYMENT LAW, at 35 (2003).
2) 第四銀行事件・最二小判平9・2・28民集51巻2号705頁，みちのく銀行事件・最一小判平12・9・7民集54巻7号2075頁。
3) 陸上自衛隊車両整備工場事件・最三小判昭50・2・25民集29巻2号143頁。

個別報告①

論に強く影響を受けた契約論を提起するに至っている。これらの契約観に共通するのは、契約にはもとより当事者の意思には還元できない非合意的要素が存在しているということであり、労働契約関係の非合意的要素を検討するにあたって、示唆に富む議論を内蔵しているのである。

　そこで本稿では、以上のポストモダン法学[4]とも呼べる一群の議論の中から、とりわけ具体的な法構想を示すグンター・トイプナーの議論を参考に、労働契約関係における非合意的要素の法的正当化と将来的な方向性を示すことを試みたい。ここでトイプナーの議論とは、ルーマンのシステム理論に立脚しつつ、法の社会的適合性を高めることを目的とした独自の一般条項論と自省的法というコンセプトを提出するものであり、一方で、社会、組織、相互行為からの多様な社会的要求を一般条項を通じて契約に取り込むというハイブリッドな契約観（以下、Hybrid Contract と呼ぶ）を提起するとともに、他方で、多様な社会的要求を取り込まざるを得ない法を自省的法（Reflexives Recht）という観点から捉え直そうというものである[5]。以下では、彼の一般条項の位置づけ、自省的法の概念を見た上で、これらの議論による就業規則の不利益変更法理、安全配慮義務への示唆を抽出することとする。

II　トイプナーの法理論とわが国の労働契約関係への適用可能性について

1　一般条項

(1)　不明確性

　トイプナーが展開している一般条項（信義則）論の特徴は、一般条項の明確化を徹底的に批判しているという点であろう[6]。従来の議論では、予測可能性の確保および裁判官に対するコントロールの確保という観点から、一般条項の明

---

4)　中山竜一『二十世紀の法思想史』（岩波書店、2000年）127頁以下は批判法学とシステム理論をポストモダン法学として紹介する。

5)　コリンズは、労働契約に公正さと効率性をもたらす規制手法として、一般条項（general clauses）、手続の要求（procedural requirements）、自治の促進（the facilitation of enforced self-regulation）があると指摘している。Hugh Collins, *Flexibility and Stability of Expectations in the Contract of Employment*, 4 Socio-Economic Review 139 (2006).

確化が志向されてきたところ，これと対照的にトイプナーは，要件と効果の明確化が求められる通常の法規範に対して，一般条項は不確定性にこそ意義があり，要件と効果を明確にすることはかえって一般条項の不明確性を縮減させることになるために望ましくない，というのである。一般条項は多様な社会の要求を調整するために存在するのであって，その特徴は，社会の多様な要求，予測可能性，法的安定性の妥協を，不明確性の手段を通じて創出し，それによって学習する法，つまり社会的変化に対する法の反省的反応を可能とするところにあることが強調される。

これと類似の発想として，たとえば一般条項をさまざまな文脈に開いて解釈するというコリンズの「Open Texture Rule」を挙げることができる。コリンズは，契約が公正であるのか，不公正であるのか否かを判断する際には，一般条項等を通じて，信頼や非法的制裁等の契約に埋め込まれている多様な社会的・経済的状況を考慮する必要があり，そのような多様な側面を考慮しない判断は幻想であるという。コリンズは，多様な取引実態を考慮することは当事者の予測可能性を減退させるというよりは，むしろ当事者の期待に沿うことになり，その結果，効率性を高めると主張するのである。さらに，ジョン・ワイトマンは，契約における暗黙の合意はあらゆる契約において画一的ではなく，むしろ契約がおかれている文脈において多様であり，①共有されている市場倫理だけでなく，②労働契約のように長期にわたる当事者の行動，あるいは③特定

---

6) トイプナーの一般条項（信義則）論については，Gunther Teubner, *Die Generalklausel von "Treu und Glauben"*, in ALTERNATIVKOMMENTAR ZUM BÜRGERLICHEN GESETZBUCH, Bd. 2, 32-91 (1980). なお，信義則に関する新たな学説の展開として，「信義則」は道徳その他の実践的議論における諸原理・諸価値を法的議論の中に取り込む拠点であると位置づける見解がある。遠藤浩・水本浩・北川善太郎・伊藤滋夫編『民法注解 財産法（第1巻・民法総則）』（青林書院，1989年）37頁以下（山本敬三執筆部分）。

7) このような発想はマクニールの関係的契約理論と近いものがあるが，トイプナーによれば，マクニールの関係的契約論は規範の統一性を前提としており，社会的合理性の多様性を視野に入れていない。Gunther Teubner, *Contracting Worlds : The many Autonomies of private Law*, 9 Social and Legal Studies 399 (2000). また，コリンズはマクニールの議論は多様な取引関係を考慮する枠組みではないと批判している。COLLINS, *infra* note 8, at 140-143.

8) HUGH COLLINS, REGULATING CONTRACT, at 266-274 (1999).

個別報告①

の産業における取引の態様からも生じるものであり,契約はこのような多様な暗黙の合意に応える必要があるとしている[9]。

(2) 相互行為レベル,制度(市場と組織)のレベル,社会のレベル

もちろん,以上のような一般条項の位置づけには,一般条項の適用,解釈を裁判官の自由な判断に委ねることになるという批判があろう。このような批判に対して,トイプナーは契約法における BGB 242条の裁判官の選択基準を次のように説明する。まず BGB 242条の役割を,当事者の合意だけではなく,さまざまな社会の部分システムからの要求を契約内在的に再構成し相互に調整するところに位置づける[10]。このように契約を Hybrid Contract として把握するとともに,次に,BGB 242条によって契約に取り込まれる全体の社会的レベルを,ルーマンの社会システム論に従って,全体社会,相互行為,制度という三つのレベルに区分し,これにより裁判官は BGB 242条によって取り込まれる非合意的要素の選択を行う基準を獲得することができるという。

第一に,全体社会のレベルでは,個別ケースにおいて公共政策が非合意的要素としてどのように契約に組み込まれるのかといったことが決定される。ここでは,「政治」,「宗教」,「家族」,「文化」といった社会全体のシステムが念頭に置かれている。

第二に,相互行為のレベルでは,制度や社会のレベルと異なって,契約当事者の人的・状況的な個別事情から求められる非合意的要素が契約に取り込まれる。たとえば,具体的な契約当事者の行動がどのような信頼を相手方に生じさせたのかが問題となる。

第三に,制度(組織)のレベルでは,個々の契約を超える市場や組織のレベルであって,ここでの一般条項は契約の二当事者の関係を超えたところの,非合意的要素をくみ上げる機能を果たす。組織化やネットワーク化の進展によっ

---

9) John Wightman, *Beyond Custom : Contract, Context, and the Recognition of Implicit Understandeing,* In : IMPLICIT DIMENSIONS OF CONTRACT : DISCRETE, RELATIONAL, AND NETWORK CONTRACTS, 146-149 (2003).
10) 「債務者は,取引の慣行を考慮し信義誠実の要求するところに従って,給付をすべき義務を負う」(Der Schuldner ist verpflichtet, die Leistung so zu bewirken, wie Treu und Glauben mit Rücksicht auf die Verkehrssitte es erfordern.) と規定するものである。

て，古典的な契約法や不法行為法では解決できない私法上の調整問題が浮上しているのであって，トイプナーは，一般条項はまさにこのような調整問題を引き受けるためのものとして解釈される必要があるとする。そして，この制度レベルにおける非合意的要素を整理するための概念として，従来の取引慣行に代わって，社会的役割，当事者が契約において関係する組織という概念を用いて問題を処理することを主張し，こうした概念によって説明義務，協働義務，保護義務の説明を試みるのである。

なお，組織と契約の関係について，トイプナーは立法論をも含んだ議論として，契約組織法の必要性を強調している[11]。トイプナーによれば，もともと契約と組織はそれぞれ独自の自己組織体系であって，全く異なる原理に支配されているが，近年では，こうした契約と組織が混合した契約の実態が見受けられるという[12]。そして，トイプナーは本来的には矛盾する契約と組織について，一方を排除することによって解決の糸口を見出そうとするのではなく，これを積極的に統合して，こうした契約と組織が混在した新たな契約類型を発展させる必要があるとする。このような契約組織においては「お互いに競争せよ」という指示と「お互いに協力せよ」という矛盾する要請が生み出されるが，近年の企業分析によれば，競争と協力の制度的分離とは別のやり方が実践可能だとされている。このように契約と組織が混合した契約が増加しているのは，競争と協力が矛盾するにもかかわらず同時に要請されることへの洗練された社会的反応であり，このような社会的合理性を保護する必要があるとするのである。

いずれにしても，一般条項に関するトイプナーの上記の発想は，一般条項を媒介として法秩序に取り込まれるところの社会の構造の側にアプローチの重点

---

11) グンター・トイプナー「別々のものの複合：契約でも組織でもないネットワークの法」（村上淳一訳）法書時報57巻9号（2005年）2591頁等参照。
12) たとえば，フランチャイズシステム，日本企業の系列システムがその典型である。トイプナーは，日本企業の系列システムやジャストインタイム経営方式に見られる組織と契約が混在したものを高く評価し，日本企業の競争力の源泉の一つであるとしている。Gunther Teubner, *The Many-Headed Hydra: Networks as Higher-Order Collective Actors.* IN: JOSEPH MC CAHERY, SOL PICCIOTTO AND COLIN SCOTT (EDS.) CORPORATE CONTROL AND ACCOUNTABILITY: CHANGING STRUCTURES AND THE DYNAMICS OF REGULATION, 41-60 (1993).

個別報告①

を移しているという特徴がある。つまり，一般条項への逃避であるとか，帝王条項であるといった一般条項に対する批判を受けて，これまでは法の予測可能性の確保という観点から，要件・効果を明確にしようとする試みが行われてきたが，これに対してトイプナーは法の外部世界に対する柔軟性を確保するとともに，相互行為，制度，全体社会という社会構造の認識枠組みを組み入れることで，帝王条項といった批判に応えようとするのである。

かくして，トイプナーの戦略は，法システムの社会的適合性を高めるという観点から，一般条項の不明確性の拡大と，その結果として得られる裁判官の多様な選択肢の決定基準を示すものと評価することができる。しかしこのような試みに対しては，第一に裁判官に対する白紙委任や予測可能性の減退という批判は解消されてはいないのではないか，第二に一般条項を通じた多様な経済的・社会的実態の取り込みが法的に正当化されるのか，という二つの批判が投げかけられよう。この二つの問題を解消することが，以上で見た一般条項論の課題といえるのである。

2　自省的法 (Reflexives Recht)

さて，トイプナーは上述の一般条項論と並んで，法の社会的適合性を高めるという観点から自省的法というコンセプトを提起している[13]。ここで自省的法とは，関係当事者の交渉促進に法の任務を限定しようとする試みであり，社会の部分システムが高度に分化しているという社会システム論の議論と，形式性から実質性へという法の変動構造から導かれるものである。

まず，トイプナーの立脚する社会システム論によれば，社会の進化の過程は，社会の部分システム，たとえば政治システム，経済システム，法システム，文化システムなどの分化の過程であり，高度に分化した各システムは，それぞれ独自の原理に依拠し，自己の構成要素を自己の要素の相互関係から創出するようになるとされる。こうした自己が自己の構成要素を産出するという概念は自

---

13) Gunther Teubner, *Substantive and Reflexive Elements in Modern Law*, 2 Law & Society Review 17 (1983), グンター・トイプナー「法化──概念，特徴，限界，回避策──」(樫沢秀木訳) 九大法学59号 (1990年) 235頁．

己組織性と呼ばれるが、これは、上から画一的に規制や規範を押し付けて秩序を形成する他律型の社会観にかえて、内発的に秩序が形成されてくるような「自律型」の社会観をモデル化しなければならないという問題意識から生まれたもので、ルーマンはこのような自己組織性の概念を用いて、社会が多様化してきているという帰結を導くのである。そして、法システムもその例外ではなく、規範性や適法、違法という区別に基づいて自己を再生産し、形式性、閉鎖性を要求してきていると説明される。

しかし次に考えなければならないのは、法が形式性、閉鎖性を要求すると同時に、社会はますます法の実質化を求めてきているという点である。ここで法の実質化とは、マックス・ウェーバーによって示された形式性から実質性という法の変動を指す。これは、個人を共同体から解放し、個人の自律を保障するという性質、あるいは実体法上も訴訟法上も専ら、一義的で一般的な要件メルクマールのみが尊重されるという形式的合理性からの、次の三つに特徴付けられる法の変容プロセスである。

第一は機能的変化であり、法は市場社会の規範的要請に合わせて作られるだけでなく、福祉国家の政治的介入の必要性にも合わせて作られるという変容である。第二は法の正当性の変化であり、法はもともと私的な自律的行為のための抽象的な行為領域の範囲を画定することに限定されていたところ、結果志向的な統御に基づいて正当化されるという変容である。第三は規範的構造における変化であり、法は要件―効果を一義的に確定する条件プログラムから一定の目的を志向する目的プログラムへという変容をこうむる。現代の法は、ますます自律性、形式性をたかめると同時に、以上のような実質化への変容という逆説的な状況を抱えているのである。

トイプナーによれば、以上のような法の形式性と実質性という逆説的な状況は、①法、政治、社会の相互無視（Inkongruenz von Recht, Politik und Gesellschaft）、②社会の過法化（Überlegalisierung der Gesellschaft）、③法の過社会化（Übersozialisierung des Rechts）という三つの次元で問題を表面化させている。

---

14) 江口厚仁「法システムの自己組織性」九大法学60号（1990年）1頁以下参照。

個別報告①

　これらの問題は，法，政治，社会がますますそれぞれ独自の原理に依拠し，自己の構成要素を自己の要素の相互関係から創出するという状況が進展しているところから生み出されるものである。

　まず一つ目の①法，政治，社会の相互無視は，規制立法が政治的な妥協の産物となっているため，法的規範性が喪失され，法が機能不全に陥るというものである。二つ目の②社会の過法化とは，自由の保証を求めて国家の介入的な法的規制が拡大されていくにつれて，逆に自由の剥奪に転化するという事態のことであり，法によって社会システムの自律性が解体されていくことをいう。三つ目の③法の過社会化とは，法に対する社会の過剰な要求が，頻繁な法改正や判例変更につながり，法的安定性の定着や法解釈が独自に発展するための十分な時間を持ち得ないということを意味する。法があまりにも社会化されることで規範性が喪失してしまうのである。こうした三つの現象を，トイプナーは規制のトリレンマ（das regulatorische Trilemma）と名づけている。

　自省的法はまさにこのような規制のトリレンマを回避する手段として提案されているもので，さまざまな社会生活領域の直接的・具体的な制御を行うのではなく，それぞれの社会領域の自己制御過程を損なわないような形での間接的・抽象的な制御に法の任務を限定しようとする試みである。具体的には，団体交渉システムの手続規制，アメリカの仲裁制度や公正代表義務などが例として挙げられるように，「内容的な決定ではなく，どのような組織によって，またどのような手続きによって，決定するかを決めることによってのみ間接的に規制する」ことで，法の社会に対する適応力と法の自律性を両立させることを目的とするのである。たとえばトイプナーは，CSR（Corporate Social Responsibility）の議論において，労働者，消費者や一般的な利益等の非経済的な要素を企業内に内部化し，公共利益への配慮と利潤の最大化への配慮を調整するために，環境，地域，消費者利益の代表を取締役会に組み入れたり，事業所委員会等の企業内部機関への開示義務，説明義務，事前の協議・相談，事後の正当化義務，内部統制のために適切な組織を構築する義務等を企業に課すことを提案している。[15]

　このような試みは，福祉国家的な介入主義の契機を限定しようとするものに

他ならないが，ただし，ここで注意しなければならないのは，手続化が万能といっているわけではなく，また手続自体に正義を求めているわけでもないという点であろう。たとえば，トイプナーの形式法，実質法，自省的法と類似するモデルとして，普遍主義型法，管理型法，自治型法という観点を提示する見解があるが，[16] 自治型法は，ユルゲン・ハーバーマスの影響を受けて合意自体に正義を見出しているのに対して，自省的法は，多様化した社会における法の社会に対する適合能力を高めるための仕組みとして，手続化を把握している点に違いがある。トイプナーのモデルは手続をあくまで自律的な社会の相互調整に位置づけているのである。

3 わが国の労働契約関係への適用の可能性
(1) 就業規則の不利益変更法理と安全配慮義務について
(a) 緒 言 かくして，トイプナーは一般条項について，多様な社会的合理性をくみ上げるという視点から，全体社会，組織，相互行為という構造に着目した裁判官の選択基準を提示すると同時に，法の実質化による規制のトリレンマを回避する戦略として自省的法を構想している。もとよりトイプナーはこの自省的法と一般条項とを直接結びつけて論じているわけではない。しかし，第一に，一般条項を通じた多様な社会的要求の取り込みによって規制のトリレンマが生じる可能性があるところ，一般条項解釈に自省的法を組み込むことを通じて，こうした規制のトリレンマを回避することが可能となる。第二に，一般条項論と自省的法を組み合わせることで，法の予測可能性の確保，裁判官への白紙委任という問題を解消することができる。この二つの理由からトイプナーの一般条項論と自省的法のコンセプトを密接に結合させることが有益であり，その限度でトイプナーの一般条項論は修正されるべきである。

---

15) Gunther Teubner, *Corporate Fiduciary Duties and their Beneficiaries: A Functional Approach to the Legal Institutionalization of Corporate Responsibility*. In: KLAUS J. HOPT UND GUNTHER TEUBNER (HG.), CORPORATE GOVERNANCE AND DIRECTORS' LIABILITY. LEGAL, ECONOMIC AND SOCIOLOGICAL ANALYSES OF CORPORATE SOCIAL RESPONSIBILITY, 149-177 (1985).

16) 田中成明『法理学講義』（有斐閣，1994年）81頁以下参照。

個別報告①

(b) 就業規則の不利益変更法理　このような観点からわが国の労働契約関係を見ると，産業関係にそくして，さまざまなレベルで契約の実質化が進展していることがうかがえる。わが国の裁判例は，たとえば安全配慮義務，就業規則の不利益変更などに典型的に現れているように，一般条項を通じて社会，組織，相互行為のレベルにおいて多様な非合意的要素を組み込み，Hybrid Contractともいうべき契約類型を発展させてきたと評価できよう。しかし上述のように，一般条項を媒介としたこうした契約の実質化は自省的法の視点から再構成される必要があるのである。

まず，「就業規則の規定内容が合理的なものであるかぎりにおいて当該具体的労働契約の内容をな」[17]すという就業規則の法的性質論は，労働関係の非合意的要素の取り込みという法の実質化，言い換えると法の脱構築を図った構成であると把握することができる。裁判所によって確立されたこうした就業規則の法的性質は，法が形式性と抽象性を求めるために，切り落としてきた共同性，集団性という要素を契約に持ち込むものであると解することができ，全体社会，組織，相互行為からの要求を組み入れたHybrid Contractを発展させてきたと見ることができるのである。

次に，就業規則の不利益変更法理については，わが国の裁判所は，①変更の必要性，②不利益性の程度，③代償措置・経過措置を中心に，④労働組合との交渉，⑤社会的相当性を加味して，変更の合理性を判断すると同時に，制度設計の合理性と制度適用の合理性を区分して段階的に審査をするという基準を形成してきている。[18]トイプナーの一般条項論から見ると，①〜③は相互行為レベルからの一般条項の基準設定に，④は組織のレベル，⑤は全体社会のレベルからの基準設定に相当し，また制度設計と制度適用を区分する審査は組織と相互行為の合理性を区分する枠組みと評価することができる。

このようにわが国の裁判所は，「合理性」を媒介として，相互行為，組織，社会のレベルからの要求を労働契約に取り込んできたということができる。もっとも，この合理性の内容は労働関係の特徴にそくして多様なものとなるため

---

17) 電電公社帯広局事件・最一小判昭61・3・13労判470号6頁。
18) 前掲注2）第四銀行事件，みちのく銀行事件参照。

に，裁判所が個別ケースに応じて合理性を判断すれば，規制のトリレンマが生じる結果となろう。したがって，就業規則の合理性の内容については，自省的法のコンセプトを応用し，制度設計の際の集団的な手続，制度適用の際の個別的手続がどれだけ果たされているのか否かによって判断されるべきである。

ところで，わが国の裁判所は，就業規則の内容を労働契約に取り込むという処理を行う一方で，就業規則の不利益変更について上記不利益変更法理によって合意のない変更を許容する基準を構築してきた。しかし周知のとおり，この不利益変更法理は契約原理と矛盾するものであるとして，批判されてきたのである。

この問題については，トイブナーと類似の立場にたつコリンズの次のような議論が示唆的であると思われる。すなわち，コリンズは集団的ルールを規定する就業規則（Work Rules）と個別労使の関係を規律する労働契約の法的関係について，就業規則が明示的あるいは慣習による黙示的な契約への組み込みによって労働者に契約上の権利を付与する場合もあるが，通常，裁判所は，就業規則を組織的な労使関係における労務指揮権の具体化とみて，就業規則に契約上の権利を与えないとする。[19]しかし他方で，コリンズは，就業規則は契約上の黙示的義務を通じて間接的に重要な意義を持つとするのである。[20]ここで黙示的義務とは，労働者は誠実に就業規則に従う必要があるし，また使用者が正当な目的や協議のない状態で，就業規則を変更することは相互の信頼を破壊するという意味の義務である。

この議論を参考にすると，わが国でも，就業規則の変更を労務指揮権の行使として把握すると同時に，信義則という一般条項によって労務指揮権を規制するという考え方から理解することもできよう。[21]このような見解によれば，使用者による就業規則の一方的変更と契約原理との矛盾を回避しつつ，信義則という一般条項によって妥当な規制を及ぼすことができる。ここでは，信義則が，

---

19) HUGH COLLINS, KEITH EWING, AILEEN MCCOLGAN, LABOUR LAW: TEXT AND MATERIALS, at 101-102 (2005).
20) Id. at 101-102.
21) 有泉亨『労働基準法』（有斐閣，1963年）193頁以下参照。

個別報告①

まさに労働契約の枠内で契約と組織をつなぐ架け橋としての役割を果たすことになる（問題の重要性に鑑み，詳細は今後の課題としたい）。

　(c)　安全配慮義務　　安全配慮義務という法の実質化についても，多様化した産業社会にあっては，その義務の内容も文脈に応じて多様であるので，そこでは一般的な安全配慮義務を前提とした上で，企業内で具体的な措置を決めることを促すような仕組みが求められる[22]。たとえば上述のトイブナーのCSRの議論を参考にすると，一般条項を根拠として，ヘルスケアのための適切な機関を企業内に設置し，その機関や労働組合等と協議・相談する義務等を企業に課すという方向性が考えられる。これにより，企業規模，産業，労働者の職種，労働者の素因に応じた安全配慮義務の設定が可能となる。産業社会の多様性を考慮せず，一律的に義務内容を設定することは，企業にとって履行が困難な義務を押し付ける結果を生み，義務の遵守と義務違反のモニタリングという観点からみた場合に問題があるのである。

　(2)　法的根拠

　ただし，以上のように社会，組織，相互行為からの多様な諸要求に応えるための法的装置として一般条項を把握し，さらにそこに自省的法のコンセプトを導入していくという試みには，その法的正当性，法的根拠が明らかにされていないという問題があろう。たしかに，一般条項を通じた法の実質化と手続化の傾向はわが国の裁判例において見受けられる[23]が，こうした裁判所による法創造ともいうべき実践がどのような根拠によって正当化されるのかがここで問われなければならない。

　たとえば，ジャック・デリダは法の確定された意味体系では把握しきれない，つまり，法制度設計の際に消し去られた法外の他者からの要求に応えることこ

---

22)　安全配慮義務と自省的法の関係ついては，Ton Wilthagen, *Reflexive Rationality in the Regulation of Occupational Safety and Health*, In : Ralf Rogowski & Ton Wilthagen, Reflexive Labour Law : Studies in Industrial Relations and Employment Regulation, 345-376 (1994).

23)　労働関係について，わが国の裁判例における手続化の動態を示した論考として，水町勇一郎「法の「手続化」——日本労働法の動態分析とその批判的考察」法学65巻1号（2001年）1頁。

そが正義であるとして，裁判所による法創造を正当化する[24]。このいわゆる「脱構築論的正義」は，批判法学研究に対して強力な影響を与えているが，しかし，裁判所に対する白紙委任を正面から認容する議論であるところに難点がある。

　一方，法の実質化と手続化を法的に正当化する議論として，ヨセフ・エッサーの「整合性コントロール」と「正当性コントロール」という考え方がある。ここで「整合性コントロール」とは，実定法との体系的・論理的整合性の観点からのコントロールであり，「正当性コントロール」とは体系的演繹的論証に解消しきれない理性的な論証であり，説得の過程であり，社会一般の合意や関係当事者の対話や合意に収斂されるものである。このうち，「正当性コントロール」は一般条項を通じた法の実質化と手続化を正当化しうる考え方であるが，この考えは真の合意を獲得することを目的としてなされる議論のプロセスというハーバーマス理論に立脚するものであり，手続をあくまで多様な社会システムの相互調整として位置づけるトイプナーのシステム理論とは相容れない。トイプナーの一般条項論に自省的法を組み込むという戦略を法的に正当化するには，第一に裁判官への白紙委任という問題を解消し，第二に「手続」自体に正義を見出さない別の論拠が必要とされるのである。

Ⅲ　「統合性としての法」による正当化は可能か？

　このような観点から注目されるのは，裁判所による司法裁量を正当化するロナルド・ドゥオーキンの「統合性としての法」である[25]。この「統合性としての法」は，「手続」自体に正義を見出さない「非手続的な」正当性概念に基づく見解であるとともに，法の不確実性，政治性，根本的矛盾という批判法学やシステム理論による問題提起を正面から受け止めて構想された理論であって，次のような順序で，裁判官は白紙委任的に法を創造しているわけではなく，「統合性」の要求に応えているという注目すべき回答を与えるものである。

　まず，ドゥオーキンは法が解釈的な概念であるとする。つまり，何が「法」

---

24)　ジャック・デリダ『法の力』（堅田研一訳，法政大学出版，1999年）。
25)　ロナルド・ドゥオーキン『法の帝国』（小林公訳，未來社，1995年）。

個別報告①

かについて,人々の解釈以前に一定の基準によって定められているという考えは,ハードケースにおける法律家の見解の不一致を適切に説明することができないために誤りであり,「法」はむしろ人々の解釈を通じてはじめて明らかになると主張する。ドゥオーキンは連作小説のように法を解釈的な概念と把握することによって,法規範性と社会性とを結合させるとともに,社会性を法内に取り込んで,「継ぎ目のない編み物」としての豊富な解釈手がかりを作り出し,これにより複雑な社会に対応せしめようとするのである。[26]

もとより,このような考え方は,多元的な社会において通用しうる動態化された法の正当性の観念をもたらすが,他方で,裁判官による法創造を正面から是認する結果,裁判官の専制(白紙委任)につながるという問題を生み出す。そこで次に,ドゥオーキンは,「平等な尊重と配慮」という統合性の要求に裁判官を拘束することを主張する。この「平等な尊重と配慮」という統合性の要求は正義の観念であり,司法にだけではなく立法にも向けられるが,司法においてはとりわけ①過去からの法原理との整合性,②類似の事案における妥当な解決によって基礎付けられるものである。

このような解釈論に立脚すれば,わが国の裁判所は複雑な産業社会に対応するために,社会,組織,相互行為というさまざまなレベルで労働契約を産業関係の実態にそくして実質化し,古典的な契約とは一線を画する Hybrid Contract を構築してきたのであって,統合性の観点から求められる作業は,将来的な社会に対してこのような Hybrid Contract をどのように微調整するべきかを検討することであろう。逆に,トイプナーの一般条項の不明確性という議論は,過去からの法原理の一貫性という限度において修正されるべきであり,一貫性が維持される範囲において将来に開かれていると解すべきである。たとえば,就業規則の不利益変更法理は長期にわたって確立されてきた法理であって,これを正面から否定することは「統合性」に反することになるが,合理性判断に手続を組み込むことは将来的な多様化社会における平等な尊重と配慮という「統合性」の要請に符号することになるのである。つまり,就業規則の手

---

26) 棚瀬孝雄「解釈の地平性」法学教室269号(2003年)146頁以下参照。

続的合理性は，手続自体に正義が見出されてきたのではなく，過去の法原理との一貫性を保ちつつ，多様社会において，類似の事案における妥当な解決を導くという「統合性」の要求から次第に形成されてきたと見るのが適切であろう。

Ⅳ 結語──どのような方向に進むべきか

　以上のように，社会的変化に対する法の反省的反応を可能とするトイプナーの一般条項論を，「統合性としての法」に基礎付けるという形で展開した試論は，伝統的契約理論では補充的にのみ取り込まれていた社会性，関係性を契約理論の中心に位置づけるとともに，産業社会における多様な実態に重点を移した労働契約理論の構築を目指すものである。[27]

　たしかに，このような考え方は従来の契約理論，法解釈論とは異なるもので，ただちに受け入れられるものではないかもしれない。しかし前述のように，法と社会の接合を認めつつ，「平等な配慮と尊重」という統合性によって法を動態的に理解しようとするドゥオーキンの法解釈学，批判法学やシステム理論と呼ばれるポストモダン法学の潮流も無視することはできない。また，アトミックな個人に力点を置くのか，共同体に関係する個人に力点を置くのかという問題は，ポストモダン法学と伝統的法学という違いに加えて，リベラリズムと共同体主義，新古典派経済学と制度派経済学の違いをもたらすものであって，どちらの個人モデルが正しいのか，という点について答えを出すことは容易ではない。社会，制度，相互行為というさまざまなレベルで社会に関係する個人に力点を置いた労働契約理論を，伝統的労働契約理論の対抗理論として議論する必要性が，ここに見出される。

　わが国の労働法は，古典的な考えからでは説明できない法理論，たとえば就業規則の不利益変更法理，安全配慮義務などを発展させてきたが，こうした法

---

27) 内田貴「民営化と契約（6） 制度的契約論の試み」ジュリスト1311号（2006年）147頁以下は，現代の契約現象を，単発的契約─関係的契約，取引的契約─制度的契約という二つの座標軸にそくして分解し，労働契約は関係的契約，制度的契約の両側面を備えていると評価している。本稿はこれに対して，全体社会，制度，相互行為という三つの次元で契約規制のあり方を問うものである。

個別報告①

理論は,法を脱構築,実質化してきたのではないか。さらには,労働契約の解釈には,個人の意思というよりは,むしろ職能資格制度や長期継続雇用システムなど,制度として構築されたものが色濃く反映されてきたともいえよう。普遍主義的な契約理論とは別の観点から,労働契約関係を俯瞰する視点が必要であるというべきである。

かかる問題意識から,本稿ではポストモダン法学の一端を紹介し,わが国の労働法において展開可能な試論を示した。ここで改めて要約すれば,一方で,わが国の労働契約関係では,産業関係の性質にそくして,主として一般条項を通じて,社会,制度,相互行為のレベルで契約が実質化され,Hybrid Contract が構築されてきたところ,これを正面から否定することは「統合性」の要求に反することになるが,他方で,多様化社会と法の形式性の要請から,このような契約の実質化を「自省的法」によって再構成していくべきであるという議論を展開した。たとえば,安全配慮義務については,一般的な義務を認めた上で,その内容を労使間の交渉にできる限り委ねるような仕組みが,就業規則の不利益変更法理については組織的手続と個別的手続を組み込んでいくことが求められるといえよう。自省的法は法の実質化を認めつつ,この実質化をできる限り関係当事者の交渉に委ねようとする戦略であり,これにより多様化社会における「統合性」の要求に応えることができるのである。

ただし,「統合性としての法」は,むしろハーバーマスやロベルト・アレクシーの議論との比較で検討されることが多く,そもそもシステム理論を基礎とするトイプナーの議論と矛盾するのではないか,という問題がある。さらに,本稿が依拠した「統合性としての法」という考え方は,過去の裁判例との整合性が求められるものの,裁判官の裁量があまりに広すぎるという批判があり,法的正当性をこの考えに求めることへの妥当性は,なお検討される必要がある。また,ポストモダン法学という観点からみた場合には,ハーバーマスやアレクシーの討議の理論による信義則分析やドゥオーキン理論の限界付けも問題となろう。これらに関する検討は,今後の課題としたい。

(いしだ　しんぺい)

フランス・EU法における企業組織変動と労働契約の承継
――経済的一体とは何か――

水 野 圭 子

(法政大学)

I　はじめに

　EU並びにフランスの企業組織変動と労働契約の承継については，業務の同一性あるいは企業の同一性を基準として，当然承継されると理解されてきた。この問題について，本条の立法過程から雇用保障的機能に着目し，企業の同一性を基準として労働契約は新使用者に承継され，企業の同一性は，経済的実体 (entité économique) の同一性，すなわち，一つの自律的な経済的実体が同一性を維持して移転することによって判断されるとの見解[1]，また，企業概念という視点からフランス破毀院判決の動向を分析し，破毀院は承継の基準として「活動としての企業の同一性」をとりつつ，経済的実体の独立性を重視する独自の立場を維持しているとの先行研究がなされている[2]。

　しかしながら，EC委員会は77年指令を修正する1998年6月29日指令（以下「98年指令」という。）を作成し，欧州司法裁判所（以下「EC裁判所」という。）はこの改正の前後から，98年指令に依拠する先行判決を示している。98年指令やEC裁判所判決により，EU法，フランス法における新基準が定立されており，企業や活動を指標とした労働契約の承継はおこなわれていない。ゆえに，この新基準の確立はフランス破毀院判決のみならず，EU判決においても重要な変

---

1) 本久洋一「フランスにおける企業移転と労働契約」日本労働法学会誌94号95頁以下参照。同「フランスにおける企業組織変更と労働関係」『企業組織等の再編に伴う労働者保護法制に関する調査研究報告書』（連合総合生活開発研究所，2000年）165頁以下参照。
2) 小早川真理「会社間組織再編と労働契約―フランス労働法典L.122-12条第2項からの示唆―」九大法学86号2003年458頁以下参照。

個別報告②

更を意味しているが、日本においては、新基準に関する十分な検討がおこなわれていないと思われる。この新基準を中心として、EU法およびフランス法の現在を検討するのがこの論文の目的である。また、企業組織変動と労働契約承継の新基準の確立において、フランス法とEU法は相互に影響を与え合いつつ発展を遂げている[3]。このため外国法研究としては変則的であるが、フランス・EU双方について、検討を試みることとする。

II EU・フランスにおける労働契約承継の枠組み

1 フランス労働法典L.122-12条第2項と77年指令

フランス労働法典L.122-12条第2項は、「使用者の法的地位に変動が生じたとき、とくに、相続、売買、合併、営業の財産の変更、会社設立による場合において、その変動の日に効力を有するすべての労働契約は、新たな使用者と当該企業の労働者との間で存続する。」と規定する（以下「本項」という[4]）。本項は、労働者の地位を保障するという法目的のもと、1928年7月19日法の一部（以下「1928年法」という[5]）として制定され、1973年に、ほぼ原文のまま労働法典に編入された。フランス民法は、契約は当事者間においてのみ効力を有すると規定しているが[6]、本項によって、譲渡した使用者、譲り受けた使用者の同意がなくとも企業組織変動が「使用者の法的地位の変動」に該当する場合、労働

---

3) A. Jeammaud and M. Le Friant, *La directive 77/187 CEE, la Cour de justice et le droit français*, EUI Working Papers LAW No. 97 / 3, Italy, European University Institute Badia Filesolana, 1997, pp. 5 et suiv.; P. Waquet «L'application par le juge français de la directive communautaire du 14 février 1977» *Dr. Soc.*, 1995, p. 1007.
4) 先行研究として、山口敏夫「フランスにおける企業合併と労働者の権利保護」日本労働法学会誌29号112頁。野田進『労働契約の変更と解雇』（信山社、1997年）150頁。前掲注1) 本久97頁以下参照。前掲注2) 小早川449頁以下参照。
5) *Gaz. Pal.* 1928, 2ᵉ sem p. 967; 1928年法の制定過程については、H. Dontenwille, «L'article L.122-12 du code du travail : la nouvelle jurisprudence de la Cour de cassation» *Dr. soc.*, 1990, p. 399. 邦語文献として、前掲注1) 本久107頁以下、前掲注2) 小早川458頁以下参照。
6) Code civ. Art. 1165. 「契約は当事者間においてのみその効力を有し、契約は第三者に不利益を与え得ない、また、契約は1121条が定める場合のみ、第三者に対し利益を供する。」と規定する。

契約が承継され,承継に労働者の同意を要件としていない。この意味において本項は,極めて例外的な立法規定である。また,EU 法においても,77年指令1条1項はその適用について,「本指令は,法的譲渡または合併の結果として,企業,事業,事業の一部が異なる使用者に移転した場合に適用される」と定めるのみである[7]。

本項と77年指令の双方とも,いかなる場合に適用されるのかその適用規定を欠くため,実際の適用解釈は,破毀院や欧州司法裁判所(以下EC裁判所)の解釈に委ねられ,その広範囲に適用を認める解釈は強い関心を集めてきた[8]。

2 破毀院における活動の同一性という基準

(1) 活動の同一性

破毀院では,電気事業の委託先が変更された場合の労働契約の承継が問題となったグピー事件[9](1934年2月27日破毀院民事部)において,1928年法は「労働者に対し雇用の安定を保障することを目的としており,同じ企業(entreprise)が新しい使用者の下で活動(fonctionner)を継続するすべての場合に適用されなければならない」と判示し本条の適用を肯定した。

この判決によって,企業組織変動の前後で活動が同一の場合に,本項を適用するという判断枠組みが確立した。これによると,外注化,業務委託,営業の賃貸借などの場合であっても,労働契約の承継を主張することが可能である。事実,本項は「企業活動の同一性」を基準として,70年代から80年代において

---

7) Directive n° 77/187 du février 1977:*JOCE*, n° L. 61, 5, mars 1977, p. 26.; 77年 EU 指令・および98年指令の制定過程の先行研究として,荒木尚志「EU における企業の合併・譲渡と労働法上の諸問題」北村一郎編『現代ヨーロッパ法の展望』(東京大学出版会,1998)81頁。前掲注1)本久97頁以下参照。

8) Jeammaud and Le Friant, *op. cit.*, pp. 5 et suiv.; Waquet, *op. cit.*, p. 99.; H. Blaise, «L'article L. 122-12 après la tourmente : vers la stabilisation de la jurisprudence ?», *Dr. soc.*, 1991, p. 246.; J-F. Cesaro, «La notion de transfert d'entreprise» *Dr. soc.*, 2005, p. 718.; P. Bailly, «Le flou de l'article L. 122-12, alinéa 2, du code du travail», *Dr. soc.*, 2004, p. 366.; P-H. Antonmattéi, «La saga de la directive n° 77/187 14 févr. 1977 : suite … sans fin !» *Dr. soc.*, 1996, p. 78.

9) Cass. civ. 27 fév. 1934, *D. H.*, 1934, p. 252. 前掲注1)本久166頁以下,前掲注2)早川441頁以下参照。

個別報告②

も，一部譲渡の場合，さらに，活動が大きく変わることのない清掃業，保安管理業務，食堂といったサービス業の委託先変更の場合にも拡張して適用されるようになる。

(2) 法的関係の要求

破毀院は判例を変更し，広範囲にわたる適用を制限する。DG 社（被告・上告人）がパリ地下鉄保線工事を落札する前に保線工事をおこなっていた D 社の労働者ら（原告，被上告人）の再雇用を拒否したため，労働者らが提訴した DG 事件（1986年6月12日破毀院判決）において，破毀院は「使用者の法的地位の変更は新使用者と企業代表者間で，変更の日に有効であった労働契約を承継させる効果をもたらすが，その適用は新旧使用者間に法的関係（lien de droit）が存在する場合に限定される」と DG 社勝訴の判決を示した。本項の適用には，新旧使用者間に売買契約や譲渡契約等の法的関係が必要であり，新落札者と旧請負業者との間には何ら法的関係はないから，業務は承継されないことになる。つまり，委託先の変更も含め落札や営業賃借権の変更の場合など，新旧使用者間に契約関係が存在しない場合には，適用がおこなわれないのである。

3 EC 裁判所判決にみる二つの基準

(1) シュパイカー事件

77年指令の適用範囲は EC 裁判所においても問題となっており，1986年，シュパイカー事件（1986年3月18日 EU 判決）において，次のような判断が示される。シュパイカー事件は，屠殺業を営む C 社が営業を停止し，作業所，事務所，土地，動産が B 社（被告）に買収され（無体財産は活動の停止によりその価値を喪失したため買収の対象外），シュパイカー（原告）他一名を除き雇用が承継された。原告は被告に対し営業停止以降の給与の支払いを求めたものであり，オ

---

10) Cass. soc. 19 fév. 1981, *Bull.*, V. n° 144.
11) Cass. soc. 15 fév. 1978, *Bull.*, V. n° 105.; Cass. soc. 8 nov. 1978 et Cass. soc. 30 nov. 1978 *D.*, 1979 p. 277. note J. Pélissier.
12) Cass. soc. 12 juin 1986, *D.*, 1986, P. 461, concl. picca, note. J-P. Karaquillo. 前掲1）本久174頁以下参照。前掲2）小早川428頁参照。
13) CJCE 18 mars 1986 «Spijkers», aff. C-24/85 : *Rec.*, 1986, p. 1119.

ランダの裁判所は EC 裁判所に対し，本件が指令のいう譲渡に該当するか先行判決を求めた。[14] EC 裁判所は，「活動が移ったというだけの理由では企業，事業所，事業所の一部が譲渡されたと認めえない。……新使用者によって，同一のあるいは類似した経済活動を含む営業が継続あるいは再開され，その結果，譲渡前の経済的一体が依然として存在しているかどうかが重要である（12段）。これらの条件を満たすためには，当該移転の特徴的な状況，対象となっている企業あるいは事業所の種類，有体財産の移転の有無，例えば，建物や動産，移転の時に価値を有する無体財産の移転，新使用者による従業員の再雇用があるかどうか，顧客の移転，移転の前後における活動の同一性の程度，活動中断の期間を考慮する必要がある。(13段)」と判示して，指令の適用を否定した。シュパイカー事件は，指令が適用される基準は，活動の同一性ではなくて，経済的一体が移転したかどうかによるという点，その具体な判断基準を明示した点に特徴がある。本判決の基準では77年指令の適用範囲は企業活動の同一性を基準とする場合よりも限定される。しかし，シュパイカー事件と異なる判断枠組みを持つ判決も存在するのである。

(2) テレープ（Daddy's Dance Hall）(1988年2月10日 EC 裁判所判決)[15]

テレープ（原告，以下 T）は，レストラン・兼バーの所有者 A に雇用され，勤務していたが，レストランとバーの営業財産が，所有者から B に賃貸借され，A との賃貸借契約終了後，D（被告）と賃貸借契約が結ばれた。T は，B から解雇予告を受けたが D に再雇用され同種の業務に従事したが，3か月間の試用期間中に解雇予告を受け解雇された。イギリスの裁判所は，このような二段階に渡る譲渡の場合に，77年指令が適用されるか先行判決を求めた。

EC 裁判所は，「二段階を経る譲渡であっても……問題とされている経済的一体はアイデンティティーを維持しており，特に本件のように，企業の営業が中断せず継続し，新営業財産賃借人により譲渡前と同じ従業員を使っておこなわれているのであれば，77年指令を妨げるものではない。(10段)」と判示した。

すなわち新旧使用者間に「法的関係」は不要であり，営業財産の賃貸借，業

---

14) 前掲注7)荒木86頁以下参照。P-H. Antonmattéi, *op. cit.*, p.74.
15) CJCE 10 fév. 1988 «Tellerup (Daddy's Dance Hall)», aff. C-324/86 : *Rec.*, 1988, p.739.

務委託先の変更，外注化などの場合にも，77年指令が適用されることとなる。さらに，適用基準として経済的一体を挙げているものの「営業が中断せず継続していること」，すなわち経済的一体を活動の同一性と類似のものとしてとらえた上で指令の適用を肯定しており，シュパイカー事件と異なっている。EC裁判所判決には，これら二つの異なる「経済的一体」の解釈が存在したのである。

Ⅲ　経済的一体という基準と企業活動の同一性という基準の問題点

1　破毀院における「経済的一体」の採用

1986年以後，破毀院は，本項の適用には新旧使用者間に「法的関係」が必要との判断を維持してきたが、EU裁判所はテループ事件において「法的関係」は77年指令の適用に不要であると判示しており矛盾が生じていた。

このため，破毀院はブローニュの森事件（1990年3月16日破毀院大法廷判決）において，再度判例変更をおこなった。

ブローニュの森事件は，ブローニュの森のキャンプ場の営業が，PWT（被告・控訴人・上告人）から，IFC（被告・控訴人・上告人）に委託され，労働契約が承継されなかった2名の労働者（原告・被控訴人・被上告人）が新旧使用者に対し損害賠償請求したものである。パリ控訴院は法的関係の存在は本項の適用基準ではないとして請求を肯定し，控訴人らは上告した。

破毀院大法廷は，ヨーロッパ指令と本項は「新旧使用者間の間に法的な関係を欠く場合であっても，経済一体がそのアイデンティティーを維持して移転するすべての場合に，したがって，活動が継続あるいは再開している場合に適用

---

16) Cass. soc., 12 mars 1987, *Dr. soc.*, 1987, p. 662.; J. Déprez, «Ombres sur l'application de l'article L. 122-12 al. 2 : le sort des contrats de travail en fin de location-gérance» *Dr. soc.*, 1987. p657.; Cass. soc., 16 mars 1989, *Bull.*, V. n° 336, p. 221.

17) Ass. plén. 16 mars 1990, *Dr. soc.*, 1990, p. 339, concl. Dontenwille, note Couturier et X. Prétot ; *D.*, 1990, p. 305, note A. Lyon-Caen. 前掲注1）本久176頁以下参照。前掲注2）小早川426頁。

される。……控訴院は,独立性のある経済的一体（entité économique autonome）とは,営業を構成する基本要素であり,営業に使用される土地,設備などが,経営者がその活動を継続することを可能とする形態で移転されることであると理解している。したがって,原審の判断は正当である」と判示した。

破毀院は「経済的一体がアイデンティティーを維持して移転した」場合に本項を適用すると判断したが,実際の適用基準は「活動が継続あるいは再開していること」であり,「活動の同一性」によるものであった。

2 企業概念の放棄と経済的一体の選択——活動と組織という企業概念の限界

このような「活動の同一性」に着目する見解は,「企業概念」から考察を試みた80年代のフランスの学説にみられたものである。企業のどのような要素が移転した場合に企業が継続していると見ることができ本項が適用しうるか,企業の活動と企業の組織という「企業概念」の二つの側面から本項の適用を定立しようとする考察であったが,次のような限界を抱えていた。[18]

まず,企業組織変動は,企業だけではなく,企業の一部,事業所,事業所の一部,あるいは,ひとつの業務といった企業概念をこえた構成単位を対象としているので,「企業の組織」とは必ずしも一致し得ない。確かに,判例は,「経済的一体（entité）がアイデンティティーを維持して移転すること」を要件としており,アイデンティティーの構築には何らかの組織が必要と思われるが,この組織が企業組織と合致する必要はないのである。[19] そもそも,フランス労働法において明確な企業概念は未だ確立しておらず,企業組織が何によって構成されるかすらも明確ではないのである。[20] さらに,企業活動を基準として,本項や77年指令の適用をおこなった場合,広範囲に適用されることとなり基準を定

---

18) H. Blaise, «Continuité de l'entreprise : flux et reflux de l'interprétation extensive de l'article L. 122-12, al. du code du travail» *Dr. soc.*, 1984, p. 91.; G. Couturier, note sous Ass. plèn. 15. nov. 1985, *Dr. soc.*, 1986, p. 1, concl. picca,; du même auteur «Le maintien des droits des travailleurs en cas de transfert d'entreprise» *Dr. soc.*, 1989, p. 557.

19) A. Lyon-Caen, *op. cit.*, pp. 305.

20) G. Lyon-Cean, «Que sait-on de plus sur l'entreprise» *Mélanges dédiés au président Michel Despax* Presses de l'université des sciences sociales de Toulouse 2002, p. 34.

個別報告②

立し得ない。このような理由から，EC裁判所と破毀院は「企業（entreprise）」ではなく「経済的一体（entité économique）」を適用基準としたのである。しかし，「経済的一体」を活動の同一性と結び付けてとらえると，次のシュミット事件の場合のように，清掃業のような活動内容が変化しない業務委託・外注化の場合に特に問題となる。このような観点から，活動や組織といった企業概念を反映したあいまいな経済的一体ではなく，法的構成としての経済的一体の構築が必要であるとの指摘がなされたのである。

3 シュミット事件（1994年4月14日 EU判決）の問題点

シュミット（原告）は銀行（被告）の清掃作業に従事していたが，増改築により業務が増加したため，銀行は原告を解雇し，S社に清掃作業を委託した。S社は原告に以前より低い時間給を提示したため，原告は就業を拒否し銀行の解雇に対する解雇保護の訴えを提起した。ドイツ労働裁判所は，一人の労働者によっておこなわれていた清掃作業に指令が適用されるか先行判決を求めた。

EC裁判所は「指令の意味する譲渡，一部譲渡に該当するかどうか判断する決定的な基準は，経済的一体性が，アイデンティティーを維持しているかどうかであ」り，「清掃作業が一人の労働者によって行われていた場合であっても，……，移転を規定する指令の適用を除外するものではない。」と判断し，活動の同一性に着目し適用を肯定した。これに対し，一人の労働者は組織を構成しうるのかという重要な批判がなされた。組織的独立性のない労働者は，経済的一体という考えと乖離しているからである。シュミット事件は「活動の同一性」を基準に指令の適用を肯定した究極の形であった。事実，EC委員会は94年に「新指令案」を提出し，97年に「修正指令案」を提出することとなる。

---

21) P-H. Antonmattéi, *JCP,* 1993, éd. E, I, p. 370. n° 27.
22) A. Lyon-Caen, *op. cit.,* pp. 309. J-F. Cesaro, *op. cit.,* pp. 718.
23) A. Lyon-Caen, *op. cit.,* pp. 309.
24) CJCE 14 avr. 1994 «Schmidt», aff. C-329/92 : *Rec.,* 1994, p. 1321.; *D.,* 1994, p. 534, note B. Chauvet ; *JCP,* éd. E, I, P. 380. n° 7, obs. P-H. Antonmattéi.
25) P. Pochet, «L'apport de l'arrêt Schmidt à la difinition du transfert d'une entité économique» *Dr. soc.,* 1994, p. 931.
26) *JOCE* n° C. 274 du 1er oct. 1994. p. 10.

Ⅳ EU法・フランス法上の新基準の確立

1 EC裁判所判決における新基準の確立

修正指令案直後のズッツェン事件（1997・3・11 EU判決）の事実は次のようなものである[28]。

ズッツェン（原告）はZ清掃会社（被告，以下Z社）に勤務し，A学校の清掃作業を行っていたが委託契約を解除し，L清掃会社（以下L社）に業務を委託した。このため，被告Z社はA学校で清掃作業に従事していた従業員ら7名を解雇した。ボン労働裁判所は，本件に指令が適用されるか先行判決を求めた。

これに対し，EC裁判所は「複数の労働者によって構成されるひとつの集団が，ひとつの共通の活動に永続的に結びついている場合に，経済的一体を構成し，このような一体がそのアイデンティティーを維持して移転していると解釈でき，企業の新使用者が当該活動を継続しているだけではなく本質的な部分を承継し，数，専門的分野といった意味で，旧企業使用者が特にその業務に雇用していた従業員を再雇用している場合に，経済的一体性を認めうる（21段）。」と判示し77年指令の適用を否定した。

本判決によって，シュミット判決の行き過ぎが修正され，指令の適用基準として，新たに労働者集団と活動の結びつきが，重視される事が明らかとなった。EC裁判所にはシュパイカー事件，シュミット事件，ズッツェン事件にみられる適用基準の混乱を解消することが求められており，これは1998年指令の主たる目的のひとつでもあった[29]。

2 EU指令の改正

77年指令を修正する1998年6月29日指令（以下「98年指令」という。）1条，

---

27) 前掲注7）荒木85頁以下参照。
28) CJCE 11 mars 1997 «Ayse Süzen», aff. C-13/95: *Rec.*, 1997, p. 1268; *TPS*, 1997, n° 197, obs. P-H. Antonmattéi; *Dr. ouvr.*, 1997, p. 353. note P. Moussy.
　春田吉備彦「ドイツにおける企業再編と労働法」日本労働法学会誌106号187頁以下参照。
29) J-E. Cesaro, *op. cit.*, pp. 720.

a)は「本件指令は，約定による譲渡によってあるいは合併によって，別の使用者に企業，事業所，企業あるいは事業所の一部が移転するすべての場合に適用される。」と規定し，77年指令と同様であり，新しい影響をもたらすものではない。一方b)項は，「本条規定の条件付きで，本指令の意味する移転(transfert)とは，経済的一体(une entité éconmique)がそのアイデンティティーを維持しつつ，すなわち，手段・資力(moyen)よって構成された全体が，本質的なあるいは付随的なある経済活動を遂行するために，移転することを意味する。」と規定し，「企業の活動」と結び付いた経済的一体を使用しないことが明確となった。その後，二つの指令は文言を変えずに合わせられ，2001年3月12日指令として作定されている。[31)][32)]

3 フランス法における新基準
(1) 今日の破毀院判決の示す基準

98年指令は，フランス国内法に改正を要求するようなものではないが，98年指令がだされた直後の国立教育一般共済組合(MGEN)事件[33)](1998年7月7日破毀院判決，以下「MGEN事件」という。)によって，98年指令の解釈が示されている。[34)] MGEN(原告)は疾病給付契約を片務的に停止し，給付契約の実行は，新管理者であるパリ第一疾病保険金庫(被告)が行っていた事案において，破毀院は，「1977年2月14日の指令を参照し解釈すると，有効な労働契約が新使用者と企業の従業員との間で承継されうる場合とは，独立した経済的一体が，アイデンティティーを維持して移転し，経済的活動が新使用者によって継続あるいは再開されており，すなわち，経済的一体が移転している場合である」と判示し，給付の実行によって経済的一体が移転したとは認められないと判断し本

---

30) Directive n° 98/50 du 29 juin 1998 : *JOCE* n° L. 201, juill. 1998, p. 88.；邦語文献として，前掲注1)本久177頁以下参照。
31) A. Mazeaud, «Transfert d'entrprise : brèves observations à la lecture de la directive du 29 juin 1998» : *Dr. soc.*, avril. 2000, p. 147.
32) Directive n° 01/23 du 12 mars 2001 : *JOCE*, n° L. 82, mars 2001 p. 18.
33) Cass. soc. 7 juill. 1998, *Bull.*, V. 1998 n° 363 p. 275.
34) Cass. soc. 7 juill. 1998, *Dr. soc.*, 1998, p. 948, obs. A. Mazeaud.

項の適用を否定した。

本判決によって，労働契約が承継されるためには，①人と独自の目的をもった経済的活動をおこなうために用いられる有体と無体の要素によって構成された，独立した経済的一体（entité économique autonome）があること，②独立した経済的一体がアイデンティティーを維持していること，③独立した経済的一体が移転すること，④経済的活動が新使用者によって継続あるいは再開すること，これらの4つの要件の従属を要するとの新基準が明示されたのである。[35]破毀院の新基準に照らすと，シュミット事件のような，集団を構成しない（一人の）労働者の場合は「有体と無体の要素によって構成されるもの全体」ではないので，労働契約の承継が否定されることとなる。シュパイカー事件においても，有体財産は移転したといえても，無体財産は活動停止によって価値を喪失しており，「有体と無体の要素によって構成されるもの全体」が移転したということはできず，雇用の承継は否定されることになる。

(2) 新適用基準の適用の実際

次に，その後の判決では新基準がどのように解釈されているか検討する。

付随的な業務の外注化と労働契約の承継が問題となったペリエ・ヴィッテル・フランス（ヴェルゲツ事業所委員会[36]）事件（2000・7・18破毀院社会部[37]）において，破毀院はMGEN事件と同様の判断枠組みを示したうえで，「労働者の大部分が雑多な業務をおこなってきており，生産のための組織もなく，この業

---

[35] A. Cormier Le Goff/E. Bernard, *Restructurations et droit du travail après la loi du 18 janvier 2005*, Editions Liaisons 2005; Gestion sociale des transfert d'entreprise mai 2006 *Liaisons sociales*, p. 4 et suiv.; A. Mazeavd, *op. cit.*, pp948.

[36] 事業所委員会とは，複数の事業所を持つ労働者50人以上の企業の各事業所に設置され，企業委員会に代わり中央企業委員会に委ねられた権限以外の事務をおこなう労働者代表組織である。

[37] Cass. soc. 18 juill. 2000, *Dr. soc.*, 2000, p. 850.; G. Couturier, «L'article L. 122-12 du Code du travail et les pratiques d' «externalisation» (Les arrêts Perrier Vittel Francedu 18 juillet 2000)», *Dr. soc.*, 2000, p. 845.; B. Boubli, «Externalisation et L. 122-12 ou les affaires Perrier» *Sem. soc. Lamy.*, 31 juill. 2000 n° 992. p. 5.; P-H Antonmattéi, «Externalisation et article L. 122-12, alinéa 2 du Code du travail : le clash !» *Sem. soc. Lamy.* 25 sept. 2000 n° 996. p. 7.; P. Waquet, «Libres propos sur l'externalisation» *Sem. soc. Lamy.*, 16 oct. 2000 n° 999. p. 7.; ペリエ・ヴィッテル事件の邦語文献として，前掲注1)本久178頁以下参照。前掲注2)小早川論文，420頁以下参照。

個別報告②

務が特別の結果や独自の経済目的を生むための特別の手段をもっていないので，独立した経済的一体を構成しない」とし，独立した経済的一体がなく，労働者との結びつきがないとして新基準に基づいて本項の適用を否定した。

また，清掃作業の外部委託がおこなわれ，配膳・調理補助，病室内の清掃も担当していた原告の労働契約承継の成否が争われたシゴーニュ病院事件（2000・10・24破毀院社会部）[38]において破毀院は，旧公衆衛生法 L.710-4 条と L.711-2 条により，有体と無体の要素によって構成された医療機関が看護という特定の目的をもつので，医療機関は，「それ自体として経済的一体を構成し，……看護に関わるすべての業務は，経済的一体を構成する」ので，清掃作業の外注化に伴って，労働契約は承継されないとした。

(3) 新基準の検討

従来の基準では，活動の同一性さえ認められれば，何ら制約なく労働契約の承継が認められていた。しかしそれゆえ同時に，フランス法においても EU 法においても，独立性のない組織を譲渡することによってそこで働く労働者を排出する危険を含んでいた。これに対し，4つの要件の充足を要求する新基準では，労働者と企業本体と切り離されても機能する独立性のある組織との結びつきを重視し，独立性のある組織が移転する場合に，そこで働く労働者がまとまって移転することを可能とするのである。ペリエ・ヴィッテル事件では，運送用の木枠製作部署が独自の生産目標や人事権をもたず，経済的一体が存在せず，労働者も専従ではなく，製作部署との結びつきが薄いので本項は適用されない。新基準の特徴は独立した組織と雇用の連動を重視する点であるといえよう。

シゴーニュ事件では MEGAN 事件で示された基準に言及していない。しかし，医療機関は，医師，看護士，調理補助などの患者の看護に当たる人的要素と，医療機器や建物などの病院施設によって構成されている。また，公衆衛生法典は，医療機関が看護という独自の目的を持つと定めている。したがって，「人と有体無体の諸要素によって構成されるもの全体」が，看護という医療機関の目的のために用いられているので，医療機関は独立した経済的一体である

---

38) Cass. soc. 24 oct. 2000, *Bull*,. V.; P-H. Antonmattéi, «Externalisation et article L.122-12 al. 2 Code trav.: suite d'une nouvelle saga»; *Dr. soc.*, 2001, p.13.

ということができる。経済的一体と調理・配膳をおこなう労働者が深く結びついているからこそ，経済的一体と共に労働者が移転するのが合理的であり，経済的一体と雇用の切り離しを認めないという判断であると思われる[39]。このような考え方を採用した EU・フランスには，一体性がない場合に労働力だけ切り売りするべきではないという価値判断があると思われる。反対に，独立して組織として活動を継続できるのであれば，組織と労働者の結びつきを重視し，雇用を連動させるべきであるという考えも，見て取ることができる[40]。

このように，フランスと EU は判断基準を，活動の同一性という基準から変更し，「経済的一体性」という基準で判断している。そして，この基準は，今まで，活動の同一性という概念では解決できなかった清掃業務の外注化や付随的な業務の外注化，営業財産の賃貸借等の場合に，本項や指令を適用するか否かという問題の解決に役立つものである。企業組織と労働者の結びつき，まとまり，すなわち一体性がある場合にのみ適用され，シュミット事件のような一人の労働者が対象となった一体性を構成しない労働者の場合は適用されないのである。単に企業組織変動前の業務と企業組織変動後の業務の同一を理由として適用を肯定するのではなく，経済的一体という基準を通じて，労働を提供している場所と労働を提供する者との強い結びつき，一体性，まとまりを考慮し，それが本質的な性質を変えずに，つまりアイデンティティーを維持して移転し，業務が再開・継続されていた場合に，適用を肯定し雇用が承継されるのである。つまり，労働者が働いている組織全体と労働者の結びつきとを経済的一体性という言葉を用いて示しているといえよう。

V　結びに代えて

最後に，EU 法・フランス法の企業組織変動と労働契約承継のアプローチの

---

39)　obs. J. Savatier, «Art. L. 112-12 al. 2. Non application à une externalisation de services ne constituant pas une entité économique autonome» *Dr. soc.*, 2001, p. 93.
40)　CJCE 27 sept. 2001 «Temco», aff. C-51/00 : *Rec.*, 2002, p. I-969 *Rec.*, 1994, p. 1321. がある。

特徴について，日本法との比較という観点から若干の検討をおこなうこととする。

　フランス法・EU法において企業組織変動がおこなわれる場合，一定の要件を満たすのであれば，雇用は本人の同意なくとも承継される。また，労働契約の承継にあたっては，企業組織変動を直接の理由とする解雇も禁止される。こうした状況の中で，97年ズッツェン事件および98年指令以降，経済的一体性が肯定される場合，すなわち，組織としてのまとまりがある場合には，フランス，ドイツなどのEU諸国で，雇用の承継が認められるようになる。したがって，独立した組織と結びつきの強い労働者は，その組織の移転と共に新使用者に移転し，これによって，労働者の雇用が確保されることとなる。一定期間経過後，使用者は整理解雇や労働条件変更も可能であるが，一面では，これらの法規制や判例法理は，外注化，企業組織再編といった場合に，今日においても，労働者の解雇からの保護という機能を果たしているということができよう。

　本来，労働者の同意なくして使用者が労働契約を他の使用者に移転することはできないということは，フランス法においても，基本原則である。このため，一定の要件が具備すれば，雇用が移転させられるというのは，この原則に対する重大な例外である。しかし，例外的に，組織，職場と労働者の結びつきを優先させることによって，雇用の保護を図り，これによって，労働者の地位の保障が可能となっているのである。この限度において，本項は，当初の立法目的である「労働者の地位の保障」という役割を果たしているのである。そして，この例外は，法律によって，はじめて可能となっているという点を忘れてはならない。

　現在，EU法，フランス法では，組織としてまとまった一体と労働者の結びつきを重視し，労働者を使用者が随意に切り離して，企業自らの収益・企業価値を高めることを禁止し，労働者がまとまった組織と生産活動とその運命を共にすることを認めている。こうした考え方をEU指令，フランス労働法典が採用した理由として，組織としてのまとまり，一体性がない場合に，労働力のみ切り売りすべきではないという考え方があると推察される。

　他方，日本では，一部譲渡による独立性・採算性のない部門の譲渡，外注化

が行われている。また,企業組織変動に際して,特定承継がおこなわれる場合には,労働者を選別したうえで事業所を譲渡するということがみうけられる[41]。

　労働者と組織を一体として移転させ,その結果特定の労働者の排除を不可能とするEU法,フランス法の論理は,法規制の整備あるいは法理論の再構築といった対処の必要性を,示唆しているのではないだろうか。

(みずの　けいこ)

---

41) 例えば,東京日新学園事件・東京高判平17・7・13労判899・19頁。マルマンコーポレーション事件・大阪地平14・6・11労判833・93頁。日大医学部事件・最一小判平11・6・24などがある。

イギリスにおける労働法の適用対象とその規制手法

國武英生
(北海道大学大学院)

I はじめに

　イギリスでは,ブレア政権下において労働法の適用対象の画定という問題への対処が重要な政策課題として位置づけられている。このような問題意識が形成される背景には,雇用契約に基づいて二分法的に労働法の適用範囲を画定するという従来の手法がうまく機能していないとの共通の認識がある。1980年代以降の労働法の規制緩和,労働市場の柔軟化により,パートタイム労働者や臨時的労働者といった雇用形態で働く者が増加している。他方で,雇用に類似した要素を含む労務供給契約に基づいて就業する,いわゆる従属的就業者も社会問題化している。労働法の適用から排除される者が多数存在し,なお増加傾向を見せていることも大きな問題である。

　本稿は,このような問題を抱えるイギリスにおいて,どのようにして労働法の適用対象を画定しているのかを検討するものである。イギリスの制定法は,立法目的に応じて柔軟に適用対象を画定する手法を採用しており,その取り組みを検討することは,わが国の労働法制のあり方を考える上でも有意義であると思われる。ただし以下では,紙面の都合上,個別的労働関係を主たる考察対象とする。

　考察の順序としては,まずコモン・ローにおいて雇用契約の概念がどのように形成されてきたのかを検討し,その特徴と問題点を明らかにする (II)。そのうえで,制定法においてどのような法的対応がなされているかを検討することにより (III),イギリスの基本的特徴を明らかにしたい。

Ⅱ コモン・ローにおける雇用契約の概念

被用者 (employees) とは,雇用契約 (contract of employment) に基づいて労働する者であり,労務供給契約 (contract for services) を締結する自営業者 (self-employed, independent contractors) と区別される概念である。労働法制及び社会保障制度の適用の可否は,雇用契約の存否に基づいて決定され,その具体的基準はコモン・ローに委ねられてきた。そこでまず,コモン・ローにおける被用者性判断の変遷について確認したい。[1]

1 指揮命令基準

被用者性の判断は19世紀に誕生した指揮命令 (control) 基準から出発する。[2] 使用者の代位責任の事例において使用者の指揮命令に着目する判断が示された後,[3] 裁判所は使用者の指揮命令の有無を重視する判断を相次いで下した。

その典型的な例は,1880年のYewens事件である。[4] 同事件では,税法上の使用人 (servant) にあたるかどうかが争われたが,裁判所は,「使用人とは,仕事の仕方について自己の主人 (master) の命令に従う者」かどうかであるとして,役務契約 (contract of service) に基づいて働く使用人であると判断したのである。[5]

20世紀に入ると,Yewens事件で示された指揮命令基準は,労働者災害補償法 (the Workmen's Compensation Act)[6] や国民保険法 (National Insurance Act)[7]

---

1) コモン・ロー上の被用者性判断基準に関する先行研究として,林和彦「労働契約の概念」秋田成就編『労働契約の法理論』(総合労働研究所,1993年) 77頁,古川陽二「『自営的就業者』(self-employed) と『被用者』(employee) 性判断の基準」労働法律旬報1392号 (1996年) 13頁,小宮文人『イギリス労働法』(信山社,2001年) 54-57頁,岩永昌晃「イギリスにおける労働法の適用対象者 (一) (二)」法學論叢157巻5号 (2005年) 56頁,158巻1号 (2005年) 72頁。また,マーク・フリードランド (毛塚和彰:訳)「法律の実際と雇用関係の変遷」季刊労働法210号 (2005年) 137頁も参照。
2) 19世紀の雇用契約法理の展開については,石田眞『近代雇用契約法の形成』(日本評論社,1994年) 参照。
3) Sadler v. Henloc [1855] 4 E & B 570.
4) Yewens v. Noakes [1880] 6 QBD 530.

に関する事例においても採用された。また,「なされるべきこと,なされる方法,用いる手段,なされる時間を誰が決定するか」という基準を採用する裁判例も登場した[8]。指揮命令基準の特徴は,使用者が仕事の内容だけでなく,仕事の方法について指揮命令をしているかどうかに着目するところにあった。

しかし,指揮命令基準についてはその後の裁判例において次のような問題点が指摘されるに至った。1つは,高い能力や専門技術を有する者が適用の対象外になることである。Hillyer事件では,使用者が指揮命令をしていないとして,病院で働く看護士の被用者性が否定された[9]。また,Whittaker事件は,高い能力や専門技術を有する者については,たとえ雇用契約に基づいて働いていたとしても,使用者が指揮命令をしない場合も当然ありうると指摘した[10]。もう1つは,指揮命令基準では被用者と自営業者を区分できないという批判である。たとえば,Market Investigations事件においてCook J判事は,労働の仕方に指揮命令ができなくても雇用契約は存在しうるし,使用者に指揮命令の権限があったとしても,契約が雇用契約ではないという場合もありうると判示した[11]。また,使用者が労働の仕方について指揮命令できない雇用契約類型が存在すると指摘する裁判例もある[12]。

このように,指揮命令基準の問題点が明らかになっており,現在では,指揮命令基準は雇用契約の存否を判断する際の1つの判断要素として理解されている[13]。

---

5) 19世紀以来,イギリスでは役務契約(contract of service)概念が使用されてきたが,現在では雇用契約概念が主に使用されている。ディーキンはその歴史的経緯として,ベヴァレッジ報告と1940年代以降の社会立法などの影響を指摘する(S. Deakin and F. Wilkinson, The Law of the Labour Market, 2005, pp. 95-100)。
6) Simmons v. Health Laundry [1910] 1 KB 543, Underwood v. Perry [1923] WC & I Rep 63.
7) Scottish Insurance Commissioners v. Edinburgh Royal Infirmary [1913] SC 751, Hill v. Beckett [1915] 1 KB 578.
8) Ready Mixed Concrete (South East) Ltd v. Minister of pensions [1968] 2 QB 497.
9) Hillyer v. Governors of St Bartholomew's Hospital [1909] 2 KB 820.
10) Whittaker v. Minister of Pensions [1966] 3 All ER 531.
11) Market Investigations Ltd v. Minister of Social Security [1969] 2 QB 173.
12) Stevenson Jordan and Harrison v. MacDonald and Evans [1952] 1 TLR 101.
13) D. Brodie, The Employment Contract, 2005, pp. 4-5.

2 統合基準

1950年代に入ると、指揮命令基準では適切に雇用契約の存否を判断できないという認識が強まった。このようななか、経済的観点に着目した基準を採用する裁判例が出現する。その1つが統合 (integration) 基準である。Denning 判事は Stevenson Jordan 事件において、「雇用契約のもとでは、人は事業の一部として雇用され、その労働は事業の統合的部分としてなされているのに対し、他の労務供給契約に基づく労働の場合には、その仕事は事業のためになされているが、事業に統合 (integrated) されるのではなく、単に事業に付随 (accessory) するにすぎない」として、労働が組織に統合されることを強調した。[14] 統合基準の特徴は、高い能力や専門技術を有する者が適用の対象外となる指揮命令基準の問題点を補完し、新聞社で働くジャーナリスト、病院で働く医師や看護婦などを雇用契約上の被用者とすることを可能にするところにあった。[15]

しかし、その後の裁判例では、統合基準は判断枠組みとして明確にされておらず[16]、「統合」の法的位置づけも明らかにしていなかったことから、この基準は広く活用されなかった。

3 経済的実態基準

使用者が業務を外注化し、労働市場において雇用のリスクを回避する傾向が強まると、裁判所は経済的実態 (economic reality) 基準を活用するようになる。経済的実態基準とは、「自己の利益のために事業 (business on his own account)」を行う者かどうかを被用者性の判断基準とするものである。Market Investigations 事件において Cooke J 判事は、その判断要素として、自分の機材を提供しているか、他人を雇用しているか、誰が金銭的リスクを負っているか、誰が利益を得るのかなどの複数の基準から、自己の利益のために事業を行う者にあたらないとして、当該契約は雇用契約であると判断した。[17] 経済的実態

---

14) Stevenson Jordan & Harrison, supra note 12.
15) S. Deakin and G. S. Morris, Labour Law, 4rd ed., 2005, p. 151.
16) Ready Mixed Concrete (South East) Ltd, supra note 8, 524.
17) Market Investigations Ltd, supra note 11.

基準の特徴はパートタイム労働者や在宅労働者の被用者性を肯定できるところにあった[18]。ただし，自分の機材を提供したかどうかという要素は，雇用契約を決定づける要素とは必ずしもいえないと指摘する裁判例もある[19]。

その一方で，複数の判断要素を考慮する裁判例も登場する。たとえば，Ready Mixed Concrete（South East）Ltd事件において Mackenna J 判事は，①使用人（servant）が，賃金その他の報酬の対価として主人（master）の何らかの労務遂行のため，その労働と技術を提供をすることに同意しているか，②使用人が，明示的または黙示的に，その労務の遂行において，その相手方を使用人と呼ぶにふさわしい程度において，その相手方の指揮命令に服することに同意しているか，③その他の契約条項が雇用契約であることに矛盾しないものであるか，という基準を提示した[20]。

4 義務の相互性基準

1970年以降には義務の相互性（mutuality of obligation）基準が登場する。義務の相互性基準とは，使用者が仕事を与え，被用者が与えられた仕事を引き受けるという義務の相互性が契約一般の成立要件であり，義務の相互性が存在しない場合には，裁判所は当該契約を労務供給契約と判断するというものである。義務の相互性基準は，イギリスの一般契約法の約因（consideration）法理に由来するものであり，約因に基づいた契約を締結するためには，両当事者は契約上の義務を負うことを約束しなければならない[21]。義務の相互性が存在しない場合には，契約上の効力が発生しないと解されている[22]。

また，その後のコモン・ローによる法理形成により，雇用契約における義務の相互性基準は，契約関係を継続するという内容を含むものとして解されている[23]。つまり，契約の継続性が雇用契約の1つの要件となっているのである[24]。

---

18) S. Deakin and G. S. Morris, supra note 15, p. 136.
19) Ready Mixed Concrete (South East) Ltd, supra note 8, 516.
20) Ibid., 515.
21) M. Freedland, The Personal Employment Contract, 2003, p. 100, D. Brodie, supra note 13 pp. 9–11.
22) S. Deakin and G. S. Morris, supra note 15, p. 153.

では具体的に義務の相互性基準に関する裁判例を概観したい。義務の相互性基準は，在宅労働者（homeworkers），単発的・短期的な就労を行う者の被用者性判断において主に問題となっている。

在宅労働者の被用者性が争われた Airfix 事件は，原告は週5日にわたって靴のヒール部分を自宅で作る仕事に従事しており，継続的な契約関係が認められるとして，その被用者性を肯定した[25]。同様に，労働時間が決まっておらず，単発的に就労を行っている在宅労働者の被用者性が争われた Nethermere 事件においても，裁判所は，使用者が仕事を与え，被用者側は与えられた仕事を引き受けるという義務の相互性があり，単発的な契約を結びつける「包括的 (overall)」「統括的（umbrella）」な契約があったとして被用者性を肯定した[26]。

他方，単発的な就労や短期的な就労を行う者の被用者性が争われた事件では，義務の相互性が否定される傾向にある。リーディングケースは O'Kelly 事件である[27]。本件は，使用者の要請に従って出勤していたホテルのウェイターが組合活動を理由に解雇されたとして，不公正解雇を主張した事件である。裁判所は，複数の考慮要素を列挙したうえで，使用者が仕事を与え，被用者が与えられた仕事を引き受けるという義務の相互性の欠如を重視し，被用者ではないと結論づけた。

また，Clark 事件においても義務の相互性が認められないとして，その被用者性が否定されている[28]。この事件の看護婦は，使用者会社に登録し，定期的な労働時間が決まっておらず，地域の病院の要請に基づいて出勤していた。その看護婦である原告が人種差別を理由とする不公正解雇を主張した。裁判所は，包括的な雇用契約（global contract of employment）が存在しておらず，義務の相互性は認められないとして，その被用者性を否定した。

---

23) Wickens v. Champion Employment Agency Ltd [1984] ICR 365, Ironmonger v. Movefield Ltd [1988] IRLR 461, Montgomery v. Johnson Underwood [2001] ICR 819.
24) D. Brodie, supra note 13, pp. 25-30, S. Deakin and G. S. Morris, supra note 15, p. 154, M. Freedland, supra note 21, pp. 98-105.
25) Airfix footwear Ltd v. Cope [1978] ICR 1210.
26) Nethermere (St Neots) Ltd v. Taverna and Gardiner [1984] IRLR 125.
27) O'Kelly v. Trusthouse Forte plc [1983] CA.
28) Clark v. Oxfordshire Health Authority [1998] IRLR 125.

個別報告③

このように，義務の相互性基準の事例では，在宅労働者の被用者性については肯定されているものの，単発的な就労や短期的な就労を行う者の被用者性は否定される傾向にある。

5 コモン・ローの基本的特徴と課題

以上のようなコモン・ローにおける被用者性の判断基準は，次のような基本的特徴を有する。

第1は，複数の基準が併存するかたちで柔軟に法理が形成されてきているということである。イギリスでは4つの基準がその時代のニーズにあわせて形成されてきており，今日においても事例に応じて基準が使い分けられている。

第2は，雇用契約に基づいて二分法的に適用対象を画定しているということである。被用者に対しては労働法上の保護をあたえ，それ以外の者については労働法の適用対象外とする二分法的な適用対象の画定が行われている[29]。この二分法的な適用対象画定が実質的に確立したのは1970年代中頃といわれており[30]，イギリスにおける被用者概念の確立は比較的最近のことであると指摘されている[31]。

このような被用者性判断にはどのような問題があるのか。ここでは，とくに次の3つの点を指摘しておきたい。

第1は，判断基準の不明確性である。コモン・ローは，複数の判断基準を提示しているものの，どの判断要素を重視するのかは明らかになっておらず，個々の判断基準自体も必ずしもはっきりしていない[32]。また，被用者と自営業者の境界線事例において，コモン・ローの判断基準は機能しないという指摘がなされている[33]。

---

29) M. Freedland, supra note 21, pp. 18-22.
30) Ibid., p. 17.
31) S. Deakin, 'The Comparative Evolution of the Employment relationship' (2005) Centre for Business Research, University of Cambridge Working Paper No. 317, p. 8.
32) M. Freedland, supra note 21, p. 20.
33) H. Collins, 'Independent Contractors and the Challenge of vertical Disintegration to Employment Protection Laws' (1990) 10 Oxford Journal of Legal Studies 353, p. 369.

第2は，労働法の適用を排除される者の出現である。これまでの雇用契約法理は，フォーディストモデル，終身的なフルタイム雇用を念頭においた単一のコンセプトに基づいて形成されてきた。しかし，雇用形態の多様化により，労働法の適用から排除される者が増加しており，被用者性の判断は極めて困難になっている。そのため，学説においては，雇用契約法理の再構成の議論が積極的になされている[34]。

　第3は，使用者による契約に基づく意図的な適用排除である。契約当事者が自営業者として契約を締結することにより，解雇規制などの法的規制を免れることを裁判所が許容すべきかどうかが問題となっている[35]。

　このように，労働市場の変化と雇用形態の多様化に伴い，労働法制を雇用モデルに適用させることが難しくなるという問題を抱えるに至っている。このような問題状況のなか，イギリスでは，被用者か自営業者かという二者択一の考え方を脱し，制定法によって適用対象画定のフレキシビリティを確保することが重要な政策課題として議論されている[36]。そこで次に，制定法による法的対応について検討したい。

Ⅲ　制定法における法的対応

　制定法においても被用者概念が定義されている。被用者とは，「雇用契約 (contract of employment) を締結し，または雇用契約に基づいて労働する者（また，雇用終了後においては，雇用契約に基づいて労働した者）」である[37]。また，雇用契約とは，「役務契約 (contract of service) ないし徒弟契約 (appreticeship contract)」を意味し，「それが明示のものか黙示のものか，あるいは（明示の場合に）口頭によるか書面によるかを問わない」とされている[38]。

---

34) 最近の雇用契約理論の動向については，有田謙司「労働関係の変容とイギリス労働法理論・雇用契約論の展開」日本労働法学会誌106号（2005年）26頁参照。
35) H. Collins, K. D. Ewing, A. McColgan, Labour Law Text and Materials, 2001, p. 147.
36) M. Freedland, supra note 21, p. 18.
37) 1996年雇用権法 (the Employment Right Act 1996) 230条1項。
38) 1996年雇用権法230条2項。

個別報告③

　制定法では，このような被用者概念に加えて，労働者（worker），雇用（employment），雇用外の者（persons not in his employment）という概念が個々の立法目的に応じて使用されている。

1　労働者概念

　イギリスにおいて最も注目を集めているのが労働者（worker）概念である。労働者とは，「(a)雇用契約，または，(b)明示または黙示を問わず，また（明示であれば）口頭または書面を問わず，当該個人がその職業的または営業的事業の顧客（a client or customer of any profession or business undertaking）ではない契約の相手方に対して，個人的に労働またはサービスを行いまたは遂行することを約するその他の契約」をいう[39]。労働者概念の特色は，顧客関係にある真の自営業者を除く，労働またはサービスを提供する者を包含する広い概念を構築することを目指しているところにある。この労働者概念は，1986年賃金法（the Wage Act 1886）において使用された後，1996年雇用権法，1998年全国最低賃金法（the National Minimum Wage Act 1998），1998年労働時間規則（the Working Time Regulations 1998），2000年パートタイム労働者（不利益取扱防止）規則（Part-time Workers (Prevention of Less Favourable Treatment) Regulation 2000）などにおいて使用されている。

　労働者概念が採用された理由としては次の2点が指摘できる。1つは，ブレア改革の1998年の白書「職場における公正（Fairness at Work）」の影響である。政府はこの白書において，個人の雇用に関する権利が競争力並びに労働市場に関する政策において重要であることを指摘し，多くの者に雇用に関する権利を付与するという方針を示した。このようにブレア改革は，労働者概念を採用することにより適用対象を拡大している。もう1つは，コモン・ロー上のテストである義務の相互性基準によって適用除外される者の保護である[40]。前述のブレアの白書は，単発的な就労や短期的な就労を行ういわゆるゼロ時間契約（Zero-hours contracts）は使用者側にとってはフレキシビリティを提供し，逆に労働

---

39)　1996年雇用権法230条3項。
40)　S. Deakin and F. Wilkinson, supra note 5 p. 312.

者側にとっては短期的な収入を得たいというニーズに合致するとして，労使双方にメリットがあると評価する[41]。しかし，ゼロ時間契約が濫用されるおそれもあることから，労働者概念を採用することにより，濫用的な事例において基本的な保護が提供されることが期待されている。

労働者概念に関するリーディングケースは Byrne Brothers 事件である[42]。この事件では，建設現場で働く原告らは下請契約に署名することを要求され，その契約には，下請契約者には休暇手当などを受ける権利がないこと，仕事を拒否する権利があること，下請契約者は代替労働者を雇う自由を有し，自らが就労できない場合には代替労働者を就労させることができることなどの記載があった。原告らは，労働時間規則に基づいてクリスマスや新年の休暇手当ての支払いを求めて提訴した。

判旨はまず，労働時間規則が労働者概念を採用した趣旨は，被用者には該当しないけれども，中間クラスの労働者に拡張するところにあるとした。そして，実質的に経済的に同様の立場にいる労働者に適用範囲を拡大すべきであるとして，法律の立法趣旨を考慮する目的アプローチを採用した。その判断基準については，①個人による労働か，②契約関係があるか（義務の相互性があるか），③事業の引き受けがないかであり，雇用契約と労務供給契約の考慮要素が共通する場合は，推定される労働者の有利な方向に境界線が動かされるという基準を採用した。裁判所は結論として，労働時間規則上の労働者性を肯定した。この事件の特色は義務の相互性基準を被用者性の要件としていることである。その後の労働者概念に関する裁判例も義務の相互性基準を要件としており，この傾向は定着しつつある[43]。また，目的アプローチを採用して労働者性を肯定した点も注目される。

---

41) ゼロ時間契約とは，就業時間が雇用契約に明記されておらず，使用者の呼び出しに基づいて就業する雇用形態をいう（H. Collins, K. D. Ewing, A. McColgan, supra note 35 p. 81）。
42) Byrne Brothers (Formwork) Ltd v. Baird [2002] IRLR 96.
43) Stephenson v. Delphi Diesel Systems Ltd [2003] ICR 471, Mingeley v. Pennock [2003] UKEAT 1170, Firthglow v. Descombes [2004] UKEAT 916.

個別報告③

2 雇用概念

差別立法の分野では雇用（employment）概念が採用されている。雇用とは，「雇用契約，徒弟契約，または何らかの仕事（work）または労務（labour）を自分自身で行う契約に基づく雇用を意味する」と定義されている[44]。この概念の特徴は，雇用契約の当事者に加えて，「仕事（work）または労務（labour）を自分自身で行う契約」を含むところにある。この概念を採用したことにより，雇用契約以外の契約に基づいて就労する者の一部が適用対象に含まれる[45]。雇用概念を採用した法律としては，1970年平等賃金法（Equal Pay Act 1970），1975年性差別禁止法（Sex Discrimination Act 1975），1976年人種関係法（Race Relations Act 1976），1995年障害差別禁止法（Disability Discrimination Act 1995）などがある。

雇用概念のリーディングケースは，Mirror Group Newspapers Ltd事件である[46]。本件では，新聞社と代理店契約を結び新聞販売店を営んできた父親が，代理店を営む権利を原告である娘に譲渡することを会社に要求したところ，会社がそれを拒否したため，当該拒否が雇用上の性差別にあたると主張した。裁判所は，性差別禁止法の適用範囲について，その適用が弾力的で幅広いものであることを示すことにあったと述べたうえで，契約の主要な目的（dominant purpose）は新聞配達をすることであるとして，本件原告は性差別禁止法上の雇用にあたると判断した。

また，最近の事件として重要だと思われるものがAllonby事件である[47]。本件は，パート労働から自営業（self-employed）に契約変更された原告が，ローマ条約（EC）141条に基づいて従前の職場の男性と同等の賃金を請求した事案である。雇用概念に関連する部分のみを検討すると，裁判所は，ローマ条約141条の労働者概念は制限的に解されるべきではなく，法の趣旨を考慮すると，雇用とは，ある一定の期間に，第三者に労務を提供し，報酬を受けている者と

---

44) 1975年性差別禁止法（Sex Discrimination Act 1975）82条1項。
45) M. Freedland, supra note 21, p. 24.
46) Mirror Group Newspapers Ltd v. Gunning [1986] ICR 145.
47) Allonby v Accrington and Rossendale College [2004] IRLR 224.

広く解されるべきであると判断した。そして，仕事を受け入れるという義務が存在しないという事実は，従属的立場にいるかどうかの決定に大きな影響を与えないとした。本件の特色は義務の相互性基準を重視しない判断を示した点にある。

このように，雇用概念は，一部の労務供給契約をその適用対象に含むことから，労働者概念よりも広い概念として理解することが可能である。

3 雇用外の者概念

安全衛生の分野では，雇用外の者 (persons not in his employment) という概念が採用されている。1974年職場安全衛生法 (Health and Safety at Work Act 1974) 3条1項は，「すべての事業者は，合理的に実行可能な範囲において，その企業によって影響を受ける雇用外の者が，それによってその安全衛生が危険にさらされないように，その企業を運営しなければならない」と規定する。ここでいう雇用外の者とは，被用者ではない全ての者という意味に解されている[48]。

このように，事業者の安全衛生の義務については，被用者や自営業者だけでなく，職場に出入りする事業者なども広く保護対象とすることが明示されており，労働者概念や雇用概念よりも広い概念として構成されている。もっとも，職場安全衛生法においてこの概念が使用されている条項は限られており，被用者に限定した規定も数多くあることに留意する必要がある。

IV　むすびにかえて

まとめに入る前に，適用対象に関するイギリスの今後の動向について付言しておきたい。それは，前述したブレア政権の「職場における公正」に由来する1999年雇用関係法 (the Employment Relations Act 1999) 23条の規定である。この規定の特色は，自営業者以外の全ての者に対して制定法にもとづく最低限の

---

[48] S. Deakin and G. S. Morris, supra note 15, p. 165.

保護規定を適用するため，政府に労働法の適用拡大を可能とする権限を付与しているところにある。拡大される権利の内容としては，不公正解雇に対する不服申立権，出産休暇請求権などが想定されている。ただし，これらの権限はいまだ積極的には活用されていないといわれており，今後の動向が注目される。

最後に，以上の検討で明らかになったイギリスの特色と残された課題について指摘しておきたい。

まずイギリスでは，コモン・ローにおいて複数の被用者性判断基準が使用されている。今日では，義務の相互性基準が主に使用されており，そこにイギリスの特殊性を見出すことができるだろう。

次に，制定法では，二分法的な分類に基づかない適用対象画定の試みが行われている。とりわけ，最低賃金や労働時間などの雇用に関する権利の分野において労働者概念が使用されている点は注目に値しよう。これまでの裁判例をみるかぎり，労働者概念は義務の相互性基準を採用していることから，労働者概念は被用者概念の法的枠組みを踏襲した概念として位置づけることができる[49]。また，労働者概念の事例は個々の立法趣旨を考慮する目的アプローチを積極的に採用しており，イギリスの新たな試みとして注目される。

また，差別の分野では雇用概念，安全衛生の分野では雇用外の者という概念が採用されている。これらの概念を採用したことにより，雇用契約以外の契約に基づいて就労する者を適用対象に含めることが可能となった。ただし，それぞれの概念の違いは必ずしも明らかになっていない。制定法上の適用対象は規制目的に応じて同心円を構成しているという指摘もあるが[50]，イギリス法の評価は，今後の展開を踏まえて慎重に行う必要がある。今後の課題としたい。

(くにたけ　ひでお)

---

49) G. Davidov, Who is Worker ?, 34 ILJ 57, 59.
50) H. Collins, K. D. Ewing, A. McColgan, supra note 34, p. 166.

雇用における間接差別の概念と理論

長 谷 川　　聡
（中央学院大学）

I　はじめに

　間接差別（indirect discrimination）の概念は，例えば性差別についていえば，男女雇用機会均等政策研究会の報告書において，「外見上は性中立的な規定，基準，慣行等が，他の性や人種の構成員と比較して，一方の性の構成員に相当程度の不利益を与え，しかもその基準等が職務と関連性がない等，合理性・正当性が認められないもの」と定義される。この概念は，巧妙に，あるいは無意識に隠された差別を是正することを容易にすることで実質的平等に資する点で注目され，均等法において明文化されるに至った。
　ところが間接差別の概念の定義やこれによって把握される事案類型は国ごとに異なる。今後日本において間接差別の概念が運用され，後に見直されることが予定されており[1]，予め間接差別の概念の理論枠組みを検討して間接差別の定義と運用を検討する際の視点を明確にしておくことは有意義であると考えられる。本稿は，右の問題意識の下に，アメリカ，イギリス，EUにおける間接差別の機能の相違とその要因を検討するものである。
　なお，本稿では便宜上，イギリス，EUの間接差別の概念に対応するアメリカの差別的効果（disparate impact）の概念を含めて間接差別という用語を用いる。差別的効果の用語は，事実上の差別的な効果を意味する言葉として用いる。
　また，間接差別の概念は，性差別のみならず人種，年齢，障害など多様な差別理由について成立する概念であるが，本稿では，比較的議論の蓄積のある人

---

[1]　2006年の均等法改正時の衆参付帯決議。

個別報告④

種および性差別に検討対象を限定する[2]。

II　間接差別の定義と適用対象

1　間接差別の定義

いずれの法域においても間接差別の概念は明文化されている。アメリカの公民権法（Civil Rights Act）第7編（Title VII）703条(k)(A)は、①人種、皮膚の色、宗教、性別または出身国に基づく差別的効果をもたらすある特定の雇用に関する取扱い（employment practice）を被告が利用したことを原告が証明し、②被告が当該雇用に関する取扱いが当該職務と業務上の関連性を有し、業務上の必要性に合致することを証明することができなかった場合、または③原告が代わりの（alternative）雇用に関する取扱いを証明し、被告がこれの採用を拒否した場合、イギリスの性差別禁止法（Sex Discrimination Act 1975）1条(2)(b)は、①男性と同様、女性にもある規定、基準または取扱いを平等に適用する、または適用するであろう場合に、それにより男性と比較して女性にある特定の不利益を与える、あるいは与えるであろう場合であって、かつ申立人女性がその不利益を被る場合であって、かつ②それが適法な目的を達成するための適切な方法であることを証明することができない場合、EUの男女均等待遇指令[3]2条2項は、①外見上は中立的な規定、基準または取扱いがある性別の者を他の性別の者と比較してある特定の不利益を与えるであろう場合であり、②当該規定、

---

2) 間接差別については、紙幅の関係上比較的最近のものとして、林弘子「間接差別規定をめぐる日本の課題」世界の労働第56巻第3号2頁（2006年）、相澤美智子「間接差別法理の内容と適用可能性」労研538号32頁（2005年）、各法域については、アメリカについて、S. Lewis, Jr. & E. J. Norman, *Employment Discrimination Law and Practice* (West Group, 2d ed. 2004) pp. 242-259、イギリスについて、浅倉むつ子『労働法とジェンダー』136-170頁（勁草書房、2004年）、長谷川聡「イギリス労働法における間接差別の法理」比較法雑誌37巻4号81頁（2004年）、A. McCorgan, *Discrimination Law, Text, Cases and Materials* (Hart Pub., 2nd ed. 2005) pp. 72-128、EUについて、ロジェ・ブランパン著、小宮文人＝濱口桂一郎監訳『ヨーロッパ労働法』370-381頁（信山社、2003年）。

3) Council Directive 76/207/EEC on the implementation of the principle of equal treatment for men and women as regards access to employment, vocational training and promotion and working conditions.

基準または取扱いが適法な目的により客観的に正当化され、その目的を達成する手段が適切かつ必要でない場合に、間接差別が成立すると定義する[4]。これらの定義は、いずれも①基準等の差別的効果を申立人が証明し、②これに対して使用者が正当性の抗弁を主張する、という立証責任の分配を媒介とする構造を有している。アメリカの定義には、さらに、③争点となっている基準等よりも差別的でない基準等を証明することが正当性の抗弁に対する反証になることを定めた部分があるが、イギリスやEUでもこの判断要素は正当性の抗弁において考慮されているため、違いは大きくない。各国に共通するこの二段階の判断枠組みを、間接差別の基本枠組みと理解することができる。

　前半の基準等の差別的効果の証明は、次の立証プロセスに移る条件であるため、間接差別の一応の射程範囲を決定する役割を担っている。次の立証プロセスは、使用者による正当性の抗弁であるから、差別的効果を証明する方法を決定することは、同時に、使用者に正当性を説明させるかたちで問題提起を行う範囲を決定する意味を有しているといえる。間接差別では、直接差別とは異なり、使用者の差別的意図の証明は不要であるため、この問題提起の対象には無意識の差別も含まれる。

　これと対応していえば、後半の正当性の抗弁は、提起された問題をどのように解決するか、すなわち差別的効果を有する基準等が禁止されるべき差別に該当するか否かを実質的に問う役割を担っているといえる。

2　間接差別の問題として把握される事案の相違

　間接差別のリーディングケースは、アメリカのGriggs v. Duke Power Co.[5]である。この事件では、よりよい労働条件の部門への配置について、一定の学歴を有することと適性試験への合格を条件としたことが、黒人差別に該当するか否かが争われた。連邦最高裁は、公民権法第7編が機会の平等の達成を

---

4) 人種差別にも同様の定義が規定される。人種関係法（Race Relations Act 1976）1A条、人種均等待遇指令（Council Directive 2000/43/EC of 29 June 2000 implementing the principle of equal treatment between persons irrespective of racial or ethnic origin）2条(2)(b)。
5) 401 U.S. 424 (1971).

個別報告④

目的とすることを指摘し，従来黒人が白人と比較して十分な教育を受ける機会を与えられてこなかったことに着目してこの条件に黒人に対する差別的効果を認め，これの利用を認めることで差別的な雇用実態を維持させてはならない，と判示した。間接差別は，機会の平等の枠組みを利用して，差別的な歴史に起因する構造的差別を維持することを否定する法理として出発したのである。

その後間接差別の目的や機能は展開を見せる。各法域において今日までに間接差別の俎上に載った基準等の類型を全体としてみると[6]，Griggs 事件が問題にしていた，①管理職経験や一般能力テストなどの，差別的な歴史に基づく構造的差別が原因となって差別的効果が発生する基準等に加え，②身体的要件や語学能力要件のように，構造的差別とはほとんど関係なく，ある性別や人種であること自体が差別的効果の発生と強く結びついている基準等，そして，③フルタイム労働要件や転勤要件のように，構造的差別が個人の選択に影響を与えたことが遠因となって差別的効果が発生する基準等が間接差別の検討対象に含まれている。間接差別は，構造的差別の維持を否定するだけでなく，基準等と差別理由との関連性が高く，差別をしていないことの口実として使われた可能性の高い基準等を排除する機能や，差別的構造の存在が個人の職業生活の選択に事実上与えている影響を問い直す機能をも有するに至っている。

もっともこの機能がすべての法域において均一に認められているわけではない。英米の比較でいえば，Griggs 事件で争われた能力や資格に関する基準は双方で争われているが，明確な判断基準を設けずに面接官の印象に合否の基準をおく採用基準のような主観的な評価基準は，アメリカで多く争われる傾向にあり，逆に労働時間や勤続期間に関連する基準はイギリスにのみ見ることができる。この相違を差別的効果の発生原因の観点から見直すと，イギリスでは発生原因を問わず間接差別が争われているが，アメリカでは先の分類の③に分類される個人が一応それを受け入れて適用される基準等については争点とされない傾向があることがわかる。

基準等が争われた事案類型についても，アメリカでは採用や昇進・配置の場

---

6) 適用対象の概要については男女雇用機会均等政策研究会報告書等を参照。

面で間接差別が争われた事案が多く，賃金に関する事案はほとんど争点となっていないが，イギリスでは賃金に関する事案も争点となっている。

それぞれの定義の構造は類似しているため，この相違は他の要因によって生じたものと推測される。そこでこの要因を反映して展開してきたと考えられる，間接差別を構成する基本枠組みの解釈の相違を分析することで，この要因を明らかにすることを試みることにしたい。

なお EU については，欧州司法裁判所の機能が加盟国から付託された争点に関する EU 法の解釈方法を提示することにあり，具体的な判断基準と解決は加盟国に委ねられる傾向にある。以下の分析においても，アメリカとイギリスの比較を基礎に，これらと位置づけの異なる EU の議論を加える形で検討を行う。

3　適用範囲に影響を与える要素

ところで間接差別の基本枠組みの解釈を分析する前提として，間接差別の適用範囲に影響を与えるいくつかの事項を指摘する必要がある。

まずアメリカにおいて，基準等が真正な先任権制度 (seniority system) に該当する場合の適用除外規定が置かれていることである。[7] この「先任権制度」は，雇用期間の増加に応じて雇用上の手当や権利を付与する制度と理解されている。[8]

またアメリカでは，性を理由とする賃金差別について同一賃金法 (Equal Pay Act) の中に間接差別に代わる救済枠組みが用意されている。この法律の適用外にある賃金差別の事案においても，賃金は使用者によってだけでなく市場その他の要素によって決定されるものという考え方が強く，[9] 例えば，賃金制度は市場における需給関係など多様な要素によって決定されるため，間接差別の検討対象となる基準等とはいえないと判断されたり，[10] 個人がその職を選択して契約を結んでいるため，低賃金という差別的結果は賃金制度と因果関係はな

---

7) 公民権法第 7 編703条(h)。
8) California Brewers Ass'n v. Bryant 444 U.S. 598 (1980).
9) この点について，相澤美智子「アメリカの間接差別規制の現状と課題」世界の労働第56巻 3 号20頁（2006年）。
10) American Federation of State, County, and Municipal Employees v. Washington, 770 F. 2d 1401 (9th Cir. 1985).

く，個人の選択や市場によって生じたにすぎないと判断されたりする傾向がある。[11]

アメリカで勤続期間に関連する基準等や賃金について間接差別が争われにくい背景には，これらの影響が考えられる。

III　差別的効果の証明

1　基準等の意義

基準等の差別的効果は，検討対象とする基準等を確定し，これが差別的効果を有することを性や人種などの集団ごとに比較することによって証明される。

まず，検討対象となる基準等であるかを判断する基準は，間接差別の適用範囲を画定するとともに，行為の差別的性質を問題とする直接差別と，使用者の行為とは関係なく，基準等の差別的性質を問題とする間接差別とを区別するメルクマールとして位置づけられる。英米間には，あいまいな主観的評価基準もこの基準等に該当することを認めるか，という点に視点の相違が存在した。

アメリカでは，使用者が基準等を不明確なものに作り替えることで間接差別の適用を免れることを防ぐことを理由にこれを間接差別の検討対象とすることを認め，[12]逆にイギリスでは，基準等が採用や昇進など，これをクリアすることによって得られる利益を受けるために，絶対に満たさなければならない客観的な条件であることが必要とされてきた。[13]この解釈の相違は，イギリスで主観的評価基準に間接差別が適用されにくかった理由の一つであると解される。

もっともこのイギリスのルールは，間接差別の定義が現行のものに改正される前の文言の解釈から導かれていたルールであり，今日においては主観的評価基準を争うことに対する両国間の違いは縮小している。

主観的評価基準が差別的効果を発揮するには，使用者の主観的評価が必要で

---

11) Donnelly v. Rhode Island Board Governors, 110 F. 3d 2 (1st Cir.1997).
12) Watson v. Fort Worth Bank & Trust, 487 U. S. 977 (1988).
13) Perera v. (1) Civil Service Commission (2) Department of Custom and Excise [1983] IRLR 166 CA.

あるから，使用者の意識自体も含めた取扱い全体が間接差別の検討対象とされているといえよう。

2 基準等と差別的結果の因果関係

(1) 基本となる判断枠組み

次に，基準等の差別的効果を証明する方法についてはどの法域の定義も具体的な定めを置いていない。もっとも，基準等が有する差別的効果を検討するのであるから，基準等の効果が及ぶ，基準等の適用を受けうる者を判断基礎にすることが論理的であり，いずれの間接差別も，基準等の適用を受ける適格性(qualified) を有する者を集団的証明の原則的な判断基礎にしている。[14]

しかし適格性を有する者を判断基礎とする証拠が常に利用可能とは限らない。そのため，例えば企業内で利用されている昇進基準の間接差別を争うときに，基準等が適用される可能性のない企業外の者を判断基礎に含めることのように，適格性の基準に合致しない要素も，基準等の差別的効果を判定するために，一定範囲で証拠としての力を認める必要がある。この「一定範囲」の考え方について英米間に次のような違いがある。

(2) 差別的効果の証明における統計的証拠の位置づけの相違

アメリカには適格性の基準に極力従い，統計的証拠を駆使して差別的効果を具体的に証明しようとする傾向を見ることができる。アメリカでは差別的効果を証明する方法として，実際に基準等の適用を受けた者を基礎とする判断方法と，基準等の適用範囲にあった者を基礎とする判断方法がほぼ確立しており，[15]この枠組みをもとに，基準等が発生させた差別的効果を可能な限り具体的に捕捉した統計ほど，証拠としての力が強いものとする詳細な証明ルールが形成されている。

---

14) Dothard v. Rawlinson, 433 U.S. 321 (1977), Jones v. University of Manchester [1993] IRLR 218 CA, R v. Secretary of Employment Ex parte Seymour-Smith and Perez, Case C-167/97, [1999] ECR I-623.
15) アメリカにおける差別証明の枠組みについて，相澤美智子「雇用差別訴訟における立証責任に関する一考察——アメリカ公民権法第七編からの示唆 (一)〜(三・完)」東京都立大学法学会誌39巻2号609頁，40巻1号483頁，2号443頁 (1999年，2000年)。

個別報告④

　イギリスにはこれに対応する詳細な証明ルールはなく，むしろ適格性の基準や統計的証拠を離れて，常識や経験則，例えば女性の方が一般的に家庭責任や育児責任を負っていることが多く，労働時間を柔軟に変更しにくいことのような事実を広く判断基礎に取り入れて，差別的効果の有無が検討されている[16]。定義も，1975年当初の定義に規定されていた統計による証明に親和的な「割合」の文言や，割合比較の厳格さを要求する「かなり少ない」の文言は今日の定義では削除されており，統計的証拠の必要性を低下させる方向に改正されている。

(3)　個人の「選択」が介在する差別的効果の証明方法

　適格性を有する者は，基準等の適用により実際に不利益を受けうる立場にある者を意味するため，適格性の基準を満たさない証拠に認める証拠としての力の程度に関する右の英米の相違は，基準等と，これの差別的効果を証明することができる差別的結果との間に要求する因果関係の厳格さの相違であるといえる。

　この違いが具体的に現れる場面の代表例は，差別的効果の発生について個人の選択が介在する，先の差別的効果の発生原因に関する第三の分類に該当する基準等が争われる場面である。この場面は，個人の選択が基準等と差別的結果との因果関係を切断した，つまり個人の選択により差別的結果が生じたにすぎないと評価される可能性があるからである。

　このタイプの基準等が有する問題性は，選択が差別的構造の影響を受けて実は自由なものではなかった可能性もあることである。例えば，婚姻関係にある者に同一の職場で働くことを認めず，いずれかが退職や他の職場へ異動することを迫る条項（以下，「配偶者排除条項」という）は，夫婦のいずれが退職あるいは異動を受け入れるかを夫婦の任意の決定に委ねている。しかし夫婦の経済状

---

16)　British Airways plc v. Starmer [2005] IRLR 863 EAT.
17)　女性に対してと同様，男性にも平等にある要件または条件（requirement or condition）を適用する，または適用するであろう場合に，その条件を充足することができる女性の割合が，それを充足することができる男性の割合よりもかなり少なく（considerably smaller），その条件が，適用される者の性別にかかわりなく正当であることを立証することができない場合であって，当該女性がその条件を充足することができないために不利益を被る場合。

態を良い状態に保とうとすれば収入の少ない方が職をあきらめることが合理的であり，男性よりも平均賃金の低い女性に差別的効果が生じるようにみえる。

アメリカのように基準等から発生している差別的効果を厳密に把握しようとすれば，このような選好の傾向についても具体的な証明を求めることになる。配偶者排除条項の間接差別が争われたアメリカの事案として，同一部門で働いていた男女が結婚した結果，条項により一方の退職が求められた Thomas v. Metroflight Inc.[18] がある。原告らは，前述の論理に基づいてこの条項が女性に対する差別的効果をもつことを主張したが，裁判所は，経験的証拠や専門家による分析に基づく証拠などによって，この条項によって迫られる選択の結果が，非常に多くの場合に女性の雇用の終了につながることを原告が具体的に証明する必要があると指摘した。この判示は，個人の決定と差別的構造との間に因果関係があることを証明する負担を原告に負わせたものといえる。

このような厳密な因果関係の証明を要求する理由について，E. E. O. C. v. Joe's Stone Crab, Inc.[19] は，使用者の企業活動の一つとして利用されている基準等が原因で生じたのではない職場従業員の性別の不均衡を，使用者に積極的に是正する義務を負わせることは，公民権法第7編の趣旨を逸脱することを意味すると指摘している。すなわち，使用者が責任を負うのは基準等と因果関係があることを原告労働者によって証明された差別的結果に限ってであって，これを超えて差別の責任を問うことは責めのない使用者に逆差別を要求することになるという論理を採用している。

同じく配偶者排除条項が争われたイギリスの事案としては，Chief Constable of the Bedfordshire Constabulary v. Graham[20] がある。この事案は，配転希望先の部署のチーフが自分の夫であったためにその部署への配転を拒否された女性が，拒否の原因となった同条項の間接差別を争った事案である。この事案において審判所は，配偶者排除条項に女性に対する差別的効果を認めたが，その決め手を，経験則上この条項の適用について女性に対する差別的効果が認

---

18) 814 F. 2d 1506 (10th Cir. 1987).
19) 220 F. 3d 1263 (11th Cir. 2000).
20) Chief Constable of the Bedfordshire Constabulary v. Graham [2002] IRLR 239 EAT.

められる傾向にあることに求めている。

　審判所は，このような判断方法を採用した理由を，London Underground Ltd. v. Edwards (No. 2)[21]において，職業裁判官とともに審判所の審理を担う，労使の代表組織から推薦されたレイ・メンバー (lay member) と呼ばれる法律の専門家でない審判員は，雇用の場一般における知識と専門性を有するからこそ選出されたのであり，そのような知識や専門性を活用して柔軟な判断することが求められると指摘されていたことに求めている。この結果，アメリカでは具体的な証拠により証明することが求められていた賃金が少ないことと職をあきらめることとの因果関係は，経験則によって認められている。

　基準等と差別的結果との因果関係を厳密に理解することは，基準等が当該事案において発生させた差別的効果を厳密にとらえることを意味する。アメリカの手法はその事件で発生した差別的効果を客観的に判定し，使用者の責任の範囲を，使用者が基準等を通じて当該事案で発生させた差別的効果の範囲に限定しようとするものである。差別的構造が個人の選択に与える影響は原告が証明すべき事実であり，これが証明された限りで間接差別の課題となる。

　これに対しイギリスのアプローチは，常識や経験則を広く証拠として認めることで，構造的差別が個人の行動に及ぼしうる影響も間接差別の課題に含む傾向にある。アメリカのように因果関係を厳密に証明するために必要となる詳細な立証ルールが，間接差別を活用する際の制約要因になることは事実であり，これを回避して証明方法に柔軟性を認めることは，原告の立証の負担の軽減を意味する。結果的に間接差別の利用可能性が高まり，間接差別が問題提起をする範囲を拡大させることにつながろう。

　もっとも客観的証拠を重視するアメリカの証明ルールは，差別を内包している可能性のある一般論を排除する意味も有する。誰も無意識の偏見から自由ではない以上，常識や経験則を判断基礎とするイギリスの判断手法は，ステレオタイプを判断基礎とする危険性を有するといえる。

---

21) [1998] IRLR 364 CA.

Ⅳ　正当性の抗弁の機能

1　抗弁の判断基準

　正当性の抗弁は，差別的効果の証明によって間接差別の俎上に載った基準等の適法性を実質的に問い直す要件である。この抗弁は，基準等を適用した結果生じた差別的結果を，他の方法によって最終的に補正したことを証明しても成立しないと解されており，このことは間接差別が結果の平等を目指す概念ではないことを示すものといえる。[22]

　この要件の定義は，アメリカでは基準等と業務内容との関連性，および業務における必要性が意識され，イギリスでは基準等を設定した目的とその目的を達成する手段としての適法性，相当性に着目されている。もっともイギリスにも正当性の抗弁の判断において，基準等の必要性や業務との関連性を判断要素とすべきことを指摘した事案があり，[23]内容がまったく異なるわけではない。

　正当性の抗弁の判断傾向にも，因果関係の問題と同様に，詳細な証明ルールの有無という点に英米の違いを見ることができる。

　アメリカには，正当性の抗弁の判断基準として参照されているものとして，「被用者選考手続統一ガイドライン（Uniform Guidelines on Employee Selection Procedures）」[24]がある。このガイドラインは，当該業務における基準等の妥当性を判定するための多様で詳細な分析ルール，例えば基準等の評価基準や達成率と職務の遂行能力との相関関係を判定するルールなどを規定している。[25]

　イギリスでも裁判例において判断基準が深化しており，当初「性に関わりなく正当である」ことを規定するにすぎなかった正当性の抗弁の定義についても，

---

22) Connecticut v. Teal 457 U.S. 440 (1982), Jones v. Chief Adjudication Officer [1990] IRLR 533 CA.
23) Allonby v. Accrington & Rossendale College [2001] IRLR 364 CA, Greater Manchester Police Authority v. Lee [1990] IRLR 372 EAT など。
24) 29 C.F.R. 1607.4D (1978).
25) 詳細について高橋潔「米国における採用テスト妥当性の専門的基準と法的規制」労研417号51頁（1994年）。

個別報告④

EU 指令に従って目的の適法性と手段の相当性の均衡を要求する判断基準へと今日改正している。しかし判断基準の具体化はこのレベルに止まり，アメリカで採用されているような詳細な分析基準は見られない。むしろ申立人は詳細な統計や専門家だけでなく，審判所を説得できる様々な合理的な理由を用いることができるものとされている。[26]

2 コストの抗弁とより差別的でない基準等の評価

英米とも多様な要素を判断基礎としているが，経済的理由，特にコストを抗弁事由として利用することに対する評価に両国の違いを見ることができる。コストの問題は，例えば採用後の教育訓練費用を抑えるために予め業務に関連する職業資格を有することを採用条件としたり，引継ぎなどに必要なコストを減少させるためにパートタイム労働を拒否し，フルタイム労働を要求したりする場合に現れる。

いずれの間接差別もコストを抗弁事由として利用することを否定してこなかったが[27]，EU では近年コストを抗弁事由として認めることを制限し，コストの増大のみを理由に正当性を認めることが否定されるに至った。その理由について Schröder v. Deutsche Telekom GA[28] は，「男女平等を定めるローマ条約の条文がもつ経済的目的，すなわち，異なる加盟国において設立された企業間の競争におけるねじれを解消するという目的は，同じ条文の社会的目的，すなわち基本的人権の一つを確立するという目的に対して二次的であると結論しなければならない」ことを指摘しており，この影響はイギリスにも及んでいる[29]。

この違いは，例えば，現在利用している基準等とほぼ同様に目的を達成することができ，現在の基準等よりも差別的でない基準等が存在していた場合，こ

---

26) Cobb and others v. Secretary of State for Employment and Manpower Serevices Commission [1989] IRLR 464 EAT.
27) New York City Transit Authority v. Beazer, 440 U. S. 568 (1979), Bullock v. Alice Ottley School of Haringey [1992] IRLR 564 CA, Bilka-Kaufhaus GmbH v. Wbber von Hartz Case-170/84, [1986] ECR 1607.
28) Case C-50/96, [2000] ECR I-743.
29) Cross and others v. British Airways plc. [2005] IRLR 423 EAT.

れを正当性の抗弁においてどのように評価するかに現れる。

この判断要素はいずれの法域でも採用されているが、位置づけは異なる。アメリカやEUではこれを証明することにより使用者の正当性の抗弁を覆すことができる一方[30]、イギリスでは改正前の正当性の抗弁の定義の下で、基準等の必要性と差別的効果の大きさのバランスを判断するときの一判断要素として位置づけられていた[31]。これによればアメリカは、イギリスと比較してより差別的でない基準等を用いた抗弁を正当性を否定する要件として積極的に位置づけているといえる。

しかしコストを抗弁事由とすることの評価をふまえると、アメリカではこの抗弁の成立を判断する際にもコストを考慮要素とすることを否定していないため[32]、より差別的ではないが経済的効率性に劣る基準等が証明されたとしても、これが代替可能な基準等とは必ずしも評価されない可能性がある。

これに対し、イギリスではこの判断要素はバランステストの一要素にすぎなかった。しかしコストを抗弁事由とすることを限定することにより、経済的効率性にはやや劣るより差別的でない基準等にも正当性の抗弁を否定する証拠としての強い力を認める、つまり多少コストがかかっても差別的効果を減じることができる措置を講じたか否かが、正当性の抗弁の成否を決する判断要素として影響力をもつことになる。

この点に関するイギリスの事件として、小さい子どもを養うひとり親の地下鉄女性運転手が新たな勤務シフトの適用を受け、これによって従来と同じ賃金を受けるためには深夜あるいは長時間労働を行わなければならなくなったことについて間接女性差別を訴えた London Underground Ltd. v. Edwards (No. 2)[33] 事件がある。この事件において審判所は、正当性の抗弁を否定する理由として、使用者が育児責任という労働者の個人的な必要性に対して便宜を図ることができたにもかかわらずこれを怠ったことを指摘した。この事件では便宜を図った

---

30) Albemarle Paper Co. v Moody, 422 U.S. 405 (1975), Bilka-Kaufhaus GmbH v. Wbber von Hartz, supra note 27.
31) Cobb and others v. Manpower Services Commission, 前掲注26)。
32) Watson v. Fort Worth Bank & Trust, 前掲注12)。
33) [1997] IRLR 157 EAT.

個別報告④

としても経営上の負担が生じなかったという事情があったが，コストを抗弁事由とすることに否定的な態度を取れば，便宜を図ることに多少の負担が生じる事案であったとしても，論理的に同様の結論が導かれていたといえよう。

差別禁止法においては，障害を理由とする差別のような特殊な例を除いて，ある集団を優遇することも差別に該当すると一般的に理解されているが，イギリスの間接差別は，その事案における被差別集団に対する一種の調整措置を事実上要求していると理解することができる[34]。同様の傾向は，より差別的でない代わりの基準等の存在が，正当性の抗弁を否定する要素としてイギリスと比較して積極的に位置づけられているEU，そしてEU指令に従って正当性の抗弁の定義を改正した今日のイギリスにいっそう強く当てはまると考えられる。

V　おわりに

以上の検討からは，次のような結論を導くことができよう。

まず，間接差別が，機会均等を阻害する制度や雇い主の意識などの障害を除去し，構造的差別を排除して実質的平等の実現を図る概念であることである。

しかしその内容は一義的ではない。一方では，アメリカのように差別的効果を判断する基礎を使用者の取扱いと明確な因果関係がある限りとし，その範囲において差別的効果を持つと認められる基準等を検討対象として，業務との厳密な関連性がない限りこの基準等を排除していこうとする考え方があり，他方では，イギリスのように差別的効果を判断する基礎をより普遍的なものとして，この範囲で差別的効果を認められる基準等に問題提起をして，比較的緩やかな判断基準に基づいてこの基準等を排除し，構造的差別の是正を積極的に働きかけようとする考え方があった。この違いは，直接的には統計的証拠の利用方法や抗弁事由の評価方法の違いに起因していたが，この背景には，主に使用者の関与による労使間における不公正な基準等の利用を否定するのか，あるいは社会との関係において一般的に相当性がないと評価される基準等を排除するのか，

---

34) H. Collins, *Emplyment Law* (Oxford University Press, 2003) p.72.

という差別概念に込められた視点の相違が存在していた。

　本稿で行った比較法的検討は，間接差別の概念の機能や位置づけを評価，検討する際に，次のような視座を提供する。

　まず，差別的効果の証明ルール，特に基準等とこれの差別的効果の証明を認めるときに利用されるべき差別的結果との因果関係の証明ルールという視座である。このルールを明確にすることは，間接差別の射程範囲を明確にすることを意味し，間接差別が対象とすべき差別をどの範囲を基礎とするものにするか，という課題に関連する。日本では，社会的妥当性を判断基礎の一つとする公序概念の下で差別禁止に関する諸法理が展開してきたことをふまえると，間接差別として問題提起をするか否かを，基準等の適用範囲と明確に関連する領域に限定することは，日本の従来の差別概念の理解と整合しない場面が大きくなると考えられる。適格性の基準を柔軟に運用し，これと対応して明確性を確保しつつも，過度に厳密な証明ルールによらない正当性の抗弁の証明ルールを構築することが公序法理における差別にはなじみやすいと考えられる。

　また，ポジティブ・アクションなどの積極的差別是正措置との関連も検討の視座として必要になる。間接差別は，具体的な救済をもたらすポジティブ・アクションとは異なる位置づけにあるが，立証枠組みの構成次第では，構造的差別の維持を否定するだけでなく，これを積極的に是正する機能ももちうる。ポジティブ・アクションのイニシアチブは使用者にあるが，間接差別という差別を証明する手続を規定することは，職場における差別を積極的に是正することについて，労働者にイニシアチブを与えることを意味する。この労働者のイニシアチブは，使用者に，間接差別を回避するためにポジティブ・アクションを講じるインセンティブを与える効果をもたらすことになろう。

　間接差別は一般的にこのような効果をもつと考えられるが，是正措置を講じなければ違法評価を受けるという意味でのインセンティブの範囲を，現在利用している基準等の見直しにとどめるか，あるいはイギリスのように一種の調整措置のようなものも含めるべきかについては検討の必要があろう。

　そして紛争解決制度の視座である。イギリスでは，雇用審判所の法曹ではないレイ・メンバーを中心に間接差別の柔軟な判断枠組みが展開し，アメリカに

個別報告④

は逆の傾向が見られた。もっともアメリカでは，公民権法第7編において間接差別の訴えを行う前に，雇用機会均等委員会（Equal Employment Opportunity Commission）へ申立を行うものとされており，ここで行われる労使間の協議などによる調整の段階において，イギリスの審判所が把握してきた経験則がある程度くみ取られている可能性もある。日本において，差別事件についていかなる紛争解決制度が構築されるかも，間接差別の展開を左右する要因の一つとなろう。

(はせがわ　さとし)

回顧と展望

災害調査復命書の文書提出義務
　　──国（金沢労基署長）災害調査復命書提出命令事件・最三小決平17・10・14
　　労判903号5頁──　　　　　　　　　　　　　　　　　　　　　　菅　　俊治

団体定期保険契約と被保険者の同意
　　──住友軽金属工業（団体定期保険第2）事件・最三小判平18・4・11
　　裁時1409号14頁，労判915号51頁──　　　　　　　　　　　　水島　郁子

期限付任用公務員の任用更新拒否
　　──国立情報学研究所事件・東京地判平18・3・24判時1929号109頁──　　下井　康史

災害調査復命書の文書提出義務
―― 国（金沢労基署長）災害調査復命書提出命令事件・
最三小決平17・10・14労判903号5頁――

菅　　俊　治
（弁護士）

I　事案の概要

1　事実関係

(1)　本件は，いわゆる「災害調査復命書」が，民訴法220条4号ロ所定の公務秘密文書に該当するか否かが争われた事件である。

本件の本案事件は，抗告人（X）らが，被告会社に対し，Xらの子が就業中に本件労災事故に遭って死亡したとして，安全配慮義務違反等に基づいて損害賠償を求めた事件である。Xらは，本案事件において，本件労災事故の事実関係を具体的に明らかにするため，民訴法220条3号又は4号に基づき，国（Y）に対し，災害調査復命書（本件文書）の文書提出命令を申し立てた。

これに対し，Yは，本件文書を提出しなければならないとすると，労働安全衛生関係法令の履行確保を図るという行政事務，労働災害の発生原因を調査し同種の労働災害の再発防止策を策定するのに必要な情報を収集するという労働災害調査に係る事務の適正かつ円滑な実施が困難になるとして，本件文書は同条4号ロの公務秘密文書に該当すると主張し，提出義務の存在を争った。

(2)　災害調査復命書は，特定の労働災害が発生した場合に，労働基準監督官等の調査担当者が，労働安全衛生法の規定に基づいて，事業場に立ち入り，関係者に質問し，帳簿，書類その他の物件を検査し，作業環境測定を行うなどして（同法91条，94条），また，関係者の任意の協力を得たりして，労働災害の発生原因を究明し，同種災害の再発防止策等を策定するために，調査結果等を踏まえた所見を取りまとめ，労働基準監督署長に対して，その再発防止に係る

措置等の判断に供するために提出される文書である。労働基準監督署長は，これを基に再発防止のための行政指導や行政処分等の内容を判断し，また，その写しを都道府県労働局を通じて厚生労働省に送付する。都道府県労働局や厚生労働省においては，これらを集約して再発防止のための通達の発出や法令改正等を行うなど，各種施策を検討するための基礎資料として活用している。

(3) 本件文書は，石川県労働局所属の労働基準監督官（本件調査担当者）が，本件事業場における2回の調査を含め，2ヶ月間にわたり調査した結果をとりまとめたものである。

本件調査担当者は，本件労災事故の発生したその日のうちに本件事業場に立ち入り，労働者Aの協力の下，本件労災事故の発生状況について概括的な供述を聴取するとともに，関係書類の提出を受け，本件労災事故の現場の計測と写真撮影を行い，現場に残されていた物件を見分するなどし，その5日後，被告会社代表者並びに労働者B及びCから，本件労災事故発生時の状況の説明，関係資料の提出とその説明を受けた。

本件文書の記載事項のうち，「事業場の名称，所在地，代表者氏名及び安全衛生管理体制，労働災害発生地，発生年月日時，被災者の職・氏名，年齢」は，主に上記代表者及び上記労働者らから聴取した内容に基づき記載され，「災害発生状況」は，上記聴取内容のほか，被告会社から提出を受けた関係資料，本件事業場における計測，見分等を基に，本件調査担当者が推測，評価等を加えた結果が記載され，「災害発生原因」は，上記聴取内容，関係資料，見分等を基に，本件調査担当者が推測，分析した結果が記載されている。もっとも，本件文書には，上記聴取内容がそのまま記載されたり，引用されている部分はなく，本件調査担当者において，他の調査結果を総合し，その判断により上記聴取内容を取捨選択して，その分析評価と一体化させたものが記載されている。また，本件文書には，他に，再発防止策，行政指導の措置内容についての本件調査担当者の意見，署長判決及び意見，その他の参考事項も記載されている。

(4) 上記労働者は，いずれも，本件文書が本案事件において提出されることには同意しない旨の意思を示していた。

2 相対立する下級審決定

(1) 以上の事実関係の下で，原々審（金沢地決平16・3・10労判903号14頁）は，本件文書は，労働災害における被災者の法的地位や権利関係を直接証明し，若しくは基礎付ける目的で作成された文書又は挙証者と所持者その他の者との共通利益のために作成された文書として，民訴法220条3号前段のいわゆる利益文書に該当するとして，申立を認容した。

(2) これに対し，原審（名古屋高裁金沢支決平17・3・24労判903号11頁）は，災害調査復命書が民事訴訟の証拠として使用され，その記載内容や調査担当者の評価等が争われることになれば，調査担当者において以後記載する内容や表現を簡素化したり，意見にわたる部分の記載を控えたりするなどの影響を受けざるを得ず，率直な意見の記載が妨げられたりする意思決定の中立性が損なわれるおそれが高い。また，一般に，労働者や下請業者等の関係者が労働災害に関する情報を提供した場合に，情報提供の事実や提供した情報の内容が容易に公開されることになると，関係者の中には，情報提供により不利益を被った事業者から報復されることを恐れて，災害調査の場面において調査担当者の事情聴取に対し不十分な情報提供しか行わないといった対応をするおそれも否定できないとし，本件文書は，公務員の職業上の秘密に関する文書で，その公開により労働災害の発生原因の究明や同種災害の再発防止策の策定等に著しい支障を来すおそれがあり，公務の遂行に著しい支障を来すおそれが具体的に存在すると認められるとして，原々決定を取り消し，本件申立を却下した。

(3) 原決定に対して，Xらは許可抗告を申し立てた。

III 決定要旨——原決定を破棄，差戻し——

1 「公務員の職務上の秘密」の該当性

(1) 本決定は，民訴法220条4号ロの「公務員の職務上の秘密」とは，公務員が職務上知り得た非公知の事項であって，実質的にもそれを秘密として保護するに値すると認められるものをいうが，これには公務員の所掌事務に属する秘密だけでなく，公務員が職務を遂行する上で知ることができた私人の秘密で

あって，それが本案事件において公にされることにより，私人との信頼関係が損なわれ，公務の公正かつ円滑な運営に支障を来すこととなるものも含まれるとした。

(2) その上で，本決定は，本件文書には，①本件調査担当者が職務上知ることができた「本件事業場の安全管理体制，本件労災事故の発生状況，発生原因等」の被告会社にとっての私的な情報（「①の情報」）と，②「再発防止策，行政上の措置についての本件調査担当者の意見」「署長判決及び意見」等の行政内部の意思形成過程に関する情報（「②の情報」）とが記載されているとし，②の情報に係る部分は公務員の所掌事務に属する秘密が記載されたものであり，①の情報に係る部分も，公務員が職務を遂行する上で知ることができた私人の秘密が記載されたものであるが，これが本案事件において提出されることにより，調査に協力した関係者との信頼関係が損なわれ，公務の公正かつ円滑な運営に支障を来たすことになるとして，①，②の情報のいずれも民訴法220条4号ロにいう「公務員の職務上の秘密に関する文書」に当たるとした。

2 「公務の遂行に著しい支障を生ずるおそれ」の該当性

(1) 次に，本決定は，民訴法220条4号ロの「その提出により公共の利益を害し，又は公務の遂行に著しい支障を生ずるおそれがあるもの」とは，単に文書の性格から公務の利益を害し，又は公務の遂行に著しい支障を生ずる抽象的なおそれがあることが認められるだけでは足りず，その文書の記載内容からみてそのおそれの存在することが具体的に認められることが必要だとした。

(2) そして，本件文書のうち，②の情報に係る部分は，行政内部の意思形成過程に関する情報が記載されたものであり，その記載内容に照らして，これが本案事件において提出されると，行政の自由な意思決定が阻害され，公務の遂行に著しい支障を生ずるおそれが具体的に存在することが明らかであるとした。

他方，①の情報に係る部分は，これが本案事件において提出されると，関係者との信頼関係が損なわれ，公務の公正かつ円滑な運営に支障を来すことにはなるが，(ア)本件文書には，被告会社の代表取締役や労働者らから聴取した内容

がそのまま記載されたり，引用されたりしているわけではなく，本件調査担当者において，他の調査結果を総合し，その判断により上記聴取内容を取捨選択して，その分析評価と一体化させたものが記載されていること，(イ)調査担当者には，事業場に立ち入り，関係者に質問し，帳簿，書類その他の物件を検査するなどの権限があり（労働安全衛生法91条，94条），労働基準監督所長等には，事業者，労働者等に対し，必要な事項を報告させ，又は出頭を命ずる権限があり（同法100条），これらに応じない者は罰金に処せられるとされていること（同法120条4号，5号）などにかんがみると，①の情報に係る部分が本案事件において提出されても，関係者の信頼を著しく損なうことになるということはできないし，以後調査担当者が労働災害に関する調査を行うに当たって関係者の協力を得ることが著しく困難になるということもできない。また，上記部分の提出によって災害調査復命書の記載内容に実質的な影響が生ずるとは考えられない，として「公務の遂行に著しい支障が生ずるおそれ」は具体的に存在しないとした。

以上から，本決定は，本件文書のうち①の情報に係る部分と②の情報に係る部分とを区別せず，その全体を民訴法220条4号ロ所定の文書にあたるとした原決定には法令違反があるとして破棄し，①の情報に係る部分の特定等について審理を尽くさせるため原審に差し戻した。

Ⅳ 検 討

1 本決定までの問題状況

(1) 旧労働省は，昭和45年以来，数次の通達を発し，裁判所もしくは弁護士会等から災害調査復命書等の書類について写しの交付を要請された場合には，その写しの交付には応じず，「災害発生の事実関係を明確にするために必要な事項」のみに限定して「回答して差し支えない」としてきた。[1]

旧民訴法312条3号に基づいて診断書，調査復命書等の文書提出命令を申し

---

1) 昭和45年6月17日付基発第452号。昭和57年2月22日付基発128号及び昭和57年2月付「第三者からの文書の開示等の要請に対する取扱処理要領」。平成9年12月25日付基発778号。

立てた事件としては神戸西労基署長事件があったが，一審（神戸地裁昭54・9・5労判350号45頁）は法律関係文書に該当するとして提出を命じたが，二審（大阪高決昭55・7・17労判350号27頁）は申立を却下した。[2]

（2）しかし，民事訴訟法の平成13年改正で，公務文書についても文書提出が一般義務化され（民訴法220条4号），新たに公務秘密文書（同号ロ）と刑事事件関係書類（同ハ）が除外文書に加えられた。

厚生労働省は，平成13年改正を受けてこれまでの通達を変え，文書提出命令，文書送付嘱託，弁護士会照会の各対応について，これまでの全面非開示方針から，部分開示方針に政策変更した。[3]この変更は，最高裁事務総局民事局との「意見交換」を経てなされたものであるが，[4]文書送付嘱託については関係者の同意がなければ非開示とし，各種復命書も非開示とするなど，依然として制限的であった。

（3）平成13年改正以降，民訴法220条4号ロの解釈適用を示した決定例はまだ多くないが，今後，増加が予測される。

労働基準行政機関の所持書類については，労働災害に関する同僚の聴取書，各復命書，地方労災委員の意見書等の提出を命じた神戸東労基署長（文書提出命令）事件（神戸地決平成14・6・6労判832号24頁），災害調査復命書の提出を命じた廿日市労基署長（災害調査復命書等提出命令）事件（広島地決平17・7・25労判901号14頁）があるが，最高裁決定は本決定が初めてである。

2 「職務上の秘密」の意義

（1）「職務上の秘密」の意義について，本決定は，実質秘を意味するとして，非公知性，秘匿の相当性を要求した。これは本決定も引用する国家公務員法その他の「職務上知り得た秘密」に関する従来の解釈を踏襲したものである。

（2）もっとも，国家公務員法等では，守秘義務の対象となる「職務上知り

2）特別抗告がなされたが，最高裁は憲法違反に当たらないとして却下した（最3小決昭56・2・18労判368号31頁）。
3）平成14年3月13日付基発0313008号，同日付基総発0313001号。
4）上村考由・中澤信彦「労災関係文書送付嘱託等における取扱いについて」民事法情報 No.189，25頁。

得た秘密」（同法100条1項参照）と，法廷証言にあたり所轄庁の許可を要する「職務上の秘密」（同法100条2項）と2つの概念があり，両者の区別については，公務員の証言拒絶権や文書提出義務の範囲等をめぐって，従来から解釈論，運用論，立法論上さまざまな議論があった。[5]

平成13年の民訴法改正にあたり，立法担当者の執筆した解説によれば，「職務上知り得た秘密」とは，職務を遂行する上で知ることができた秘密で，その公務員の所掌事務に属する秘密のみならず，私人の秘密を含む。これに対し，「職務上の秘密」とは，公務員の所掌事務に属する秘密のみを指し，但し私人の秘密であってもそれが公開されると私人との信頼関係が損なわれる結果，私人の協力を得ることができなくなり，結局，その公務の民主的・能率的運営に支障を生ずることになることから，「職務上知り得た秘密」と民訴法上の「職務上の秘密」の範囲とは，ほぼ一致するなどとされている。[6]

本決定は，これとほぼ同様の考え方を採用したものと考えられる。思うに，民訴法上の一般義務の例外としての除外文書制度は，公務員の守秘義務制度とは趣旨が微妙に異なりうる。私人の秘密については，守秘義務は広くカバーすべきであるが，民訴法上は真実発見がプライバシーに基本的に優先するからである。「職務上の秘密」については，基本的に所掌事務に属する秘密のみを指すと解した上で，私人の秘密に関する情報については，公務の公正かつ円滑な運営に支障を来す範囲で「職務上の秘密」概念に取り込んでいく考え方は妥当であろう。その場合，次の公務遂行障害性の程度（「著しい」）が問題となる。

3 「公務の遂行に著しい支障を生ずるおそれ」の判断

(1) 本決定は，「公務の遂行に著しい障害が生ずるおそれ」（公務遂行障害性）について，抽象的なおそれでは足らず，文書の記載内容からみて具体的に認められる必要があるとした。前掲・神戸東労基署長（文書提出命令）事件，廿日市労基署長（災害調査復命書等提出命令）事件の各決定が既に述べているところであり，一般的基準としては妥当であろう。

---

5) 伊藤眞「証言拒絶権の研究(2)」ジュリ1052号93頁等。
6) 深山卓也他「民事訴訟法の一部を改正する法律の概要（上）」ジュリ1209号104頁。

(2) その上で本決定は，本件文書について，①の情報（被告会社の私的な情報）と②の情報（行政内部の意思形成過程に関する情報）とに分けた上，①の情報については，(ｱ)個別の聴取内容がそのまま記載されていないこと，(ｲ)調査担当者が調査権限を有すること，という考慮要素を指摘して公務遂行障害性を否定した。

しかし，(ｱ)については，当該案件については既に調査が終了している場合がほとんどであろうし，それだけで直ちに具体的な公務遂行障害性を認められるとは思われない。復命書とともに同僚の聴取書の提出義務も争われた前掲・神戸東労基署長（文書提出命令）事件は，被聴取者を他人間の紛争に巻き込む結果，提出を同意していない被聴取者から今後の協力を得られなくなるとか，将来の事案においても尋問を嫌う関係者が聴取に応じなくなるなどの主張を明確に排斥し，公務遂行障害性を否定している。

他方，(ｲ)を考慮要素とし，聴取者の同意の有無を重視していないのは妥当であろう。前掲・廿日市労基署長（災害調査復命書等提出命令）事件は，この点についてより立ち入って理由を述べて同様の判断を行っている。たしかに情報提供者との信頼関係は重要であるが，絶対的化すべきではない。

(3) 次に，本件決定は，②の情報については公務遂行障害性が明らかだとした。その根拠については詳細に触れられていない。

しかし，復命書は法令上作成が予定された文書であり，将来公開されるからといってその記載や判断に手心が加えられることはあってはならない。むしろ，いつ公開されてもおかしくないとの規制が働くからこそ，法に基づく責任ある行政が確保されるのではないだろうか。公務文書については，組織内利用文書は文書提出の一般義務から除外されていない（民訴法220条4号ニ括弧書）ことからしても，単に行政内部の意思形成過程にあたるというだけで，ただちに公務遂行障害性が認められるとするのは疑問である。

---

7) 中央労基署長（大島診療所）事件（東京地判平15・2・21労判847号45頁）は，労基署長の宿日直勤務許可を違法とし，国家賠償請求を認容した。同事件では，労基署長側から復命書等が証拠として提出されたが，仮に文書提出命令により証拠提出されたとしても，公務の遂行に著しい支障があったとは思われない。

なお，本決定が明示的に触れるものではないが，これまで復命書を開示した場合の弊害として，措置基準や監督指導，司法処分の基準を推認する材料を与えるとの理由が労基署側から主張されたこともある。しかし，これも必ずしも合理的な理由とは思われない。

　公務遂行障害性については，民訴法学者からは当該文書の提出によって実現される真実発見など，訴訟上の利益との比較考量によって決すべきとの見解も有力に主張されている[8]。行政内部の意思形成過程に関する情報であっても，事件の性質や文書の記載内容から公務遂行障害性が否定される場合がありうるはずである。あるいは，公務遂行障害性が民訴法220条4号ロの「著しい」程度まで達しなくても，仮にその他の部分が開示されることにより真実発見の目的を十分達しうるような場合には，「取調べる必要がないと認める部分」を除いた一部提出（民訴法223条1項）を命じるような柔軟な処理もありえる。

　(4)　本決定は，これまで開示されなかった災害調査復命書につき，民訴法の平成13年改正後，はじめて同法220条4号ロの解釈運用を示しその提出義務を認めた最高裁決定として画期的な意義がある。今後，平成14年通達を乗り越えて開示が認められる余地がある。

　ただし，①の情報と②の情報の性質の違いから，異なる判断枠組みをとるとしても，②の情報についても，公務遂行障害性に関する具体的判断は必要である本決定の公務遂行障害性の具体的判断の射程距離についてはなお慎重な検討を要すると考える。災害調査復命書には，通常①の情報と②の情報とが渾然一体となって記載されているが，本決定はその具体的な判別についても差戻審に委ねており，今後の事例集積が待たれるところである[9]。

（すが　しゅんじ）

8）　伊藤眞『民事訴訟法（第3版再訂版）』387頁。
9）　差戻審はインカメラ手続の結果，本件文書中，〔災害発生の原因，防止のために講ずべき対策等の詳細〕欄，違反条項，措置，署長判決および意見，調査官の意見および参考事項及び同頁中の〔備考〕欄，添付された是正勧告書（控）（案），指導表（控）（案）が，②の情報に該当するとの和解提案を行った。
＊　〔参考文献〕　本文引用のほか，岩出誠「『災害調査復命書』の文書提出命令に対する公務秘密文書該当性」労判908号5頁。

団体定期保険契約と被保険者の同意
―― 住友軽金属工業（団体定期保険第2）事件・最三小判
平18・4・11裁時1409号14頁，労判915号51頁――

水 島 郁 子
（大阪大学）

I 事実の概要

1 $X_1〜X_3$（第1審原告）は，Y社（第1審被告）の従業員であった者の配偶者である。$X_1〜X_3$の配偶者は，いずれも平成6年に死亡した。配偶者の死亡により，$X_1〜X_3$は，Y社から退職金（遺族一時金を含む），葬祭料などを受領した。

さて，Y社は，生命保険会社9社との間で，それぞれ団体定期保険契約を締結していた。団体定期保険契約は昭和48年から平成3年の間に締結され，毎年，更新されていた。平成6年当時の団体定期保険契約の内容は，保険契約者兼保険金受取人をY社とし，被保険者を基本的に従業員全員とするものであった。Y社は，各団体定期保険契約の締結についての被保険者の同意として，従業員分に関しては訴外A労働組合（$X_1〜X_3$の配偶者を含むY社従業員によって結成）の同意を得た。もっともそれは，A組合の執行部役員に対して説明を口頭で簡単にしたに止まり，Y社もA組合も，従業員や組合に対して各保険契約を周知することはなかった。保険料は，Y社が全額を負担した。

Y社は，$X_1〜X_3$の配偶者の死亡により，各団体定期保険契約に基づき，各保険会社より，死亡保険金として各人につき計約6000万円の支払を受けた。$X_1〜X_3$は，これらの保険金が遺族である $X_1〜X_3$ に支払われるべきものであるとして，それぞれ保険金全額に相当する金員の支払を請求した。

2 第1審（名古屋地判平13・3・6労判808号30頁）は，①団体定期保険契約の主たる目的に照らし，それが公序良俗に違反しないというためには，従業員

の死亡の場合に支払われる保険金について，その保険金額が従業員の死亡の場合に福利厚生制度に基づいて支払われる給付額として社会的に相当な金額の範囲内のものであれば，原則としてその全部を，保険金額が当該給付額として社会的に相当な金額をこえて多額に及ぶ場合には保険金額の少なくとも2分の1に相当する金額を被保険者の相続人に対して遺族補償として支払うことが必要というべきである，②団体定期保険契約における保険契約の趣旨（付保目的）についての合意は，第三者である被保険者のためにする契約にあたるものであり，被保険者またはその遺族がその契約の利益を享受する意思を表示したときには，保険契約者に対し当該合意に基づき給付を請求する権利を取得する，③過半数労働組合もしくは過半数代表者が，雇主との間で，被保険者の利益のために，保険契約者である雇主が被保険者である従業員に対して保険金を財源として給付をなすことを合意することは，第三者のためにする契約として有効である，④保険金のうち使途が特定されていない部分については，当事者間で明示の合意がない以上，被保険者の遺族の生活保障という目的に相応する部分を遺族に対する給付に充てると解釈するのが合理的であるなどと述べた。そして，本件事実関係に照らし，⑤Y社は，団体定期保険契約の主たる目的が企業の従業員に対する福利厚生制度に基づく給付に充てることにあり，保険契約者においては，この目的にしたがって，保険金の全部または一部を社内規定に基づいて支払う金額に充当すべきことを認識し，また各保険会社との間でも同様の趣旨を確認していること，⑥しかしながらその余の分については，具体的使途を特定しておらず，A組合との間でも具体的使途に関する合意がなかったこと，⑦保険会社とY社の合意は，被保険者の死亡保険金の支払いにつき①の内容を含むものであり，X_1～X_3は当該合意の利益を享受する意思を表示していることを指摘した。以上により，Y社が受領した保険金からX_1～X_3の配偶者のために支払われた保険料総額を差し引いた残額の2分の1に相当する金額と遺族補償として社会的に相当な金額を考慮して，X_1～X_3に支払われるべき金額として，それぞれ3000万円を相当とし，退職金などの既払分を控除した額を認容した。これに対して，X_1～X_3ならびにY社が控訴した。

  3 控訴審（名古屋高判平14・4・24労判829号38頁）はX_1～X_3の遅延損害金

につき商事法定利率の適用を認めたが、それ以外の部分については第1審判決の判断を維持した。そこで、X_1〜X_3、Y社の双方が上告した。

II　判　　旨

原判決一部破棄、第1審判決一部取消、一部棄却

1　「他人を被保険者とする生命保険は、保険金目当ての犯罪を誘発したり、いわゆる賭博保険として用いられるなどの危険性があることから、商法は、これを防止する方策として、被保険者の同意を要求することとする（674条1項）一方、損害保険における630条、631条のように、金銭的に評価の可能な被保険利益の存在を要求するとか、保険金額が被保険利益の価額を超過することを許さないといった観点からの規制は採用していない」。

本件におけるY社の団体定期保険の運用は、従業員の福利厚生の拡充を図ることを目的とする団体定期保険の趣旨から逸脱したものであったが、「他人の生命の保険については、被保険者の同意を求めることでその適正な運用を図ることとし、保険金額に見合う被保険利益の裏付けを要求するような規制を採用していない立法政策が採られていることにも照らすと、死亡時給付金としてY社から遺族に対して支払われた金額が、本件各保険契約に基づく保険金の額の一部にとどまっていても、被保険者の同意があることが前提である以上、そのことから直ちに本件各保険契約の公序良俗違反をいうことは相当でなく、本件で、他にこの公序良俗違反を基礎付けるに足りる事情は見当たらない」。

2　「Y社が、団体定期保険の本来の目的に照らし、保険金の全部又は一部を社内規定に基づく給付に充当すべきことを認識し、そのことを本件各生命保険会社に確約していたからといって、このことは、社内規定に基づく給付額を超えて死亡時給付金を遺族等に支払うことを約したなどと認めるべき根拠となるものではなく、他に本件合意の成立を推認すべき事情は見当たらない。むしろ、Y社は、死亡従業員の遺族に支払うべき死亡時給付金が社内規定に基づく給付額の範囲内にとどまることは当然のことと考え、そのような取扱いに終始していたことが明らかであり、このような本件の事実関係の下で、Y社が、

社内規定に基づく給付額を超えて、受領した保険金の全部又は一部を遺族に支払うことを、明示的にはもとより、黙示的にも合意したと認めることはできないというべきである。原審は、合理的な根拠に基づくことなく、むしろその認定を妨げるべき事情が認められるにもかかわらず、本件合意の成立を認めたものであり、その認定判断は経験則に反するものといわざるを得ない」。

3　（上田豊三裁判官補足意見）　「本件においては、労働組合の執行部役員の経験者を除いて、Y社の従業員のほとんどの者は、本件各保険契約の存在さえ知らず、自らがその被保険者となっていることの認識もなかったというのであるから、およそ黙示の同意を認め得るような状況にはなかったことが明らかである。そうすると、本件各保険契約は、被保険者の同意を欠くものとして、無効であったというべきである」。

4　（藤田宙靖裁判官補足意見）　原審の判断は、Y社における本件各保険契約の運用実態を踏まえて、「保険契約理論から当然に導かれる筈の結果を如何様にしてか避け、Y社に支払われた保険金につき、Y社とXらとの間で相応の分配を行おうとした苦心の理論構成と見ることができ、その意図するところは理解できないではない。しかしながら、Xらの主張するような団体定期保険の目的・制度趣旨に最大限の配慮をしたとしても、当事者の意思を離れて保険契約の内容を決定してしまうような解釈を正当化することはできない」。

「しかし他面、上記の結論は、本件において、Y社が上記のような団体定期保険の運用に基づいて受領した保険金を保持すること自体を正当と認めることとは、別問題であることをも指摘しておきたい」。

Ⅲ　検　　討

1　本判決の意義

本件は、企業が保険契約者兼保険金受取人となって、従業員を包括的に被保険者として加入させる団体定期保険（Aグループ保険）の保険金引渡請求が、従業員の遺族によってなされたものである。これまで下級審での判断はあったが、最高裁判所の初めての判断として注目される。

回顧と展望②

　団体定期保険は，企業の従業員が在職中に不慮の死亡を遂げた場合に，遺族への生活保障を図るための福利厚生措置として創設された保険であり，この目的に沿って利用されるよう，行政当局や業界団体による指導や申し合わせが再三なされていた[2]。しかしながら実際には，団体定期保険契約の趣旨が十分には徹底されず，自社株の購入や社債の引き受けの見返りとして加入するケースなども見られた。そのようなケースでは，保険会社から支払われる保険金を，企業が従業員の遺族に支払わなかったり（あるいはごく一部しか支払わなかったり），そもそも保険会社に保険金を請求しなかったりすることもあった。このような問題に対処するために，団体定期保険（Aグループ保険）契約は総合福祉団体定期保険に改訂され，現在では企業の定める退職金規程等と連動する内容で主契約を締結することとし（なお主契約とは別に，ヒューマン・ヴァリュー特約をつけることができる），被保険者各人の同意もしくは被保険者への周知を徹底することなどにより，保険目的の明確化・透明化が図られている[3]。

　本件は，旧制度である団体定期保険（Aグループ保険）契約についての紛争であり，本件で問題となった諸点は制度改訂により解決され，同種の紛争が今後は生じないとも考えられる[4]。しかし，同種の未解決事案の判断にあたって先例となるうえ，とりわけ労働法学の見地からすれば，従業員の同意のとり方，福利厚生のあり方といった点で，参考になる見解を示しているといえよう。

　さて，後者の点に関し下級審裁判例の中には，保険契約それ自体を無効とする例（文化シャッター事件・静岡地浜松支判平9・3・24労判713号39頁）も見られるが，多くは保険金の一部もしくは全部の支払いを認める傾向にあった。さらに，[5]

---

1)　本判決の評釈等として，山下友信「団体定期保険と保険金の帰趨」NBL 834号（2006年）12頁，丸尾拓養「団体定期保険訴訟と判決の重み」労経速1940号（2006年）2頁，宮島尚史「団体定期保険の今後を思う」労判913号（2006年）2頁が，本件第1審判決，控訴審判決の評釈等として，水野幹男「団体定期保険訴訟，いよいよ最高裁へ」労旬1539号（2002年）6頁，表田充生「団体定期保険契約の保険金にかかる従業員の遺族の請求」民商128巻3号（2003年）369頁が，ある。
2)　本件第1審判決（労判808号36頁以下）参照。
3)　総合福祉団体定期保険については，井樋直幸「他人の生命の保険契約」塩崎勤・山下丈編『新・裁判実務大系　保険関係訴訟法』（青林書院，2005年）251頁以下を参照。
4)　山下友信『保険法』（有斐閣，2005年）281頁，同・前掲注1)論文17頁。

保険金の2分の1以上は遺族に支払うべきであるという枠組みが形成されつつあったが[6]，学説では使用者が不労の利得を得ることに反対する見解が多数見られた[7]。本判決は，法律判断を厳格に行うことにより，下級審裁判例の流れや上記見解とは反対の結論を導き出している。

2 被保険者の同意

団体定期保険契約は，従業員を被保険者，企業を保険契約者兼保険金受取人とするものであり，他人の生命の保険契約にあたるが，保険金が被保険者に帰属しないことから，被保険者の同意が必要となる（商法674条1項）。被保険者の同意が必要となるのは，他人の生命の保険契約が賭博的利用や道徳的危険，人格権的な利益の侵害といった問題を孕んでいるためである[8]。

保険契約締結時の従業員の同意につき，第1審判決は労働組合の執行部役員に対する簡単な説明と毎年度の保険収支説明をもって，被保険者となる従業員の同意があったものとみなした。このような同意で足りるのかについては，労働法学の立場からすでに疑問が呈されていた[9]。そこでは個人の生命とその処遇にかかわるものであることや，団体的同意の中味が漠然としていることから個

---

5) 下級審裁判例については，表田・前掲注1）論文375頁以下，井野前掲注3）論文234頁以下を参照。
6) 洲崎博史「団体定期保険契約における死亡保険金の帰趨」ジュリスト1246号（2003年）102頁。
7) 本間照光『団体定期保険と企業社会』（日本経済評論社，1997年），清水誠「企業が結ぶ従業員の生命保険契約」法律時報67巻4号（1995年）69頁，石田満「団体定期保険と被保険者の同意」上智法学論集40巻2号（1996年）13頁，水島郁子「労働者を被保険者とする生命保険契約の効力」民商法雑誌116巻6号（1997年）980頁，井村真己「労働者を被保険者とする生命保険契約の効力」沖縄法学30号（2001年）105頁，品田充儀「団体定期保険契約と遺族への保険金支払」労働判例百選〔第7版〕（2002年）105頁など。ただし，立脚点や主張はそれぞれ異なる。
8) 江頭憲治郎「他人の生命の保険契約」ジュリスト764号（1982年）58頁以下，山下・前掲注4）書268頁など。
9) 宮島尚史「団体定期生命保険の違憲・違法と労働者の権利について」学習院大学法学研究年報30号（1995年）21頁，46頁，山崎文夫「団体定期保険と労働者の請求権」労判710号（1997年）10頁など。表田・前掲注1）論文378頁は，協約自治の限界をこえる事項ではないかと述べる。学説については，山下典孝「他人の生命の保険契約」塩崎勤編『現代裁判法体系〔生命保険・損害保険〕』（新日本法規出版，1998年）31頁以下を参照。

別的同意が望ましいことが示されていた。しかし，商法学説では個々の被保険者の同意を得ることが困難であることや，被保険者の生命に対する危険が少ないことから，労働組合の代表者による一括的同意の意思表示で足りるとの見解もあった。[10]

本件では，X_1〜X_3，Y社の双方が被保険者の同意があった（保険契約が有効である）ことを前提としているので，判決理由本文ではこの点についての言及はない。もっとも，上田裁判官が補足意見として，Y社の従業員のほとんどが各保険契約の存在を知らず，周知がなされていなかったことから，黙示の同意も認められず，本件各保険契約は被保険者の同意を欠くものとして無効であると述べる。被保険者個人の同意が黙示の同意で足りるとしても，少なくとも加入の事実が周知される必要があることは，就業規則や労使協定の周知が使用者の義務となっている（労基106条参照）ことと比較しても，明らかである。ただ就業規則に定める労働条件であれば，それが合理的な内容であれば従業員の同意・不同意にかかわらず従業員を拘束することになるが，上田裁判官は保険契約からの離脱の可能性にもふれる。このことはすなわち，団体定期保険契約が他人の生命の保険契約にあたり，商法が被保険者の同意を求めている趣旨からすれば，従業員（被保険者）が企業に保険契約への加入を強制されているような場合には，被保険者の同意があったとはいえないものと考えられる。

上田裁判官の補足意見は，従業員の同意を重視するものであり，評価される。しかし，本件ならびに類似事例における当事者の関心は，保険契約の効力いかんではなく企業が受け取った保険金がどのように分配されるかにある。そのような場合には，むしろ同意を緩やかに解するという処理が妥当である。[11]

3 団体定期保険契約の運用と公序良俗違反

団体定期保険契約が被保険者の同意により有効に成立したとしても，その運

---

10) 西島梅治『保険法〔新版〕』（悠々社，1991年）327頁。同旨，大森忠夫「いわゆる事業保険と被保険者の同意」大森忠夫・三宅一夫『生命保険契約法の諸問題』（有斐閣，1958年）220頁。ただし，西島教授は，前掲文化シャッター事件地裁判決以後，該当部分の記述を変更されている（同『保険法〔第3版〕』（悠々社，1998年）322頁）。
11) 同旨，表田・前掲注1）論文377頁。

用いかんによっては公序良俗違反となる可能性がある。第1審判決では，団体定期保険契約が公序良俗に違反しないというためには，保険金額の少なくとも2分の1を遺族に支払わなければならないとの考えを示した（前述Ⅰ-2の①）。これは団体定期保険の悪用や本来の趣旨を逸脱した利用が見られることから，被保険者の同意をもってすべての団体定期保険契約が有効となるわけではないことを示していたものともいえる。これについては，同意主義の濫用を許さないためにより厳格な判断が必要であり，とくに企業の不労な利得を認めることは公序良俗に違反するとの主張がなされた（X_1〜X_3上告理由）。第1審判決の論拠は必ずしも説得力があるとはいえないが，団体定期保険の実態をふまえ，企業にとっても遺族にとってもいわば不労の利得となる保険金の分配について，バランスのとれた判断を示したものであった。

本判決は，損害保険に関する条文を比較参照しつつ（前述Ⅱ-1），Y社の団体定期保険の運用が団体定期保険の趣旨を逸脱するものであったことを認めながらも，被保険者の同意があることによって適正な運用が図られるとして，本件各保険契約の公序良俗違反を否定する。法理論的な説明としては正論であり一般論としては妥当であろうが，本件における被保険者の「同意」が実態としてはないに等しいものであったうえ，Y社は生命保険各社との関係を良好に保つことを主な動機として，配当金や保険金を保険料の支払に漫然と充当していた実態からすれば（この点は本判決も認めている），被保険者の同意をもって公序良俗違反を否定する構成には，疑問が残る。[12]

4　保険金支払に関する合意

結局のところ，保険金の分配に争点がうつるわけであるが，第1審判決と本判決ではそのアプローチが異なる。

団体定期保険契約によって支払われる保険金の使途は，保険契約の趣旨（付保目的）についての合意によって定まる。本件は前述のとおり保険契約に関し十分な同意が得られていたとはいえない事案であり，付保目的について明確な

---

12)　同旨，山下・前掲注1）論文15頁。

合意があったとはいえない。第1審判決はこの点をとらえて、付保目的の特定が十分でない場合には、団体定期保険契約の主たる目的に照らして合理的に解釈すべきであるとした。このように理解することによって、遺族への支払合意を擬制したわけである。

それに対して本判決は、Y社が遺族に支払うべき給付金が社内規定に基づく給付額の範囲内にとどまることを認識していたことを理由に、それをこえて保険金の全額もしくは一部を遺族に支払うことを合意していたとは認められないとした。たしかに本件においてY社は、生命保険各社との関係を良好に保つことを主な動機として団体定期保険を締結したということであるから、遺族への支払を想定しておらず、したがって保険金の全額もしくは一部を遺族に支払うことを合意していたとは考えられない。しかし従業員の側からすれば、過半数組合である労働組合が保険金の全額もしくは一部を遺族補償以外の目的に使うことを認識・同意していたかは疑わしい。[13]団体定期保険契約の主たる目的が従業員の遺族補償にあることを鑑みれば、保険金の相当部分が遺族に対して支払われると考えるのが、またそのような認識で合意したと考えるのが、自然である。

第1審判決は、当事者双方の合意が認められない事案において、どのような解決を導き出すのが望ましいかを考え、「苦心の理論構成」(藤田裁判官補足意見)をとったものである。Y社の側から見た「合意」を前提とするならば、本件ではそもそも被保険者の同意があったかも疑われるし、公序良俗違反についても上記の判断でよかったのか、疑問が深まる。

---

13) 第1審判決が認定したところによれば、平成5年に訴外労働組合の職場集会において団体定期保険契約に関する質問がなされたが、当時の書記長はその質問に答えるだけの情報を有していなかった。その後、書記長がY社に問い合わせをしたところ、Y社は書面で保険契約の目的を「従業員死亡の際の会社としての具体的な出費及び人的損失を担保するもの」と回答し、その際（おそらく口頭で）保険会社から借入をしている関係でつきあいで加入したものであり、本件各団体定期保険契約が福利厚生制度でないことを説明したという。この説明で合意が成立したとはいいがたいし、むしろ書面で回答された保険契約の目的を重視すべきではないかと思われる。

5 おわりに

　第1審判決が示した「苦心の理論構成」は，紛争解決のためにバランスのとれた判断であったのであるが，被保険者の同意を擬制し，公序良俗違反となる一定のラインを設け，保険金支払いに関する合意については合理的解釈を行うことによって解決するという，若干無理のある手法であったために，最高裁判所が受け入れるに至らなかった[14]。しかし，形式的・法理論的には本判決が正当であるとしても，前掲文化シャッター事件など一部の下級審判決を除いて，下級審は，保険金支払に関する合意を緩やかな認定手法で認めてきた。これは労働関係における他人の生命の保険契約が，それが制度の目的に適った有効なものであるという前提を貫くならば，保険金の分配にあたって，労使間（実際には企業・遺族間）の適切な利害調整をはからなければならないという考えによるものと思われる。これは企業の実際の意図にかかわらず，団体定期保険が従業員に対する福利厚生制度として位置づけられ，またそのように運用すべきであるためであり，団体定期保険契約それ自体は企業と保険会社の2者間で締結されるものであっても，被保険者たる従業員の存在を無視・軽視してはならないからである。

（みずしま　いくこ）

---

[14]　山下・前掲注1）論文16頁も，第1審判決に無理があることを認めるが，本判決の判断が，関係当事者間の利害を合理的に調整するものであるかは，疑問であるとする。

期限付任用公務員の任用更新拒否
―― 国立情報学研究所事件・東京地判平18・3・24
判時1929号109頁，判タ1207号76頁 ――

下 井 康 史

(新潟大学)

I 事実の概要

　原告Xは，1989(平成元)年5月1日，学術情報センター(以下，「学情センター」)に，任期11ヶ月の事務補佐員として採用された。学情センターは，(旧)国立大学設置法9条の2に基づき国が設立した大学共同利用機関であり，2000(平成12)年4月1日，国立情報学研究所(以下，「国情研」)に改組されている。Xは，改組前後を通じ，毎年4月1日に任期一年で任用を更新され(合計13回)，従前と同様の職務に従事していたところ，1999(平成11)年12月頃，学情センターが，事務補佐員の任用更新は3年を限度とする旨の方針を採用し，これに基づき国情研が，2003(平成15)年1月頃，Xに対し，任用更新限度満了を理由に翌年度の任用更新がない旨を告知したうえで，同年3月31日，Xを任期満了による退職扱い(本件任用更新拒絶)とした。そこでXが，職員としての地位確認と未払い給与支払いを求めて出訴したのが本件である。なお，出訴当時の被告は国であったが，2004(平成16)年4月1日の国立大学法人法施行に伴い，国情研の設置者となったY(独立行政法人大学共同利用機関法人情報・システム研究機構)が，国の事務を承継している。

II 判　旨

　1　(1)　人事院規則では，任期を定めて任用された職員の任期が満了し，その任期が更新されないときは，当然に退職するものとされている(人事院規則

8-12第74条1項)。

(2) 民間企業における有期労働契約の場合，その更新が繰り返されるうちに，その契約期間完了の都度，直ちに新契約締結の手続を取ることが行われなくなり，実質的に期限の定めのない契約と同視できるようになることがあるが(東芝柳町工場臨時工契約更新拒絶事件・最判昭和49年7月22日民集28巻5号927頁)，このようなケースは，勤務条件法定主義を採り，法や規則に則って任用及び任用更新手続が履践される非常勤職員公務員の任用関係では考えにくい。当事者の合理的意思解釈によって，任用関係の内容が改訂・変更されるとも認め難いから，更新への期待が直ちに合理的期待であるとして法的保護が与えられると解することは困難である（大阪大学図書館事務補佐員再任用拒絶事件・最判平成6年7月14日労判655号14頁)。

(3) しかし，権利濫用ないし権限濫用の禁止に関する法理は，解雇に限らず一般的に妥当する法理であって，信義則の法理と共に，公法上の法律関係においても適用の余地がある。任期付で任用された公務員の任用関係が公法的規律に服する公法上の法律関係であるとしても，この場合に，これらの法理の適用可能性をまったく否定するのは相当ではない。これを解雇権濫用法理の類推と呼ぶかどうかは別として，特段の事情が認められる場合には，権利濫用・権限濫用の禁止に関する法理ないし信義則の法理が妥当すると考えるのが相当である。最高裁判所も，前記大阪大学図書館事務補佐員再任用拒絶事件で，「任命権者が，日々雇用職員に対して，任用予定期間満了後も任用を続けることを確約ないし保障するなど，右期間満了後も任用が継続されると期待することが無理からぬものと見られる行為をしたというような特別な事情がある場合には，職員がそのような誤った期待を抱いたことによる損害につき，国家賠償法に基づく賠償を認める余地があり得る」とし，非常勤職員に対する任用更新拒絶が違法と評価され得ることを示している。

(4) 以上によれば，①任命権者が，非常勤職員に対して，任用予定期間満了後も任用を続けることを確約ないし保障するなど，右期間満了後も任用が継続されると期待することが無理からぬものと見られる行為をしたというような特別な事情があるにもかかわらず，任用更新をしない理由に合理性を欠く場合，

②任命権者が不当・違法な目的を持って任用更新を拒絶するなど，その裁量権の範囲を超え又はその濫用があった場合，③その他任期付で任用された公務員に対する任用更新の拒絶が著しく正義に反し社会通念上是認し得ない場合など，特段の事情が認められる場合には，権利濫用・権限濫用の禁止に関する法理ないし信義則の法理により，任命権者は当該非常勤職員に対する任用更新を拒絶できないというべきである。

2 (1) Xが担当していた業務は国情研にとって恒常的に必要なものであり，この業務にXは，常勤職員の補助としてではなく，固有の担当業務として継続的に従事していた。学情センター時代，任用更新を希望していた非常勤職員は，ほぼ漏れなく任用を更新されており，一般に長く勤務できる職場だという認識を非常勤職員らが持っていただけでなく，学情センター側も任期なしの任用と捉えていた。Xは，改組前後を通じて合計13回にわたる任用更新を受け，継続して同種業務に従事し，その間，Xの勤務態度や業績に不足はなかった。

(2) 1999（平成11）年12月における学情センターの方針決定により，非常勤職員の身分に関して重大な方針変更があったと認められるところ，同方針について非常勤職員に対する説明はなく，X所属課の課長（当時）が，上記方針をXに告知したと認めるに足りる証拠もない。国情研が2003（平成15）年度の任用更新予定がないことをXに告知したのは，任期満了まで二ヶ月余しかない間近であって，かつ，それも周囲の噂から不安に駆られたXからの質問に答えるものであった。任期満了後におけるXの再就職につき，あっせんはもちろん心配をした形跡もなく，本件任用更新拒絶は，著しく正義に反し社会通念上是認し得ず，判旨1(4)③にいう特段の事情が認められる場合に該当するから，本件任用更新拒絶は，信義則に反し，許されない。

(3) 大阪大学付属図書館事件の事案は，日々雇用職員で4月1日から翌年3月30日までを任用予定期間としており，3月31日は公務員たる身分を保有しておらず，任用「更新」といえるか，厳密には微妙であり，かつ，採用から3年度目の任用予定期間満了をもって再任用されなかったというものであるから，本件Xのように，任用更新が13回に及び，通算して13年11か月にわたって非

常勤職員の身分を継続保有していた事案とは異なる。

(4) Xと国情研は，2003（平成15）年4月1日以降も従前の任用が更新されたと同様の法律関係に立つというべきだから，2004（平成16）年4月1日以降，Xは，Yとの間で，契約期間を一年とする有期労働契約を更新された立場にある。

Ⅲ 検　　討

1　任期を付されて任用された公務員は[1]，任命権者による特段の意思表示がなくても，任期満了により当然に退職する（判旨1(1)）。任命権者が再任用（任期更新）拒否を事前に何らかのかたちで通知しても，職員側に再任用請求権がない以上，この通知をもって，既存の法律関係に影響を与える意思表示と構成することはできない。それは，任期満了による退職という事実を確認する観念の通知に過ぎず，免職のような不利益処分とは異なる。したがって更新拒否の理由がいかに問題であっても，損害賠償請求においてであればともかく，地位確認の訴え等で更新拒否の違法性を判断する必要性はない。以上が，公務員の期限付任用に関する原則である。

民間企業の有期雇用契約労働者も，期限満了により当然に退職する。更新拒否には，解雇権濫用法理を適用しないのが原則である。しかし，周知のように，最高裁は，当該契約があたかも期間の定めのない契約と実質的に異ならないものになっていたか（判旨1(2)引用の東芝柳町工場事件最判），ある程度の継続を期待される内容の契約だったといえれば（日立メディコ事件・最判昭61・12・4判時1221号134頁），そのような契約を終了させる行為として，更新拒否に解雇権濫

---

1)　現行法の予定する期限付任用については，川田琢之「公務員制度における非典型労働力の活用に関する法律問題（一）」法協116巻9号（1999年）1413頁以下，2002年成立の地方公共団体の一般職の任期付職員の採用に関する法律については，拙稿「フランスにおける公務員の任用・勤務形態の多様化（上）」自研81巻3号（2005年）50頁以下参照。法律の明文に根拠がない期限付任用は，山形県教育委員会事件・最判昭38・4・2民集17巻3号435頁が，一定条件の下で承認する。同最判については，塩野宏「地方公務員制度改革の一局面」地方公務員月報平成16年7月号2頁，見上崇洋「判批」行政判例百選（第5版）189頁及び同掲記の文献参照。

用法理を類推適用する。このような有期雇用契約に関する判例法理を，公務員の期限付任用に応用すると，(ア)当該任用が更新を前提としたものと性質決定できれば，更新拒否は，そのような任用関係を終了させる不利益処分と構成され，(イ)その違法性が審理されることになる。

2 しかし，従来の判例は，期限付任用公務員の更新拒否につき，(ア)の余地を一切認めず，(イ)の判断に進む可能性を否定するのが大勢であった。その論拠は，公務員の任用関係は公法的規制に服し[2]，行政処分たる任用行為は厳格な要式行為であるから[3]，私法上の法律関係とは異なり，当事者自治の介在する余地がなく，合理的意思解釈の対象とはならないこと[4]，したがって，事案の状況から，更新を前提とした期限付任用と性質決定することはできず，いかに更新が反復され，任期が形骸化していても，任期満了によって当然に退職するという原則が形式どおりに貫かれ，更新拒否や雇止め通知が既存の法律関係に影響を与えることはないこと，以上の点に求められている。

この点に関する最高裁判決は，判旨1(3)及び2(3)が引用する大阪大学付属図書館事件についてのものである。同事件の控訴審判決・大阪高判平4・2・19労判610号54頁は，「公法的規制を受ける国家公務員の任用関係の性質からすると，日々雇用の一般職国家公務員の地位は，任用期間の満了により当然に消滅する」から，「再度採用するかどうかは任命権者の自由裁量に属し，解雇に関する法理を類推適用すべき余地はない」とし，これを受けて最高裁は，「原

---

2) 大阪大学付属図書館事件控訴審・本文後掲，熊本県立大学事件・熊本地判平14・10・31判自243号51頁，青葉台郵便局事件第一審・横浜地判平15・3・27公務員関係判決速報329号21頁（控訴審・東京高判平15・8・6と上告審・最判平15・12・19公務員関係判決速報332号39頁の詳細は不明），千葉県婦人相談所事件・千葉地判平17・3・25判自272号31頁。
3) この理由を採用する判例については，拙稿「判批」北法41巻3号1189頁参照。なお，公務員任用が行政処分であることにつき，塩野宏『行政法Ⅲ（第3版）』（有斐閣，2006年）255頁，藤田宙靖『行政組織法』（有斐閣，2005年）280頁参照。
4) 大阪大学付属図書館事件第一審・大阪地判平2・11・26労判576号45頁，札幌西郵便局事件・札幌地判平12・8・29判時833号83頁，城陽郵便局事件・京都地判平12・9・22公務員関係判決速報300号31頁，旭川中央郵便局事件・旭川地判平13・2・27公務員関係判決速報306号2頁，鳴門市事件・徳島地判平15・12・26（臨時的任用職員らが正規職員としての任用を請求した事案である。労旬1552号27頁以下参照），船橋東郵便局事件第一審・千葉地判平16・7・23公務員関係判決速報229号25頁（控訴審・東京高判平16・12・9公務員関係判決速報342号38頁については詳細不明）。

審の適法に確定した事実関係の下においては、上告人は（中略）任用予定期間が満了したことによって当然に退職したものとした原審の判断は、正当として是認することができ」るとした。その他、更新拒否の不当労働行為性が争われた兵庫県立衛生研究所事件でも、控訴審判決・大阪高判平3・3・15労判589号85頁が、大阪大学付属図書館事件・控訴審判決と同様の説示から、雇止め通知が不当労働行為となる余地自体を否定し、上告審判決・最判平3・12・3労判609号16頁もこれを支持する。

3　以上の判例によれば、更新拒否を争う訴訟手段は、期待権侵害を理由とする損害賠償請求に限られよう。ところが、本判決は、地位確認の訴えにおいて、更新への期待に対する法的保護が「直ちに」は認められないとし、そこに例外があり得ることを肯定した（判旨1(2)）。そのうえで、公法関係にも権利濫用法理や信義則が適用されることを前提に[5]、特別な事情があれば、更新拒否にも権利濫用法理が及ぶ余地を認める（判旨1(3)）。その判断枠組みは判旨1(4)でまとめられているが、権利濫用法理を用いて違法性判断をするためには((イ))、その前提として、当該任用が更新を前提としたものとの性質決定((ア))が必要であるから、判旨1(4)は、①の位置を変えて読むべきだろう。つまり、(ア)期間満了後も任用が継続されると期待することが無理からぬと見られる「特別な事情」がある場合の更新拒否は、(イ)①合理的な理由を欠く場合、②裁量権の逸脱濫用がある場合、③その他、著しく正義に反し社会通念上是認し得ないなど「特段の事情」が認められる場合、違法となる、と。

このような判断枠組みの下、本判決は、判旨2(1)で、X担当業務の恒常性と固有性、Xの任用が長期に及んだこと、X他の非常勤職員及び学情センター側の認識等を指摘する。続く判旨2(2)で、上記(イ)③の「特段の事情」があるとして、本件任用更新拒絶が違法としているから、判旨2(1)は、(イ)に進む前提として、(ア)の「特別な事情」の存在を肯認した、つまりは、Xの任用が更新を前提としたものと性質決定した説示と位置づけられよう。

本判決以前にも、岡山中央郵便局事件・岡山地判平14・10・15労旬1519号

5）　公法関係に権利濫用法理や信義則が適用されることへの異論はみられない。

118頁が，当該任用が更新を前提とするものであったとして（(ア)），更新拒否の違法性判断に進んでいた。ただ，同判決は，更新拒否を適法として請求を棄却したのに対し，本判決は，違法性判断に進んだだけではなく（(イ)），更新拒否を違法とした初めての判決として注目される。

本判決と前掲・岡山中央郵便局事件判決の理解は，大阪大学付属図書館事件最判と，必ずしも矛盾しない。なぜなら，同最判は，前述したように，「原審の適法に確定した事実関係の下において」，任用期間満了により当然に退職したとする原審の判断を是認するものだから，あくまで，当該事案限りの判断と見ることもできるところ，判旨2(3)が指摘するように，同事件の事案が更新を前提とした任用についてのものとはいえない以上，同裁判が，更新を前提とした期限付任用の事例につき，当然に先例となるわけではないからである。

4　本判決の枠組み自体は支持できても，以下の4点が問題である。

(1)　判旨1(2)は，従来の判例と同様，公務員任用関係の内容につき，当事者間の合理的意思解釈からその内容を決定はできないとする。しかし，判旨2(1)は，前述したように，Xの任用が更新を前提としていたことを肯定するのだろうが，「特別な事情」の存在が，法令の定めからではなく，もっぱら本件事案の具体的状況から肯認されている。これは，当事者間の合理的意思解釈による判断と考えられよう。そうであれば，本判決は一貫性を欠く。のみならず，合理的意思解釈可能という，従来の判例とは異なる考えを採用した理由の説明もない。前掲・岡山中央郵便局事件も同様である。

(2)　従来の判例が指摘するように，公務員の任用は，辞令交付を要する要

---

6)　法令上，再任用申請権が承認できれば，申請拒否の処分性を肯定できると考えられる。しかし，大学の教員等の任期に関する法律に基づく期限付任用につき，この点を否定するものとして，京都大学再生医科学研究所事件地位確認等訴訟第一審・京都地判平16・3・31労判911号69頁，同控訴審・大阪高判平18・1・26公務員関係判決速報355号9頁，同事件退職通知取消訴訟第一審・京都地判平16・3・31公務員関係判決速報338号34頁，同控訴審・大阪高判平17・12・28労判911号56頁。同事件については，阿部泰隆編著『京都大学井上教授事件』（信山社，2004年）参照。

7)　本判決は触れていないが，大阪大学付属図書館事件では，3度の任用予定期間開始時には，任用予定期間を明示した人事異動通知書が交付されており，各予定期間満了時には，退職通知が交付されるとともに，退職手当も支給されていた。

式行為である。この点と，判旨1(2)引用の東芝柳町工場事件最判が契約更新行為の形骸化を重視したこととを併せ考えれば，事案の具体的状況を論拠として，更新を前提とした任用と性質決定するためには，当該任用の要式性が形骸化していたとの事実認定が必要になると思われる。しかし，本判決は，再任用の度に辞令が交付されていたのか，されていたとしてその内容はいかなるものであったのか，これらの点に触れるところがない。

(3) 大阪大学付属図書館事件最判の理解が不適切である。なぜなら，判旨1(3)での同最判引用部分は，損害賠償請求にかかる上告理由に答えた部分であり，しかも，同裁判は，当該引用部分の直前で，「上告人が，任用予定期間の満了後に再び任用される権利若しくは任用を要求する権利又は再び任用されることを期待する法的利益を有するものと認めることはできないから，大阪大学学長が上告人を再び任用しなかったとしても，その権利ないし法的利益が侵害されたものと解する余地はない」として，更新拒否そのものが違法となる余地を明確に否定しているからである。本判決が引用する部分は，再任用されるとの"期待を抱かせた何らかの所為"につき，国家賠償法上違法とされる余地を肯定したのであって，"更新拒否そのもの"が違法となる可能性を認めたわけではない。[9]

(4) 本判決は，Xの任用が更新を前提とした期限付任用であることを前提に（(ア)），本件任用更新拒絶の違法性を判断をする（(イ)）以上，本件任用更新拒絶を，単なる観念の通知ではなく，既存の法的地位を侵害する行為として，免職に準じた積極的意思表示と構成したことになる。公務員の免職は，取消訴訟（行訴法3条2項）の対象たる行政処分であるから（国公法90条以下），本件任用

---

8) 法令が，更新を前提とした期限付任用であることを予定する場合もある。たとえば，日々雇用職員の場合，一日ごとに任用行為がされる建前だが，人事院規則8-12第74条2項は，任命権者が別段の措置をしない限り，従前の任用が「同一条件をもって更新された」とみなすとしている。その任用に予定雇用期間——前掲・大阪大学付属図書館事件控訴審判決が言うところの任用期間がこれに相当する——が定められていれば，予定雇用期間終了までは，特に更新拒否が明示されない限り，当然に任期が日々更新されることを前提とした任用ということになろう。徳島西郵便局事件第一審・徳島地判平14・11・25公務員関係判決速報324号6頁，及び，同控訴審・高松高判平15・5・22公務員関係判決速報329号43頁は，予定雇用期間中の更新拒否を単なる事実の通知とするが，疑問である。

回顧と展望③

更新拒絶も行政処分とされたと見るのが自然だろう。すると、その違法は取消訴訟でしか争えず（取消訴訟の排他的管轄）、その結果として、たとえ違法であっても取消訴訟で取り消されるまでは有効という、学説が公定力と称する効力が発生することになる。本件訴訟は取消訴訟ではなく、地位確認と給与支払いを求める公法上の当事者訴訟であるから（行訴法4条後段）、更新拒否に重大かつ明白な瑕疵があり無効といえないかぎり、請求を認容することはできないはずだろう。本判決は、この点の判断を欠いたまま、信義則違反のみを理由に請求を認容しており（判旨3(4)）、従来の行政事件訴訟判例一般と著しく乖離したものとなっている。

（しもい　やすし）

9）　判時1519号120頁匿名コメント参照。なお、大阪大学付属図書館事件最判以前の名古屋市立菊井中学校事件・最判平4・10・6労判616号6頁は、請求を退けたものの、その理由として、「任用更新をしなかったことについて、裁量権を逸脱したと認められる特段の事情があるとすることはでき」ないとし、更新拒否自体が不法行為として成立する余地を残していた。大阪大学付属図書館事件最判以降の下級審でも、損害賠償請求を認めるものが散見されるが、いずれも、任用拒否そのものを違法としたわけではない。鹿瀬町事件・新潟地判平17・2・15判自265号48頁、昭和町事件・甲府地判平17・12・27公務員関係判決速報354号18頁、同控訴審・東京高判平18・5・25公務員関係判決速報358号30頁、中野区保育士事件・東京地判平18・6・8判タ1212号86頁。なお、損害賠償請求を棄却した例として、釧路市事件第一審・釧路地判平3・11・22判タ797号200頁、同控訴審・札幌高判平7・8・9労判69号70頁、広島大学歯学部付属病院事件・広島地判平11・11・10公務員関係判決速報292号21頁、札幌西郵便局事件・前掲注4）、城陽郵便局事件・前掲注4）、旭川中央郵便局事件・前掲注4）、岡山中央郵便局事件・本文前掲、青葉台郵便局事件第一審・前掲注2）、横浜港郵便局事件・横浜地判平16・3・4公務員関係判決速報337号14頁、同控訴審・東京高判平16・8・25公務員関係判決速報340号54頁。なお、裁判官の任官拒否につき、明白に合理性を欠く場合は違法となる余地があるとするものとして、大阪地判平12・5・26判時1736号77頁、同控訴審・大阪高判平15・10・10判タ1159号158頁。

日本学術会議報告

浅倉　むつ子
（日本学術会議会員，早稲田大学）

1　第147回臨時総会と第148回総会

　第20期日本学術会議の第147回臨時総会が，2006年2月13日（月）に開催され，第148回総会が，4月10日（月）～12日（水）の3日間にわたって開催された。

　総会では，第一に，黒川清会長による「日本学術会議の新しいビジョンと課題」と題する活動方針をめぐり，議論が行われた。黒川会長は，日本学術会議は，「自律的かつ優れた科学者コミュニティを育成し，その活動，提言を内外に発信することで，日本および日本の科学に対する世界の期待と信頼を高める」というビジョンを打ち出し，そのために，①日本の科学に対する社会的期待形成とその期待への呼応，②科学者の動機づけ，③横断的視点の基盤構築，④世界的最重要課題に対する自発的提言発信とその仕組の確立という，4つの戦略を提起した。

　第二に，会長・副会長の選出方法をめぐる新たな提案について，討議が行われた。改正案は，①会長候補者推薦委員会を設置し，委員会が会員に対して一定数の候補者を推薦することにする。②選考の手続きを二段階に分けて，総会前の郵送による会長候補者の絞り込みのための選挙を行い，つぎに総会で，特定された複数の会長候補者について選挙を行うというものである。これは会員の会長選考に関する判断機会と情報を拡大して，より適切な選考が行われるようにするためであり，この改正案は了承された。

　第三に，科学者倫理の確立のための取組みについて議論が行われた。メディアを騒がせている科学者の不正行為の頻発によって，科学と科学者に対する社会の信頼が危機に陥っているという事実認識のもと，企業の研究者の位置づけも含めて，科学者倫理を確立する取組が重要であるという認識が共有された。

2　課題別委員会の活動状況

　政策提言のために，すでに11の課題別委員会が設けられており，各種の活動も軌道にのってきている。1でも述べたように，科学をめぐるミスコンダクトの頻発をふまえて，「科学者の行動規範に関する検討委員会」は，不正行為への対応や人材育成，研究のあり方に対する科学者コミュニティの自律促進をめざして，2006年秋の総会で初の「行動規範」を採択するために，審議を進めている。

「政府統計の作成・公開方策に関する委員会」は，すでに2006年3月23日に，「政府統計の改革に向けて―変革期にあるわが国政府統計への提言」をとりまとめた。「学術とジェンダー委員会」は，同年7月4日に「身体・性差・ジェンダー：生物学とジェンダー学の対話」というシンポジウムを開催し，これは，学術会議の講堂をあふれさせるほどの盛況ぶりであった。

課題別委員会としては，このほかに，「ヒト由来試料・情報を用いる研究に関する生命倫理検討委員会」「地球規模の自然災害に対して安全・安心な社会基盤の構築委員会」「科学者コミュニティと知の統合委員会」「研究評価のあり方検討委員会」「学術・芸術資料保全体制検討委員会」「子どもを元気にする環境づくり戦略・政策検討委員会」「教師の科学的教養と教員養成に関する検討委員会」「エネルギーと地球温暖化に関する検討委員会」が，それぞれ活発な活動を続けている。この秋以降には，報告書が続々ととりまとめられる予定である。

3　連携会員について

連携会員の選出手続きが完了した。2006年3月15日発令の第一次連携会員として，477名の方々が就任し，同年8月20日発令の第二次連携会員としては，1513名の方が就任した。あわせて1990名の連携会員への発令が完了したことになる。これによって，日本学術会議は，210名の会員と約2000名の連携会員という新体制で，機動的に動きだしている。

日本労働法学会の会員の中では，以下の方々が日本学術会議の連携会員に任命された（五〇音順・敬称略）。石田眞，井上英夫，奥田香子，中窪裕也，浜村彰，林弘子，盛誠吾，和田肇。

4　分野別委員会の活動

第20期学術会議の組織は，第一部（人文科学系），第二部（生命科学系），第三部（理学・工学系）によって構成されているが，第一部には以下の10の「分野別委員会」（常置）がある。「言語・文学委員会」「哲学委員会」「心理学・教育学委員会」「社会学委員会」「史学委員会」「地域研究委員会」「法学委員会」「政治学委員会」「経済学委員会」「経営学委員会」である。

各分野別委員会は，その分野における会員および連携会員の審議活動が有効かつ適切に展開されるように，テーマを選択して，必要な数の分科会を設定する配慮をしなければならない。「法学委員会」としても，100名を超す法学関係の連携会員の方々の審議活動を効果的に推進することをめざして，現在，分科会の設置をすすめている。

これまでのところ，法学委員会の下に設置されることが予定されている分科会としては，「法学系大学院分科会」「法における公と私分科会」「IT 社会と法分科会」「リスク社会と法分科会」「グローバル化と法分科会」「ファミリー・バイオレンス分科会」「立法学分科会」「歴史関係分科会」「不平等・格差社会とセーフティ・ネット分科会」などがある。連携会員は，いずれかの分科会に所属しつつ，今後，日本の科学者コミュニティの代表としてのプレゼンスを示すことが期待されている。

5　学協会との協力関係の構築について

　第20期になって，会員候補者推薦権を与えられる「登録学術研究団体制度」が法改正によって廃止されたために，日本学術会議としては，あらためて学協会との関係構築が必要になった。そのために「日本学術会議協力学術研究団体」制度がつくられたのである。

　新制度は，単なる「称号」の付与ではなく，実質的に，学術会議からの情報等の提供，学協会からの会員・連携会員候補者情報の提供，学術会議と学協会の連絡調整および学術会議の委員会審議活動への協力がなされることが，期待されている。新しい制度の下で，日本学術会議と学協会との協働・協力関係を構築することは，科学者コミュニティの形成という学術会議全体の課題である。

◆日本労働法学会第111回大会記事◆

　日本労働法学会第111回大会は，2006年6月4日（日）岩手大学において，個別報告，特別講演およびミニシンポジウムの三部構成で開催された（敬称略）。

1　個別報告
〈第1会場〉
　　テーマ：「労働契約関係における組織性と共同性
　　　　　　　　　　　　　——Hybrid Contractの観点から——」
　　報告者：石田信平（同志社大学大学院）
　　司　会：土田道夫（同志社大学）

　　テーマ：「経営組織変動と労働契約の承継——経済的実体とは何か——」
　　報告者：水野圭子（法政大学）
　　司　会：浜村彰（法政大学）

〈第2会場〉
　　テーマ：「イギリスにおける労働法の適応対象とその規制手法」
　　報告者：國武英生（北海道大学大学院）
　　司　会：小宮文人（北海学園大学）

　　テーマ：「雇用の場における間接差別の概念」
　　報告者：長谷川聡（中央学院大学）
　　司　会：山田省三（中央大学）

2　特別講演
　　テーマ：「労働法の50年　関心の赴くままに50年」
　　報告者：花見忠（上智大学名誉教授）

3 ミニシンポジウム

〈第 1 会場〉
  テーマ:「労働契約法——立法化の意義,構造,原理」
  報告者:米津孝司(東京都立大学),川口美貴(関西大学)
  コメンテーター:盛誠吾(一橋大学)
  司　会:野田進(九州大学)

〈第 2 会場〉
  テーマ:「労働訴訟」
  報告者:徳住堅治(弁護士),中町誠(弁護士),石嵜信憲(弁護士),古川景一
       (弁護士)
  コメンテーター:菅野和夫(明治大学)
  司　会:宮里邦雄(弁護士)

〈第 3 会場〉
  テーマ:「プロスポーツと労働法」
  報告者:川井圭司(同志社大学),根本到(神戸大学),中内哲(熊本大学)
  司　会:土田道夫(同志社大学)

4　総　会
1．理事・監事選挙の結果について
1)　山田省三選挙管理委員長より,2005年12月に行われた理事選挙の結果,以下の通り当選者が確定したことが報告された。任期は2006年5月の総会より3年である。
　青野覚,浅倉むつ子,石田眞,島田陽一,菅野和夫,角田邦重,野田進,浜村彰,盛誠吾,山川隆一(以上,敬称略・50音順)
2)　土田道夫監事より,本日の当日理事会において以下の会員が推薦理事として選出されたことが報告され,総会において右の通り承認された。
　唐津博,小宮文人,諏訪康雄,宮里邦雄,米津孝司(以上,敬称略・50音順)
3)　山田省三選挙管理委員長より,2005年12月に行われた監事選挙の結果,以下の者が選出されたことが報告された。
　土田道夫,水野勝(以上,敬称略・50音順)
　水野会員は就任を辞退したため,上記監事選挙における次点者である有田謙司会員が当選者となったことが併せて報告された。任期は2006年5月の総会より3年で

ある。

2．2005年度決算・2006年度予算について

1） 青野覚事務局長より，2005年度決算が報告された。また，土田道夫監事より監査について報告がなされた。以上を受けて，総会において2005年度決算が承認された。

2） 2006年度予算案について，青野覚事務局長より報告がなされ，総会において承認がなされた。

3．企画委員の交替，今後の大会開催予定について

1） 中窪企画委員長から，任期満了に伴う企画委員の改選について，以下の通り理事会において承認されたことが報告された。

①退任委員5名…石井保雄（獨協大学），小畑史子（京都大学），砂山克彦（岩手大学），中窪裕也（九州大学），水町勇一郎（東京大学）

②新任委員5名…新谷眞人（日本大学），緒方桂子（香川大学），唐津博（南山大学），高木龍一郎（東北学院大学），中内哲（熊本大学）

③新任委員長…村中孝史（京都大学）

④留任委員4名…小宮文人（北海学園大学），藤内和公（岡山大学），村中孝史（京都大学），米津孝司（東京都立大学）

2） 中窪裕也企画委員長より，今後の大会予定に関し以下の通り報告がなされた。

◆112回大会

日時　2006年10月15日

会場　南山大学

テーマ：大シンポジウム「労働者の健康と補償・賠償」

担当理事：中窪裕也（九州大学）

司　会：西村健一郎（京都大学），中窪裕也（九州大学）

報告者：品田充儀（神戸市外国語大学），小畑史子（京都大学），上田達子（同志社大学），岩出誠（弁護士），水島郁子（大阪大学）

◆113回大会

日時　2007年5月20日〈予定〉

会場　法政大学（市ヶ谷キャンパス）

個別報告：橋本陽子（学習院大学）「非正規従業員の労働条件に関する法的問題

――同一価値労働同一賃金原則の可能性と限界――」
篠原信貴（同志社大学大学院）「ドイツにおける事業場協定の変更と公正審査」
木南直之（京都大学研修員）「米国における未組織被用者の団体行動とその限界」
岩永昌晃（京都大学研修員）「イギリスにおける労働者概念と雇用契約」
特別講演：詳細は未定
ミニシンポジウム：1件申し出がある他，理事の中からいくつかテーマの候補が出されているが，いずれも検討中。

◆114回大会
日時　2007年秋
会場　立命館大学〈予定〉
大シンポジウム：統一テーマについて，現在2件の申し出があるが，検討中。

4．学会誌について
　浜村彰編集委員長より，学会誌108号の発行・発送が，111回大会開催日が例年より遅いことから学会開催後となる見通しである旨報告され，総会において了解された。

5．日本学術会議報告
　浅倉むつ子会員より以下の報告がなされた。
1）　第20期の日本学術会議の活動は，ようやく軌道にのってきた状況にある。政策提言のためのさまざまな課題別委員会の活動が進行中であり，すでに初の政策提言である「政府統計の改革に向けて――変革期にあるわが国政府統計への提言」がまとめられた。現在，「科学者の行動規範に関する検討委員会」も審議を進めており，2006年秋の総会では，初の「行動規範」が採択される予定である。
2）　連携会員の選出手続きが進行し，すでに第一次連携会員として478名の方々が就任した。8月末までには第二次連携会員の1500名の方々の発令が，更に行われ，それが完了すると，日本学術会議は，210名の会員と2000名の連携会員という新体制が機動的に動きだすことになる。ちなみにその中でも，法学関係は100名を超す規模の会員と連携会員を擁する領域になる。
3）　日本労働法学会の会員の中からは，第一次連携会員として，盛誠吾氏，和田肇氏，井上英夫氏が任命された。さらに第二次連携会員としてノミネートされてい

る方々もいる。これら連携会員の方々は，8月以降，分野別委員会である「法学委員会」の下におかれる具体的な戦略的なテーマごとの「分科会」に所属して，その活動に参加し，提言のとりまとめに貢献していただくことになる。これまでに設置されることが予定されている分科会としては，「法学系大学院分科会」「法における公と私分科会」「IT社会と法分科会」「リスク社会と法分科会」「グローバル化と法分科会」「ファミリー・バイオレンス分科会」「立法学分科会」などがある。

6．国際労働法社会保障法学会

荒木尚志会員より，以下の報告がなされた。
1) すでに次期会長に選出されている菅野和夫会員は，下記パリ世界会議においてクライド・サマーズ会長（当時）と交代する予定であったが，サマーズ会長が健康上の理由から会長職を辞任したい旨申し出たため，規約に従い2006年2月より正式に会長職に就任することとなった。
2) 2005年10月31日～11月3日，台北において第8回アジア地域会議が開催された。同会議においては，花見忠会員によるスピーチ，菅野和夫会員による基調報告のほか，相澤美智子会員，石田眞会員による各ナショナル・レポートおよび森戸英幸会員によるジェネラル・レポートなどが行われた。
3) 第18回世界会議が2006年9月5～8日にパリにおいて開催される。同会議においては，第一テーマ「貿易自由化と労働法・社会保障」のナショナル・レポートを中窪裕也会員が，第二テーマ「労働法と分権化」のナショナル・レポートとディスカッサントを水町勇一郎会員が，第三テーマ「職業上のリスク：社会的保護と使用者の責任」のナショナル・レポートを川口美貴会員がそれぞれ行う予定である。

7．入退会について

青野覚事務局長より退会者5名および以下の11名について入会の申込みがあったことが報告され，総会にて承認された（申込み順）。

豊田愛祥（弁護士），磯谷弓子（労働調査会），三上安雄（弁護士），松原健一（弁護士），金綱孝（明治大学大学院），山口陽子（明治大学大学院），島崎寛子（明治大学大学院），鈴木雅子（明治大学大学院），開本英幸（弁護士），本庄淳志（神戸大学大学院），崔碩桓（東京大学大学院）。

◆日本労働法学会第112回大会案内◆

1　日時：2006年10月15日（日）
2　会場：南山大学
　　　　〒466-8673　愛知県名古屋市昭和区山里町18
3　大シンポジウム
　統一テーマ「労働者の健康と補償・賠償」
　司　会　西村健一郎（京都大学），中窪裕也（九州大学）
　報告者　品田充儀（神戸市外国語大学）「労働安全衛生と労災補償の現代的課題」
　　　　　小畑史子（京都大学）「『過労死』の因果関係判断と使用者の責任」
　　　　　上田達子（同志社大学）「ストレス性疾患の法的救済――補償と賠償の課題」
　　　　　岩出誠（弁護士）「健康配慮義務を踏まえた労働者の処遇・休職・解雇」
　　　　　水島郁子（大阪大学）「労働者の安全・健康と国の役割」

日本労働法学会規約

第1章 総　　則

第1条　本会は日本労働法学会と称する。
第2条　本会の事務所は理事会の定める所に置く。(改正，昭和39・4・10第28回総会)

第2章 目的及び事業

第3条　本会は労働法の研究を目的とし，あわせて研究者相互の協力を促進し，内外の学会との連絡及び協力を図ることを目的とする。
第4条　本会は前条の目的を達成するため，左の事業を行なう。
　1．研究報告会の開催
　2．機関誌その他刊行物の発行
　3．内外の学会との連絡及び協力
　4．公開講演会の開催，その他本会の目的を達成するために必要な事業

第3章 会　　員

第5条　労働法を研究する者は本会の会員となることができる。
　本会に名誉会員を置くことができる。名誉会員は理事会の推薦にもとづき総会で決定する。
　(改正，昭和47・10・9第44回総会)
第6条　会員になろうとする者は会員2名の紹介により理事会の承諾を得なければならない。
第7条　会員は総会の定めるところにより会費を納めなければならない。会費を滞納した者は理事会において退会したものとみなすことができる。
第8条　会員は機関誌及び刊行物の実費配布をうけることができる。(改正，昭和40・10・12第30回総会，昭和47・10・9第44回総会)

第4章 機　　関

第9条　本会に左の役員を置く。
　1．選挙により選出された理事（選挙理事）20名及び理事会の推薦による理事（推薦理事）若干名

2，監事　2名
（改正，昭和30・5・3第10回総会，昭和34・10・12第19回総会，昭和47・10・9第44回総会）
第10条　選挙理事及び監事は左の方法により選任する。
1，理事及び監事の選挙を実施するために選挙管理委員会をおく。選挙管理委員会は理事会の指名する若干名の委員によって構成され，互選で委員長を選ぶ。
2，理事は任期残存の理事をのぞく本項第5号所定の資格を有する会員の中から10名を無記名5名連記の投票により選挙する。
3，監事は無記名2名連記の投票により選挙する。
4，第2号及び第3号の選挙は選挙管理委員会発行の所定の用紙により郵送の方法による。
5，選挙が実施される総会に対応する前年期までに入会し同期までの会費を既に納めている者は，第2号及び第3号の選挙につき選挙権及び被選挙権を有する。
6，選挙において同点者が生じた場合は抽せんによって当選者をきめる。
推薦理事は全理事の同意を得て理事会が推薦し総会の追認を受ける。
代表理事は理事会において互選し，その任期は1年半とする。
（改正，昭和30・5・3第10回総会，昭和34・10・12第19回総会，昭和44・10・7第38回総会，昭和47・10・9第44回総会，昭和51・10・14第52回総会）
第11条　理事の任期は3年とし，理事の半数は1年半ごとに改選する。但し再選を妨げない。
監事の任期は3年とし，再選は1回限りとする。
補欠の理事及び監事の任期は前任者の残任期間とする。
（改正，昭和30・5・3第10回総会，平成17・10・16第110回総会）
第12条　代表理事は本会を代表する。代表理事に故障がある場合にはその指名した他の理事が職務を代行する。
第13条　理事は理事会を組織し，会務を執行する。
第14条　監事は会計及び会務執行の状況を監査する。
第15条　理事会は委員を委嘱し会務の執行を補助させることができる。
第16条　代表理事は毎年少くとも1回会員の通常総会を招集しなければならない。
代表理事は必要があると認めるときは何時でも臨時総会を招集することができる。総会員の5分の1以上の者が会議の目的たる事項を示して請求した時は，代表理事は臨時総会を招集しなければならない。
第17条　総会の議事は出席会員の過半数をもって決する。総会に出席しない会員は書面により他の出席会員にその議決権を委任することができる。

日本労働法学会規約

第 5 章　規約の変更

第18条　本規約の変更は総会員の 5 分の 1 以上又は理事の過半数の提案により総会出席会員の 3 分の 2 以上の賛成を得なければならない。

学会事務局所在地（第112回大会まで）
　　　　〒101-8301　東京都千代田区神田駿河台1-1明治大学研究棟1227号室
　　　　　　　　電話　03-3296-2333
　　　　　　　　e-mail　rougaku@kisc.meiji.ac.jp
　　　　（事務局へのご連絡は毎週金曜日午前10時より12時までの間に願います）

SUMMARY

《Special Lecture》

What's Wrong with the Majority Theories and Case Law in Japanese Labor Law?

Tadashi HANAMI

Looking back over more than 50 years of his academic life this author finds that most of his theories so far published confront the majority of leading theories and case law in many critical issues of labor law in Japan.

Those issues include, among others, majority theories and case law principles such as:

1. The legal principle to admit effectiveness of provisions of work rules unilaterally amended by the employer without consent of individual workers
2. The majority trends to admit the binding force of collective agreements that provide inferior working conditions, rather, than individual agreements
3. Admission of legality of union security clauses only for majority unions
4. Positive evaluation of equal employment opportunity law with serious deficits such as lack of enforcement measures and limited scope of application etc.
5. Blind support for legal restrictions on dismissal which promote vested interests of regular workers on the one hand, while restricting employment opportunities for the non-regular work force
6. Blind respect to the tripartite principle which is now losing raison *d'ê-tre* as a result of declining union density and corruption

SUMMARY

of unions.

Particular problems of such majority theories are in the final analysis that they result in strongly justifying the very discriminating long-time employment system in Japan together with enterprise unions organizing exclusively only regular employees of mostly larger enterprises who enjoy their privileges sacrificing non-regular work force who are mostly female, aged or younger ones without adequate education or skills.

SUMMARY

《Symposium I》

Contract of Employment Law : Purpose and Summary of the Symposium

Susumu NODA

The aims of our short symposium, "Contract of Employment Law — A fundamental and theoretical approach" are to find the principles of the future Japanese Contract of Employment Law and to suggest the fundamental structure of this law.

In our symposium, panelist Professor Yonezu emphasized "contract structure" pointing the corporate governance and the hierarchical structure of the agreement on contract of employment. And another panelist Professor Kawaguti pointed the importance of some principles, especially the principle the "good faith" in contract of employment. After these panelists's speeches, we could get lively and suggestive exchanges of ideas on our discussion.

SUMMARY

Struktur des Arbeitsvertrags und Gesetzgebung

Takashi YONEZU

Die Kodifikation des Arbeitsvertragsrechts hat das Ziel, das Arbeitsverhaltnis mit dem Strukturwandel der japanischen Gesellschaft (u. a. Individualisierung und Globalisierung) und der Veränderung der Unternehmensorganisation in Einklang zu bringen. Dabei liegt das Grundproblem darin, das Willensprinzip einerseits und das Organisationsprinzip anderseits aufeinander abzustimmen und jeweils beide optimal zu verwirklichen. Um den starren Dualismus beider Prinzipien zu vermeiden, ist eine gekoppelte Systematik vonnöten, die den Vertragswillen aber auch das gegenseitige Vertrauen der Parteien beachtet. Die Untersuchung der sogenannten "wahren Absicht" beider Parteien kann nur in diesem Kontext zur Verwirklichung der Flexibilität und der Sicherung des Arbeitsplatzes beitragen. Das neue Arbeitsvertragsrecht hat die Aufgabe die Nutzung beider Prinzipien zu optimieren, was wiederum für die autonome Gestaltung der Arbeitsbedingungen unerlässlich ist. Vor diesem Hintergrund untersucht der Autor die Entwicklung des Rechts der Arbeitsordnung und die richterliche Kontrolle des Arbeitsvertrags in Japan.

SUMMARY

Le principe du contrat de travail et l'institution de la loi sur le contrat de travail : Le principe du contrat et son développement en droit du traval

Miki KAWAGUCHI

I La réaffirmation du principe du contrat :

Le principe du contrat de travail qui doit être réaffirmé dans la loi sur le contrat de travail est le suivant : la détermination et la modification des conditions de travail sont fondées sur le consentement du travailleur.

II Le développement du principe du contrat en droit du travail

Le principe du contrat de travail qui s'est dévelppé en droit du travail, c'est à dire les obligations de loyauté et de bonne foi en matière de la détermination et la modification des conditions de travail, doit être édicté dans la loi sur le contrat de travail.

III Les articles qui doivent être édictés dans la loi sur le contrat de travail

En ce qui concerne l'effet du règlement intérieur de fixer des obligations dans le contrat de travail, premièrement, les conditions de fixer des obligations dans le contrat de travail doivent être déterminées comme l'existence du consentement du travailleur sur la détermination des obligations dans le contrat de travail selon les clauses du règlement intérieur et l'exécution des obligations de loyauté et de bonne foi sur l'établissement du règlement intérieur par l'employeur, deuxièmement, ce doit être l'employeur qui se charge du risque de la preuve, et troisièmement, il doit être prescrit que l'effet de fixer des obligations dans le contrat de travail ne se produit pas à moins que toutes les conditons ne soient satisfaites.

En ce qui concerne la modification unilatérale des conditions de travail,

SUMMARY

premièrement, les conditions de validité de la modification des conditions de travail doivent être déterminées comme l'existence du consentement du travailleur sur le contenu du droit de l'employeur sur la modification des conditions de travail et l'exécution des obligations de loyauté et de bonne foi sur la modification des conditions de travail par l'employeur, deuxièmement, ce doit être l'employeur qui se charge du risque de la preuve, et troisièmement, il doit être prescrit que l'effet de la modification des conditions de travail ne se produit pas à moins que toutes les conditons ne soient satisfaites.

SUMMARY

《Symposium II》

Labor Tribunal System and Labor Lawsuit: Purpose and Abstract of the Symposium

Kunio MIYAZATO

With the increase of individual labor-management conflicts, recent discussion in Japan has centered on what labor dispute resolution system will offer expeditious and fair solutions to these disputes.

The labor tribunal system, an organ for conflict resolution, newly established on April 1, 2006, is, therefore, gaining attention as to whether it can function effectively in response to such needs.

Time required for procedure under labor lawsuit has become much shorter due to the revisions of the civil procedure law and the policy for much curtailed examination by the court.

This symposium was proposed to examine problems and tasks of exercises in the labor tribunal system, current situations and their problems of examinations in labor lawsuits, and interrelations between the labor tribunal system and the labor lawsuit, using reports by both lawyers who engage in practices for management and for labor.

Many interesting arguments were presented in the symposium regarding how to grasp the basic structure for labor tribunal, which function, arbitration or decision, to be given more emphasis, how to exercise labor examination in relation to such functions, what effect the labor tribunal will give to the labor lawsuit, and how the labor tribunal and the labor lawsuit should operate without interfering each other.

It is necessary to examine and verify achievements under the labor tribunal system in order to decide how this system can establish itself as a labor dispute resolution system.

SUMMARY

Current Situation and Trend of Reformation in Proceedings of Labour Trial

Kenji TOKUZUMI

Ⅰ. Proceedings evaluated by the Labour Litigation Council

To identify the reformative movement in labour trial by evaluating the model, which is to optimize and expedite labour trials, made by the Labour Litigation Council comprising voluntary judges and lawyers (from both the management and the labour)

Ⅱ. *Onus Probandi* of Claim
1. To identify the optimal distribution of *onus probandi* of claim by evaluating the comments on it found in "Notes on Labour Case Trials" (condition-fact doctrine), which was written by some active judges of Tokyo District Court
2. To identify reasonability of the principle of judgement based upon total consideration by commenting on *onus probandi* of claim in accordance with standardised criteria, which is widely seen in legal principles of judgement in labour trials in Japan.

Present Conditions of Labor Trial Proceedings and Prospects of the Reforms

Makoto NAKAMACHI

1. Present conditions of labor lawsuit proceedings

   Model plans presented by Labor Lawsuit Council (Hanrei Times No. 1143)

2. Clarification of the issues at trials

   Evaluation of the court-led issue clarification, such as the plans for clarification of the issues and 'process cards' presented by the courts

3. Burden of proof for claims
   1) Opinions of the courts presented in "Trial Notes on Labor Cases" (Hanrei Times Co, Ltd.) and their influences
   2) Key issues of burden of proof for claims in labor cases
      Problems of normative requirements

4. Issues in proof activities
   1) Propriety of intensive examination of evidence
   2) Trends of orders to produce a document
   3) Other
      Influences of Personal Information Protection Law, restriction on proof activities, etc.

SUMMARY

Implementation and Problems of the Labor Tribunal System

Nobunori ISHIZAKI

I Introduction

I, involved in establishment of the Labor Tribunal System as a member of the Labor Examination Commissions of Reform Promotion Headquarters on Judicial reform, am writing this script from the perspective of business attorney at law.

I will explain same and different points between supposed situation at the point of establishment of the System and actual situation, considering results of survey or questionnaire regarding implementation of the Labor Tribunal System. I, in addition, will point out new problems of the System and consider what is needed and expected for the System in the future.

II Situation of complaint and proceeding

According to results complied by Supreme Court, number of new cases of the Labor Tribunal System which started on April 1, 2006, is 359 cases for 4 months from the start to the end of July. When it comes to Tokyo District Court, dismissal cases to confirm status account for approximately half of cases.

III Institutional problems through the implementation
1 Petition by first-person

The Labor Tribunal System is not so utilized compared to dispute settlement of individual labor relations in government. One of this reason is because easiness was backed away in the course of complaint while promptness was prioritized during design of system, for example, representative, in principle, is confined to attorney at law. It is necessary to ensure easiness of procedure again and consider measures that make petition by first-person easier so that many people can make use of this procedure.

2 Problems over Article 24 of Labor Tribunal Law

In terms of decision with regard to whether the Labor Tribunal cases is terminated without the Labor Tribunal according to Article 24 of the Law, response of each case should be entrusted to the Labor Tribunal Commissions since knowledgeable part-time experts are involved in the Commissions.

3 Problems over submission of statement, description of evidence and documentary evidence

The result of questionnaire implemented by Japan Federation of Bar Associations shows that there is variation in handling of delivery to the judge of statement, description of evidence and documentary evidence depending on each district court. Consideration of unified handling is needed in the future.

4 Form of the Labor Tribunal

Tokyo District Court will adopt oral notification in place of preparing tribunal document and simple and formal description of the Summary of Opinion will be taken for rapid settlement.

5 Contents of the Labor Tribunal

Specialty of the Labor Tribunal procedure is that tribunal is implemented considering relation of right of dispute after making legal decision. Unlike civil lawsuit, the limit, how far decision freed from statement of the parties can be made, becomes controversial. Especially in dismissal case, tribunal that cancels employment contract in return for payment of settlement money is considered to be available even if dismissal is ineffective and goes against purpose of the parties.

6 Conciliation settlement

There is no point in flexible solutions found by the Labor Tribunal unless the parties accept it. Agreement of the parties is required in order

SUMMARY

to settle disputes conclusively. Conciliation settlement between the parties, which is incorporated in the Labor Tribunal System, is good way to conclusive settlement.

Ⅳ Expectations for the Labor Tribunal System

It is expected that utilization of the Labor Tribunal System would improve declining self-settlement capability of company caused by decrease in ratio of organized labor.

In addition, I will pay attention to the possibility that oral principle in the Labor Tribunal System becomes a touchstone of departure from written principle said to be evil of present litigation system.

SUMMARY

Japan's Labor Tribunal System : Challenges to Balancing Judgment and Mediation

Keiichi FURUKAWA

Japan's Labor Tribunal System began operation under the Labor Tribunal Law (Act No. 45 of 2004) from 1 April 2006. It was created as an important element in Japan's Judicial Reform to handle individual labor-management conflicts.

A labor tribunal consists of a career judge and two experts in labor relations (one from labor and one from management).

The career judge presides over the tribunal procedure, however all three constituent members take an equal part in the formulation of the tribunal's decision.

The tribunal may attempt to reach a mediated settlement between the parties at any stage in the proceedings before a judgment is made. In this sense, the judgmental function and the mediatory function of the tribunal are not clearly delineated, and thus the way in which these two functions are combined in actual operations of the Labor Tribunal System has become an issue.

A review of the actual operating circumstances of the Labor Tribunal System since its inception shows that not a few problems exist. Among the notable problems are that, firstly, equality between the career judge and the two specialists on the panel has not been sufficiently achieved, especially with regard to the fact that the two specialists are not given sufficient opportunity to study documentary evidence beforehand. Secondly, with regard to the detailed operating procedures of the Labor Tribunal System, greater importance has been given to the mediatory function over the judgment function. Thirdly, when the tribunal hands down a decision, the substantive reasoning leading to the judgment is not indi-

SUMMARY

cated and only the same uniform, standard and abstract phraseology, common to the reasoning in all cases, is employed.

Prior to the inception of the Labor Tribunal System, Japan's civil justice system did not have a system where persons other than career judges sat on a panel and had judgmental rights equal to those of a career judge. In the process of creation of the Labor Tribunal System, intense controversy arose concerning whether or not it was appropriate to give judgmental powers to lay-judge experts who sat on panels, but who did not have legal qualifications.

Career judges have not welcomed the inauguration of the Labor Tribunal System, but it is the career judges who preside over tribunal procedure. The basic issue concerning operation of the Labor Tribunal System that has come to the fore following its inception is: Where will operational emphasis lie, with the judgmental function or with the mediatory function?

労働審判法上の各法令用語の英訳につきましては, Kazuo SUGENO "The Birth of Labor Tribunal System in Japan: A Synthesis of Labor-Law Reform and Judicial Reform" Comparative Labor Law Journal Vol. 24, Nr. 4, Summer 2004 を参考にさせて戴き, また, 菅野和夫教授から直接詳細な御指導を賜りました。この場をお借りして深く御礼申し上げます。

SUMMARY

《Symposium III》

Professional Sports and Labor Law : Purpose and Abstract of the Symposium

Michio TSUCHIDA

There are many legal problems arising in respect to Professional Sports, and these legal problems also take place in Labor Law area. For example, the status of Professional Sports Athletes (are they regarded as "workers" or not), annual salary problems, application of accident compensation system, freedom of transfer, a rights of collective bargaining and etc.

These problems in a Labor Law also raise the spacious theme, "Legal Status of Professional Sports Athletes." This theme not only involves Labor law, but also involves many law areas such as Civil Law, Social Security Act, Antitrust Law, and Intellectual Property Law. This is also a spacious theme because it needs a comparative law discussion with U.S. law and E.U. law. We must discuss the theme "Legal Status of Professional Sports Athletes" because this is the most important for Sports Law.

In this symposium, we discussed "Professional Sports and Labor Law" with the vision of this spacious theme. Our reports and issues are the follows.

1 "The international trend of Professional Sports and Labor Law"
(Keiji Kawai)
2 "Professional Sports Athletes and Collective Labor Relations Law"
(Satoshi Nakauchi)
3 "Professional Sports Athletes and Individual Labor Relations Law"
(Itaru Nemoto)

There are many figures and matters in Professional Sports, for example,

SUMMARY

team sports such as Professional Baseball and Professional Soccer and individual sports such as Professional Tennis and Professional Track and Field, and when we think about legal treatment, there should be a difference because of these figures and matters. In our reports, we focused in team sports, and also focused in Professional Baseball and Professional Soccer because these two Professional Sports are relatively comprehensible. Preparatory for our reports, we got some interviews from the Professional Sports participant to understand more of the current status of the professional sports.

SUMMARY

Sports and Labor Law in the USA, UK, and the EU

Keiji KAWAI

Until the present day, studies rarely endeavor to explore various issues related to the legal status of professional league players. One of these issues aroused two years ago following a labor dispute that occurred in the Japan Professional Baseball (NPB, or Nippon Professional Baseball) and the consequential players' association walk out. Notably, in comparison to other countries, the legal status of players in Japan is exceptionally unclear. This article focuses on the legal status of players in countries such as the US, UK, and the EU, and compares their situation from the viewpoint of labor law. In these countries and area (EU) on the whole, professional league players have been regarded as employee and they were able to improve their working conditions under the labor law. Based on the analysis presented in this article, it also details related problems in Japan and provides some useful ideas for further discussion.

SUMMARY

Professional Players in the Sports Sector and Individual Employment Relations Law

Itaru NEMOTO

This paper aims to clarify the legal status of professional sportsmen and sportswomen, in particular Japanese footballers and baseball players. They are not always classed as workers in the sense of Japanese individual employment relations law. However, labour laws in most European countries characterize a relationship between a club and a professional footballer as a contract of employment. Therefore, I examined two points concerning the legal status of Japanese sportsmen and sportswomen, and compared them to the situation in European countries.

First, can they be classed as workers in the sense of case law or administrative guidance, even though there is the special nature concerning sport?

Second, how can individual employment relations law apply to them?

The result, is a new proposed criteria of derogation from labour laws, and with regards to the peculiarities of the employment relationship in the sports sector.

SUMMARY

Der Profispieler und kollektives Arbeitsrecht : Besonders zur Fassung der Möglichkeit auf die kollektive Verhandlung ins Auge

Satoshi NAKAUCHI

I Einleitung
  1 Die Struktur des Profivertrages
    (1) Baseball
    (2) Fussball
    (3) Zusammenfassung
  2 Die Koalition des Profispielers
    (1) Baseball
    (2) Fussball
    (3) Zusammenfassung
  3 Die konkrete Aufgabe in diesem Aufsatz

II Ist der Profispieler ein "Arbeitnehmer" im Gewerkschaftsgesetz ?
  1 Die bisherige Diskussion über den Begriff "Arbeitnehmer" im Gewerkschaftsgesetz
  2 Eigene Meinung

III Partner für die Gewerkschaft des Profispielers in der kollektiven Verhandlung und der pflichtige Verhandlungspunkt
  1 Die heutige Diskussion über die Vergrösserung des Begriffs "Arbeitgeber" im Gewerkschaftsgesetz
  2 Eigene Meinung
    (1) Ist das NPB/die JFA/die J-Liga ein "Arbeitgeber" im Gewerkschaftsgesetz ?
    (2) Der pflichtige Verhandlungspunkt

SUMMARY

Ⅳ　Der Schluss
  1　Die Aktivierung der kollektiven Verhandlung durch die Benutzung von "unfair labor practice system"！
  2　Der Hinweis in die andere Profisportwelt

SUMMARY

Implicit Dimensions of Contract of Employment from the Viewpoint of "Hybrid Contract"

Shinpei ISHIDA

In Japanese labor law we can see implicit demensions in contract of employment, such as the binding effect of disadvantageous change in the work rules and an employer's duty to care for a worker's safety and health. The purpose of this paper is to discuss those implicit dimensions in contract of employment from the viewpoint of Gunther Teubner's legal conception which shows us general clause theory and reflexive law. Teubner argues that general clause is used as gateways which incorporate non-consensual elements emerging from interaction, institution and gesellschaft into contract. We call the Teubner's conception of contract "Hybrid Contract". On the other hand, Teubner proposes that the law is relieved of the burden of direct regulation of social areas, and instead given the task of active control of self-regulatory processes which he calls reflexive law. The heading of content in this paper is as follows:

I Introduction

II Teubner's conception and Japanese labor law
  1 General clause theory
    (1) Undetermined dimensions of general clause
    (2) Interaction, institution and gesellschaft
  2 Reflexive law
  3 Applying Teubner's conception to Japanese labor law
    (1) The binding effect of disadvantageous change in the work rules and an employer's duty to care for a worker's safety and health.
    (2) Legal grounds

SUMMARY

III Laws as integrity

IV Conclusion

SUMMARY

Les restructurations et maintien des contrats de travail dans le cader de l'article L. 122-12/la directive comunautaire : la notion d'entité économique

Keiko MIZUNO

Ⅰ. Intoroduction

Ⅱ. Droit français
  1. Article L. 122-12, alinéa 2 du Code du travail
  2. Flux et reflux de la jurisprudence de la Cour de cassation
   (1) Avant 1985 : une conception large se voulant protectrice de la notion de transfert d' entreprise
   (2) 1985-1990 : une conception plus restrictive
   (3) 1990-1998 : mise en conformité du droit national au droit comunautaire «entité économique»

Ⅲ. Mise en question «l'activité est pursuivie ou reprise»
  1. L'activité est pursuivie ou reprise
  2. La directive comunautaire
  3. Duo de jurisprudences dans le cader de CJCE
   (1) CJCE 18 mars 1986 «Spijkers»
   (2) CJCE 14 avr 1994 «Schmidt»

Ⅳ. Néo-critére dans le cader de l'article L. 122-12/la directive comunautaire
  1. Néo-critère dans le cader de la directive comunautaire
     CJCE 11 mars 1997 «Ayse Süzen»
  2. 98/50/CE du 29 juin 1998

SUMMARY

  3. Néo-critère dans le cader de l'article L. 122-12
    1. Les quatre conditions d'application de l'article L. 122-12
    2. Une entité économique autonome

V. Conclusion

SUMMARY

The Personal Scope of Employment Law in UK

Hideo KUNITAKE

This article describes the basic legal framework for determining the personal scope of employment law in the UK.

The first section of this article analyzes common law tests for classifying individual employees or independent contractors. The second section examines the term 'worker', 'employment', 'persons not in his employment', which are replacing the traditional term 'employees' in a number of Acts and Regulations. The structure of this article is as follows:

I   Introduction

II Identifying the Contract of Employment: The Common Law
 1 Control
 2 Integration
 3 Economic Reality
 4 Mutuality of Obligation
 5 The Fundamental Aspects and Subjects of Common law

III Statutory concept
 1 Worker
 2 Employment
 3 Persons Not in his Employment

IV Conclusion

SUMMARY

Legal Concept and Theory of Indirect Discrimination in Employment

Satoshi HASEGAWA

I Preface

II Definition and range of indirect discrimination
   1 Definition of indirect discrimination
   2 Difference of range
   3 Factors influencing range

III Proof of disparate impact
   1 Meaning of neutral practice
   2 Causation between neutral practice and disparate outcomes

IV Function of justification
   1 Test of justification
   2 Justification based on cost and less discriminative alternative practice

V Conclusion

編集後記

◇ 本号は，2006年6月4日（日）に岩手大学で開催された第111回大会における報告論文を中心に構成されている。第111回大会では，午前中に，若手研究者の力のこもった外国法研究の個別報告の後，花見忠会員の特別講演が行われ，午後に，3つのミニシンポジウムが開催された。シンポジウムⅠ「労働契約法―立法化の意義，構造，原理」では，労働契約法の立法が現実的課題となっているなかで，時勢にとらわれない，労働契約法の根本的な理念および立法の骨格が検討されている。次に，シンポジウムⅡ「労働訴訟」では，増大する個別紛争を背景に，迅速化の進む労働裁判の現状と今年の4月に始まったばかりの労働審判制度の実際について，第一線で活躍中の実務家による貴重な情報提供と問題提起がなされた。そして，シンポジウムⅢ「プロスポーツと労働法」では，2年前のプロ野球のストライキがまだ記憶に新しいものの，法的検討がまだ不十分なプロスポーツ選手の地位について，先端的な研究が披露された。本大会が，花見会員の回顧する50年前の学会と比較して質量共に確実に充実したものであれば，これは，すべての先輩会員の努力の賜物である。

◇ 本大会の開催が例年よりもやや遅かったため，シンポジウム報告者および「回顧と展望」の執筆者には，とくに短い期間で論文執筆をお願いした。厳しいスケジュール―とくに，査読手続については，再考の余地があろう―と至らぬ編集作業担当者にもかかわらず，ご協力いただいた執筆者の方々に心より感謝したい。

◇ 浜村彰編集委員長と野川忍査読委員長の暖かいサポートにより，無事に編集作業を終えることができた。さらに，法律文化社編集部の秋山泰さんに大変ご尽力をいただいた。心から感謝申し上げる。

（橋本／記）

《学会誌編集委員会》
浜村彰（委員長），島田陽一，相澤美智子，上田達子，緒方桂子，奥野寿，橋本陽子，佐藤敬二，武井寛，中川純，原昌登，山下昇，本久洋一，川田知子

労働契約法――立法化の意義・構造・原理
労働訴訟
プロスポーツと労働法　　　　　　　　　　　　日本労働法学会誌108号

2006年11月10日　印　刷
2006年11月20日　発　行

編 集 者　日本労働法学会
発 行 者

印刷所　株式会社 共同印刷工業　〒615-0064 京都市右京区西院久田町78
　　　　　　　　　　　　　　　　　　　電　話 (075)313-1010

発売元　株式会社 法律文化社　〒603-8053 京都市北区上賀茂岩ヶ垣内町71
　　　　　　　　　　　　　　　　　　　電　話 (075)791-7131
　　　　　　　　　　　　　　　　　　　ＦＡＸ (075)721-8400

2006 ⓒ 日本労働法学会　Printed in Japan
装丁　白沢　正
ISBN4-589-02981-2